E

EST
E ET

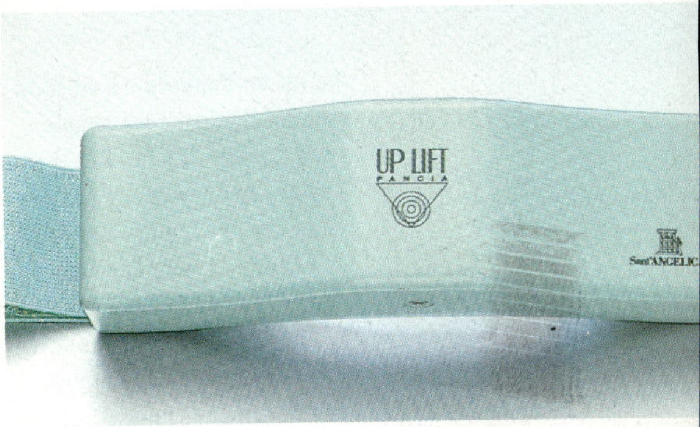

N VENTRE PA

UNITÉ DE TON

Ce qu'on demande à un fond de teint, c'est tout simple : une couleur fidèle, une texture légère, une tenue longue durée. Tout simple... mais pas facile à obtenir. Exemple réussi : le Mati-teint de Gemey contient à la fois des huiles (pour la douceur) et des agents matifiants. Six teintes, du beige au cuivre, et une formule qui convient à toutes les peaux.

U.G.E. 10|18
12, avenue d'Italie - PARIS XIIIe

Du même auteur
dans la collection 10/18

LÉGENDES D'AUTOMNE, n° 1682
FAUX SOLEIL, n° 1955
SORCIER, n° 1987
UN BON JOUR POUR MOURIR, n° 1988
DALVA, n° 2168
NORD-MICHIGAN, n° 2205
LA FEMME AUX LUCIOLES, n° 2249

WOLF
Mémoires fictifs

PAR

JIM HARRISON

Traduit de l'américain
par Marie-Hélène DUMAS

10|18

« Domaine étranger »
dirigé par Jean-Claude Zylberstein

ROBERT LAFFONT

Si vous désirez être régulièrement tenu au courant
de nos publications, écrivez-nous :
Editions 10/18
12, avenue d'Italie
75627 Paris Cedex 13

Titre original :
Wolf

ISBN 2-264-01691-4

A
TOM MCGUANE
et
In Memoriam, MISSY 1966-1971

« Au réveil, avec le souvenir d'un paradis entr'aperçu dans des rêves qui pendent autour de soi comme les cheveux d'un noyé... »

Julio Cortázar, *Marelle.*

NOTE DE L'AUTEUR

Lorsque la chienne aboie ou grogne dans la nuit, je me demande de quelle présence elle nous avertit, chat errant, putois, assassin ou fantôme. Il m'est passé par la tête l'autre matin que si les gens ne parlent pas de la mort, c'est parce que, même pour les plus simples d'entre eux, elle ne présente pas grand intérêt. Cela change bien sûr totalement quand elle s'approche d'un individu en particulier, mais, jusque-là, la mort a pour nous la vraisemblance, la réalité de notre voyage sur la lune pour un zèbre. Il y a forcément des raisons pour lesquelles je semble mettre dans le même panier enterrements, mariages et histoires d'amour : accidents humains, simples données à partir desquelles une fragile structure peut être soustraite ou additionnée. Et le fait d'avoir pris le risque d'être pompeux, et d'en être blâmé, montre qu'une nouvelle averse de soufre et de charpie devrait s'abattre sur nous pour laminer encore la condition humaine dans son abri habituel de saleté. Un paragraphe hermétique est toujours toxique.

Mais, pour en revenir à l'histoire, je ne parlerai pas de la mort. Ceci est un journal traitant principalement des années 1956-1960, écrit de l'avantageux point de vue du présent – de faux Mémoires, donc, pas même chronologiques, et dont l'auteur est à lui-même une antiquité de trente-trois ans, moment critique où toujours les âmes lit-

*téraires se retournent et regardent en arrière. Les poisons ont déjà presque tous été auto-injectés, certains auto-infligés; comment peser les tissus cicatriciels mentaux? Je suis certain qu'on finira par inventer un système le permettant, mais nous devons à ce stade de l'histoire nous contenter de notre prose, et, quel que soit le nombre de leurs fans, la nature, l'amour et le bourbon se sont révélés incapables de guérir le cancer. Je m'appelle Swanson, un nom ni très vrai ni très honorable. Ce n'est pas notre vrai nom, puisqu'il fut donné à mon grand-père, un Suédois, sur Ellis Island : les services de l'immigration avaient décidé que trop d'immigrants nordiques portaient des noms identiques ou similaires et qu'il serait plus simple qu'ils s'en inventent ou en choisissent d'autres parmi ceux de leurs ancêtres. Chaque nouvel arrivant se vit offrir trois courtoises minutes pour y réfléchir. Voilà comment je devins Swanson, bien que guère fils ni petit-fils de cygne; et comme j'ai pour prénoms Carol, à éviter parce que trop féminin, et Severin, trop espiègle et étranger, je tiens à rester Swanson, pour moi-même et tous ceux qui ont envie de m'appeler d'une manière ou d'une autre. Et ce nom n'a rien d'honorable puisque personne, dans la courte histoire plutôt bien connue de notre famille, n'a jamais rien fait qui vaille la peine d'être pris en considération – les naissances avaient lieu à la maison, les mariages étaient célébrés à la hâte et discrètement, souvent pour légitimer un enfant à naître. L'un de mes grands-pères était un pauvre fermier qui lutta pendant plus d'un demi-siècle pour arracher leurs fruits à vingt-cinq hectares de terre aride. Il y mourut sans avoir réussi à économiser de quoi acheter un tracteur et laissa à ses héritiers une propriété hypothéquée. L'autre était un ancien bûcheron, fauteur de troubles, devenu cultivateur, rustre et soûlard. Ma tante, qui fait dans la fripe, prétend qu'un de nos lointains parents est sorti de Yale au début du XIX*e* siècle, mais personne ne la croit. Mon père fut le premier, des deux côtés de la famille, à faire des études* *universitaires. Il travailla comme agronome pour le gouvernement pendant la Grande Dépression et mourut dans un violent accident sans avoir été heureux, je pense pouvoir le dire honnêtement. Pour ceux qui croient aux étoiles, je suis né sous le signe du Sagittaire, en cet hiver particulièrement rude de l'an 1937; j'ai eu une enfance agréable, totalement banale, et dont je ne parlerai pratiquement plus.*

Enfin, voici l'histoire, la fiction, le roman. « Ma structure a été faussée par une sombre souffrance qui m'a obligé à raconter mon histoire », a dit quelqu'un il y a longtemps. Je n'ai jamais vu de loup – les animaux des zoos ne comptent pas, ils n'ont pas plus d'intérêt qu'une carpe morte, tristes, furtifs, funèbres. Peut-être ne verrai-je jamais de loup. Et je n'en fais un problème pour personne d'autre que moi.

1

LES MONTS HURON

On pouvait partir vers l'ouest de Reed City, petit chef-lieu de comté installé dans une vallée infertile, avec son petit tribunal de briques jaunes, son canon bouché planté sur sa pelouse à côté d'une stèle de marbre portant les noms des morts des deux guerres mondiales gravés en lettres d'or et ceux des survivants gravés sans fioritures avec la netteté douteuse des inscriptions tombales, *A ceux qui ont servi*, continuer vers l'ouest sur quatre-vingts kilomètres de landes parsemées de hameaux comptant souvent moins de trente habitants et d'épiceries-postes à essence isolées, flanquées d'une minable caravane ou d'un sous-sol de maison attendant des temps plus prospères pour se voir nantie d'un rez-de-chaussée et peut-être d'un étage, les boutiques elles-mêmes n'ayant en stock que quelques vieilles marchandises, saucisson, mortadelle, saucisses polonaises, boîtes de conserve poussiéreuses, plaquettes de leurres pour la pêche, bombes aérosol antimoustiques, appâts vivants et glacière devant la porte – mais une glacière qui ne contenait que quelques bouteilles de sodas –, une route étroite à travers des bois de conifères où se côtoient le cèdre et le sapin, çà et là un chêne rabougri, le bouleau et l'éphémère peuplier qui vit généralement moins de vingt ans et jonche le sol de troncs et branches pourrissant, avancer toujours vers l'ouest à travers les mystères pelviens de marécages divisés par un fouillis de petites rivières et ruisseaux entremêlés, des marécages que rendent invivables en été et au printemps moustiques et mouches noires, des eaux saumâtres, des mares de limon vert, de petites buttes couvertes de fougères, des tourbières de sphaigne qui s'enfoncent dangereusement sous les pieds, bordées d'impénétrables bosquets d'épinette rouge : en bref, une terre sans histoire, d'aucun intérêt, au climat toujours infect, systématiquement déboisée depuis cent ans au point qu'il ne reste des grands pins blancs d'autrefois que quelques souches calcinées, presque pétrifiées, d'un mètre vingt de diamètre, seules preuves de l'existence de ces arbres qui atteignaient presque soixante mètres de haut et boisaient toute la moitié nord de l'État ainsi que la Haute Péninsule, insolemment rasés jusqu'au dernier par les barons du bois après la guerre de Sécession, réduits en fortunes qui profitèrent aux villes du Sud, Saginaw, Lansig, Detroit, et de l'Est, Boston et New York; et des maisons pauvres, même les grandes fermes des terres relativement fertiles, délabrées, construites n'importe comment, sans le soin apporté à celles du Massachusetts ou du Vermont; il fallait continuer toujours vers l'ouest jusqu'au lac Michigan, puis tourner vers le nord le long de la côte, jusqu'au détroit de Mackinac, passer son pont gigantesque, et avancer encore plus à l'ouest, sur près de cinq cents kilomètres à travers une Haute Péninsule à peine peuplée, et de nouveau tourner en direction du nord jusqu'aux monts Huron, ces relativement vastes montagnes où l'on ne rencontre plus âme qui vive.

Je me glissai hors du sac de couchage et plongeai une tasse dans le petit seau de fer, mais l'eau avait tiédi et était couverte d'une pellicule où les cendres se mêlaient aux moustiques morts. J'enfilai mon pantalon et mes bottes, marchai jusqu'à la rivière. La rosée avait trempé herbes et fougères, je sentais leurs feuilles amollies sous mes pieds. La terre était vert pâle, dans une demi-heure le soleil se lèverait et monterait à l'est, puis dépasserait la cime des arbres. Je m'agenouillai au bord de la rivière et bus son eau douloureusement froide contre mes dents. Je refermai les rabats de la tente, pris mes jumelles, que j'allais bientôt perdre, une mauvaise carabine 30.30 long rifle à la visée faussée, que je tenais de mon père, et une boussole dont je savais qu'elle ne me servirait à rien, car le sous-sol de cette région étant plein de gisements de fer, je ne pourrais me fier à ses indications. Mais je décidai de mettre le cap sur une butte qui s'élevait à un peu plus d'un kilomètre, puis de continuer dans la direction que je croyais être celle de la voiture, droit au sud-sud-est, et je partis. Deux heures plus tard, j'étais perdu au mystérieux fin fond de la forêt.

Celui qui se perd connaît toujours quelques instants de panique absolue où il se croit fichu. Le cœur palpitant, on tourne en rond presque sur place, tout ce que l'on savait ou croyait savoir sur les bois est oublié, et on n'est même plus certain d'en avoir jamais su quoi que ce soit. La boussole indique une direction impossible, on ne découvre de la cime de l'arbre où l'on a eu tant de mal à monter que d'autres cimes, ou, si l'on suit une rivière, c'est en sachant qu'on parcourra au moins trois fois plus de route qu'il n'est nécessaire car la rivière serpente et sinue, tourne en épingles à cheveux autour de plates-formes alluvionnaires couvertes de dense végétation, s'élargit en marécages où le pied s'enfonce dangereusement et où des nuages de moustiques vous accompagnent, volant comme par hasard juste à la hauteur de votre visage. Il y a donc tout d'abord cette peur mêlée d'incompréhension; puis, quand les palpitations affolées se calment et que le souffle se fait plus régulier, il est en fait assez facile de faire demi-tour pour parcourir en sens inverse le chemin qu'on a tracé dans les fourrés. Seuls meurent perdus dans les bois, et ils ne sont pas nombreux, ceux qui ont attendu trop longtemps pour revenir sur leurs pas.

Je m'allongeai sur un tronc d'arbre tombé en travers de la rivière quand l'eau avait creusé la rive autour de ses racines, somnolai un moment au soleil, et, en me réveillant, mis la carabine en joue et visai en position couchée une feuille, puis un large affleurement de rochers en aval de la rivière.

J'avais eu l'intention de remonter à contre-courant et d'installer mon campement sur des terres plus hautes pour y avoir plus d'air et moins d'insectes, mais je ne retrouvai la tente qu'au milieu de la soirée. A dix heures, quand je dînai de haricots et d'oignons bouillis, il ne faisait pas encore nuit. J'inondai mon assiette de sauce au piment rouge et m'appuyai contre un arbre en me disant que j'aurais bien bu un grand verre de whisky tiède ou une série de petits doubles suivis de bière. Je repensai alors au Kettle of Fish, le bar de Macdougal Street où j'avais commencé à boire sérieusement. Tout le monde y semblait deux fois plus vieux que moi (j'avais dix-huit ans), et quatre demis suffisaient à me faire tourner la tête. Quatre-vingts cents. Mais une habitude n'a d'intérêt que pour ceux qui l'ont, par exemple ces hommes gras et gros qui parlent pendant des heures sans s'ennuyer des régimes qu'ils suivent, des kilos qu'ils s'imaginent perdre. Je bus de l'eau pour apaiser le feu qui me brûlait la gorge et regardai ma montre à la lumière des flammes. Elle s'était de nouveau arrêtée. En l'enlevant je remarquai la bande de peau blanche qu'elle avait laissée à mon poignet, comme une part de moi-même étrangère au reste de mon corps et ça m'a rappelé cet ami qui avait une croix mexicaine tatouée à cet endroit. Je jetai au feu cette superoccase à sept dollars et imaginai qu'au contact de la chaleur les aiguilles reviendraient en arrière ou tourneraient au ralenti, à l'inverse de ces montages cinématographiques où les pages d'un calendrier défilent et les trains traversent le pays d'un coin à l'autre de l'écran, de triomphe en triomphe, avec le nom d'une star de plus en plus grand sur les affiches et les panneaux des théâtres. Je me passai du produit antimoustiques sur les mains, le visage et le cou, et me glissai dans le sac de couchage.

Nous avions suivi une route gravelée bordée de chaque côté par des peupliers de Lombardie qui commençaient à mourir et dont les plus hautes branches perdaient toutes leurs feuilles. Mon père tripotait le bouton de la radio. Puis il avait dit, Il n'y a pas de match aujourd'hui, c'est lundi. Il avait tourné dans un chemin plein de trous et d'ornières qui menait à une ferme cachée derrière un bosquet d'ormes et d'érables. A notre arrivée, deux chiens avaient bondi de la véranda, comme prêts à mettre la voiture en pièces pour nous dévorer. Mon père était descendu et m'avait dit Viens, mais je n'avais pas bougé. Je ne voulais pas salir mes chaussures neuves que je m'acharnais à faire briller contre mes jambes de pantalon depuis que nous étions sortis de la ville. Il s'était éloigné et les chiens l'avaient laissé tranquille. Ils étaient probablement de la même portée, des bâtards de colley et de berger. J'avais eu une chienne qui leur ressemblait quelques années plus tôt. Elle s'appelait Penny. Mais elle avait mordu le facteur et nous avions dû la donner à un fermier qui, je l'avais appris plus tard, l'avait abattue parce qu'elle tuait ses poules. J'avais entendu des rires et m'étais retourné pour regarder de l'autre côté de la cour ombragée trois filles qui jouaient à la balançoire. Une corde pendait d'une branche basse d'un orme, à laquelle on avait accroché un pneu. Elles y montaient tour à tour et l'aînée soulevait la plus petite pour l'installer debout une jambe de chaque côté du pneu. La petite avait perdu trois doigts, elle tenait un brin de lilas entre le pouce et l'index qui lui restaient et, de l'autre main, s'accrochait à la corde. Les lilas poussaient le long d'un fossé à l'autre bout de la maison. On était en mai, ils fleurissaient en grosses grappes blanches et violettes, leur lourd parfum se mêlant à celui de la menthe sauvage du fossé. La ferme avait des murs doublés de panneaux imitant la brique brune, ce qui était alors presque une marque de fabrique des maisons de pauvres, et un perron en ciment où grimpaient de hauts buissons de chèvrefeuille. L'aînée, qui semblait avoir une douzaine d'années, était montée sur la balançoire et s'était élancée, de plus en plus haut, tandis que la petite se tenait les oreilles comme si quelque chose allait exploser. Elle chevauchait la balançoire les jambes écartées, et sa robe volait autour d'elle, de plus en plus haut à chaque nouvel élan. J'avais regardé encore une fois mes chaussures neuves, tourné le bouton de la radio. Quand j'avais relevé les yeux, j'avais vu ses jambes et ses hanches, son slip, tout ce que sa jupe ne cachait plus. Je m'étais senti tout flou, au bord du fou rire, avec une terrible envie d'aller les rejoindre et de leur parler. Mais, à ce moment-là, mon père était ressorti de la grange. Il avait serré la main de l'homme qui l'accompagnait et nous étions repartis.

Il n'était pas plus tard que minuit quand je me réveillai et le feu – parce que je n'avais à brûler que du pin, un bois qui chauffe beaucoup moins que le hêtre ou l'érable – s'était éteint. Je crus entendre quelque chose et pris la carabine posée le long de mon sac de couchage. Je me levai, rallumai un feu et décidai de faire du café et de veiller toute la nuit plutôt que me laisser attaquer par des bêtes sans nom qui, j'en étais sûr, n'existaient que dans les fantasmes créés par mon cerveau en manque d'alcool. « Voici le verre qui apaisera toutes mes souffrances », chantait Webb Pierce. Avant quatre heures le ciel s'éclaircirait. J'ai toujours prêté une attention démesurée à l'heure. Cela fait partie des problèmes que m'ont posés mes quelques passages dans le monde du travail : cette prévisibilité incontournable qui exaspère tous les employés, une pléthore d'horloges et, juchée sur mon cou trop maigre, ma tête qui suit leurs cercles parfaits, qui tourne, encore et encore. Je me rappelle avoir travaillé dans un bureau à Boston et, au cours de la seconde semaine, avoir un jour levé les yeux vers l'horloge alors qu'il était deux heures et demie et non quatre heures et demie comme je l'espérais. Je m'étais mis à pleurer, de vraies larmes, salées (certainement dues aussi aux cinq doubles scotchs de mon déjeuner). Un enfant de vingt-sept ans désespéré par la lenteur du temps, avec des larmes qui coulaient sur ses joues rondes et tombaient sur son col déboutonné parce que cette chemise, sortie du tiroir de la commode de son père mort, était trop petite pour lui.

La rivière grondait et bouillonnait autour des rochers près desquels je remplis la cafetière, son bruit couvrant les mouvements du griffon prêt à bondir pour m'égorger. Les éléphants roses du delirium tremens, c'est de la blague. Je pensais au sauternes et à la Californie. Il m'avait fallu presque un mois pour rentrer en stop et, de toute façon, j'y étais allé sans raison, ou simplement, comme l'a dit Tom Joad, parce qu'il « se passe toujours quelque chose là-bas dans l'Ouest ». Sûr, Tom. A San Francisco, dans un immeuble abandonné appelé les Jardins Suspendus par ceux qui y dormaient, nous avions partagé en quatre une centaine de boutons de peyotl, petits cactus qui, une fois pelés, ont la consistance gélatineuse de piments verts pourris. J'avais mâché consciencieusement mon overdose, vingt feuilles l'une après l'autre, comme une nourriture miraculeuse, puis vomi plusieurs fois par la fenêtre, des heures durant. Lorsque mon cerveau s'était éclairci, mon barda avait disparu. Et j'avais marché pendant ce qui m'avait paru des mois jusqu'à Hosmer Street, pour prendre le car qui emmenait les journaliers aux champs de haricots de San José. Un étrange poison, le peyotl, que je ne recommanderais à personne, tout au moins pas en telle quantité. Les mots ne peuvent exprimer cette expérience, je n'ai jamais lu de récit qui en donne ne serait-ce qu'une vague idée. Des années plus tard, un coin de ma petite tête en ressent encore les effets.

Je bus plusieurs tasses de café en regardant le ciel sans lune, la nuit nuageuse derrière le feu. Puisque de toute façon il faut mourir, autant que ce soit entre les mâchoires d'un grizzly, mais ils sont à quinze cents kilomètres à l'ouest d'ici. Dans la transe du peyotl, les filles que nous avions bêtement convoquées pour danser nues étaient dépiautées, rouges comme des betteraves, avec une tache noire d'encre, luisante, dure comme du basalt. La vieille plaisanterie de la femme qui étrangle un rat entre ses jambes. D'un bout à l'autre de ce pays, on trouve dans les bars con craquette chagatte minette motte moule cramouille, etc. Cette femme de trente-huit ans à Detroit, avec ses cheveux violemment crêpés, son bourrelet de graisse nourri de bière autour de la taille, sa bouche rouge comme une blessure de guerre, qui te fait de l'œil dans le miroir au-dessus des bouteilles, et toi qui lui renvoies un clin d'œil aveugle, lui offres un verre, schnaps on the rocks, lui donnes du feu et regardes ses doigts dont les griffes te font penser à celles d'un léopard. Elle porte à la cheville un bracelet en argent où est gravé un nom, Bob. Elle fait la moue, babille à propos de films et de ce qui est arrivé à Randolph Scott, dit qu'elle est cosmotologue. Elle connaît le cosmos. Un cosmétique à elle, un luxe. Coiffure et bavardage pour femmes. Alors tu vas aux toilettes, tu te regardes dans la glace et tu te dis que si tu étais un vrai Américain, peut-être un marine, un para, ou un routier, tu la baiserais. Mais ce n'est pas le cas, aussi te balances-tu au-dessus de l'urinoir, la bite qui se rétrécit comme prête à disparaître à l'intérieur de ton corps à l'inverse du désir, te cherchant des excuses. Elle a probablement la chtouille! Ou elle n'a pas pris de douche depuis une semaine, c'est une vieille peau, si toutes les bites qu'elle s'est enfilées lui ressortaient par la peau du dos, elle ressemblerait à un porc-épic, oh et puis zut, elle est tout simplement trop grosse. Mais ça ne te rassure pas, et en plus, lorsque tu ressors des gogues et traverses la salle pour t'enfuir, elle suit tous tes mouvements dans le miroir derrière les bouteilles. Tu pousses la porte de la rue et tu te retrouves dehors, pas très viril, mais sain et sauf, tu te dis que ça aurait été comme de baiser un aspirateur, tu rêves de la fraîcheur d'un monastère en pleine campagne avec les oiseaux qui chantent doucement derrière les fenêtres et la Mère supérieure qui s'agenouille devant toi après les vêpres. Non, il n'y a pas de nonnes dans les monastères. Mais tu peux rêver au moins d'une lycéenne après un match de foot interclasse, sincère en amour, qui a un coffre en cèdre où commence à s'entasser son trousseau, des taies d'oreiller en mousseline blanche pliées tout au fond, portant en lettres de soie mauves les mots *Lui* et *Elle*. Et tandis qu'elle fait l'amour sans passion, elle parle de la curieuse expérience du dernier cours de chimie, qui puait tellement. Nue de la taille aux socquettes.

J'allai voir les lignes que j'avais posées, une façon d'attraper des poissons sans pêcher. On met un appât au petit hameçon et on accroche la ligne à un tronc d'arbre, ou à une branche basse. J'avais fait chou blanc avec la première, mais pris avec la seconde une truite de rivière, la plus bête des truites, d'environ trente centimètres. Je la vidai et jetai ses entrailles dans le ruisseau pour qu'elles n'attirent pas les ratons laveurs, capables de flairer les tripes de poisson à des kilomètres. Je la fis cuire en papillote avec de l'oignon, la mangeai avec du pain et du sel. Pour dessert, je plongeai mon doigt dans un petit pot de miel et le léchai. Le ciel commençait à peine à s'éclaircir et d'invisibles oiseaux chantaient, plus, comme nous le savons maintenant, pour écarter les autres de leur territoire que pour annoncer le jour.

Je dormis quelques heures, après le lever du soleil; étranges, ces peurs de la nuit et la façon dont le courage me revient vers midi. J'avais bercé mon cerveau ramolli par l'alcool en fredonnant *The Old Rugged Cross,* qui est à la musique religieuse ce que les tranchées sont à la guerre moderne. Une femme l'avait chanté pour l'enterrement. Une plainte claire, frémissante, accompagnée par le souffle humide du vent qui passait entre les planches de la grange. C'était ma grand-mère qui avait tenu à cet anachronisme, et il s'agissait de son fils aîné. J'avais chanté beaucoup de cantiques un été à New York City dans une chambre de Grove Street qui donnait sur une bouche d'aération de vingt centimètres sur vingt dont le fond était jonché de journaux, de bouteilles et de vieilles serpillières. Grouillante de rats dans la journée. Je ne pouvais supporter la ville; elle me semblait uniformément maléfique et j'aurais voulu être ailleurs, mais je ne pouvais rentrer chez moi, j'avais annoncé que je partais pour toujours. Je chantais ces vieux chants baptistes appris à l'âge de quinze ans, lorsque je m'étais converti. *Il y a une fontaine de sang* (celui qui coule des veines d'Emmanuel), *Sain et sauf* (entre Ses Mains), ou le plus beau, *Merveilleuse est la grâce sans pareille de Jésus.* Je n'avais simplement rien à faire à Sodome, mais refusais à dix-neuf ans de l'accepter. Sally me soulagea de mes souffrances, grâce à Grace je rentrai un jour au pays. Impossible d'accorder de la valeur à des mots tels que destin et temps. Je faisais des listes, celles des choses que je désirais ou qui me manquaient, parce que j'étais incapable de faire des phrases; toujours à moitié soûl dans la chaleur étouffante, comme si les mots ne sortaient que pressés au creux du poing :

soleil insecte poussière terre lilas feuille cheveux spirée érable cuisse dents œil herbe arbre poisson pin pinson basse bois dock rivage sable nénuphar mer roseau perche eau algue nuages chevaux verge d'eau hirondelles rond rocher roncier souche cerf faucon colline ravin chalet pompe nuit sommeil jus whisky cartes planches pierre plate oiseau aube crépuscule foin bateau huard porte fille grange paille blé canari pont vautour asphalte fougère vache abeilles libellule violettes barbe ferme étable fenêtre vent pluie vague araignée serpent fourmi rivière bière sueur chêne hêtre bouleau ruisseau marécage bourgeon lapin tortue ver bœuf étoile lait poisson-lune guitare-basse oreille tente coq boue blé noir poivre gravier cul criquets sauterelle orme barbelés tomates Bible concombre melon épinard bacon jambon patate chair mort barrière loriot maïs rouge-gorge pomme fumier batteuse cornichons cave brosse cornouiller pain fromage vin cuvette mousse porche ravin truite canne à pêche épagneul meule corde rênes nez poireau oignon pieds

Une fois cette liste terminée, j'avais eu l'impression de suffoquer. Je l'avais trimbalée sur moi pendant des jours. Je partais de la 42ᵉ Rue Ouest et marchais le long des quais sous la voie express, toujours aussi près de l'eau que possible, autour de la pointe de l'île et de Battery Park, puis vers le nord jusqu'à la 42ᵉ Rue Est, pratiquement sans rien remarquer ni me souvenir de quoi que ce fût. Je ne pouvais rentrer chez moi la tête basse après avoir vendu le costume qu'on m'avait acheté pour la remise des diplômes de fin d'études, et mis au clou la montre que j'avais aussi reçue à cette occasion. Le discours de circonstance était intitulé « Éveille-toi, jeunesse ». Après avoir joué les garçons de salle, j'avais lavé des pare-brise de voiture dans une station-service puis été employé dans une librairie à un dollar vingt de l'heure. Ayant vu des années auparavant *Meurtre sur la Dixième Avenue*, je marchais toujours d'un pas furtif sur la Dixième Avenue.

A midi, l'air était tiède et calme, pourtant, loin tout là-haut, de grands strato-cumulus noirs roulaient au-dessus du lac Supérieur, en provenance du Canada. Il allait y avoir un gros orage et je ne m'y étais pas préparé ; je courus sur les cinq ou six kilomètres qui me séparaient de la tente, tandis que les premières gouttes tombaient sur les feuilles et qu'un vent gris et froid se levait. Je ramassai tout le petit bois que je pus et le jetai sous la tente, puis me mis à creuser autour avec une hache, arrachant les racines et vidant la terre à mains nues car je n'avais pas de pelle. Avant d'avoir fini, j'étais trempé jusqu'à la moelle des os. Je me glissai à l'intérieur et me déshabillai en frissonnant tandis que l'orage grondait, une trombe qui pliait les arbres et brisait les branches, formait des ruisseaux à travers les bois. Je m'endormis épuisé, m'éveillai vers le soir et vis entre les pans de la tente une mare là où avait brûlé mon feu. Il pleuvait encore, bien que doucement maintenant, et il faisait très froid. J'eus soudain envie d'être dans un hôtel à New York ou Boston, d'avoir chaud après avoir dormi à l'heure du déjeuner et d'enlever l'enveloppe de cellophane d'un verre dans une salle de bains jaune pour y verser du whisky, y ajouter environ un doigt d'eau javellisée et organiser ensuite ma soirée.

Quand Marcia était partie en Californie, je l'avais suivie une semaine plus tard, mais l'avais ratée à Sacramento d'où elle s'en était allée vers le sud jusqu'à Santa Fe, Nouveau-Mexique. J'étais fauché en arrivant à Sacramento et avais de toute manière perdu tout intérêt pour elle; voir un nouveau pays ou une nouvelle ville a toujours effacé en moi le passé immédiat. Je n'avais pas de photo d'elle et lorsque j'essayais de la visualiser, les traits de son visage se déformaient légèrement, aussi devais-je recommencer, comme j'aurais habillé un mannequin nu, mais alors un œil tombait par terre ou bien la bouche s'élargissait ou encore une oreille disparaissait. Quand je tentais de l'imaginer avec un autre, je ne ressentais rien. Elle m'avait dit plusieurs fois vouloir faire un jour l'amour avec un Indien, n'en ayant, bien entendu, jamais rencontré; un Cheyenne, un brave, avec tous les honneurs de la guerre, qui l'anéantirait. Puis il prendrait son scalp et elle ressemblerait à une de ces Françaises qu'on rasait à la Libération parce qu'elles avaient collaboré avec les Allemands, image en noir et blanc dans *Life magazine.* Rien, je ne ressentais rien. Peut-être aurait-ce été différent si nous étions restés ensemble, mais je ne voulais pas me marier ; je voulais faire des économies pour aller en Suède voir si j'avais encore de lointains parents qui me ressemblaient et, après m'être aperçu que non, je partirais sur une petite île de l'archipel de Stockholm où j'apprendrais le métier de pêcheur et passerais le restant de mes jours à attraper des morues. La mer Baltique serait toujours froide et ses plages jonchées de pierres noires. Quelque dix ans plus tard, j'enverrais un mot chez moi, écrit en mauvais suédois, que ma famille ferait traduire à l'université de la région. J'y annoncerais que j'avais décidé de suivre les traces de mon grand-père et que j'avais déjà fait une ribambelle d'enfants idiots aux cheveux filasse avec une grosse femme qui ne mangeait que du beurre et des harengs frits.

La dernière soirée que j'avais passée avec Marcia était mélancolique et douce. Nous étions restés assis sous le porche de sa maison jusqu'à ce qu'il fasse sombre ; puis nous avions traversé la pelouse et marché le long de l'allée jusqu'à ma vieille Plymouth. Il faisait encore très bon, une de ces sèches soirées d'août où la nuit rafraîchit seulement l'air. Nous avions roulé en silence sur la quinzaine de kilomètres qui nous séparaient du chalet et il s'en était fallu de quelques centimètres que je renverse la moto de Victor en me garant. J'avais compris qu'il était allé à pied à la taverne qui se trouvait un peu plus loin sur la route. Marcia était descendue sans me laisser le temps de lui ouvrir la portière. Tout était éteint, mais j'avais trouvé sans difficulté l'interrupteur à côté de la porte. Le ménage avait été fait, bien qu'à la va-vite. Les murs étaient doublés de frisette bon marché, du bois de pin plein de nœuds, jusqu'à mi-hauteur, puis peints en jaune vif à même un plâtre irrégulier. Pas de rideaux aux fenêtres. Le linoléum, d'un rouge violent, était usé jusqu'à la corde devant l'évier. J'avais rempli un verre de bière pour Marcia et buvais le reste à la bouteille, car c'était le seul verre propre. Marcia semblait plutôt à l'aise, malgré la laideur de la pièce. Elle en avait fait le tour d'un pas gracieux, regardant les photos des femmes de Victor et buvant sa bière à petites gorgées. Je lui avais demandé si elle en voulait encore et elle avait répondu qu'elle n'y tenait pas vraiment. Ensuite elle était allée dans la salle d'eau et avait dit qu'il y avait des insectes dans le lavabo. Je l'avais rejointe et nous étions restés là à regarder la blancheur froide du lavabo, les papillons de nuit et les moustiques autour du trou d'évacuation. Nous avions relevé les yeux au même instant – le miroir nous renvoyait notre regard avec une clarté terrifiante –, son visage, moins bronzé dans la lumière crue, ses arcades sourcilières moites, ses longs cheveux attachés en chignon. Debout derrière elle, j'avais une expression si manifestement absurde qu'elle avait ri. J'avais alors eu l'impression que pour la première fois depuis des semaines j'étais enfin conscient que jusque-là sa beauté n'avait été qu'une idée. Elle avait enlevé sa blouse puis laissé tomber sa jupe sur le sol. Je me sentais léger, aérien, comme si j'avais assisté à cette scène de loin, ou en rêve. Elle s'était retournée vers moi, avait blotti son visage contre mon cou. Je l'avais embrassée rapidement et avais regardé dans la glace. Tout en bas du miroir, les rondeurs de son derrière écrasées par le poids de nos deux corps, son dos, lisse mais étonnamment musclé, et mes mains plus sombres sur sa peau blanche. Puis j'avais vu mon visage appuyé contre son épaule et tiré la langue.

Beaucoup plus tard, après l'avoir raccompagnée et être revenu au chalet, je m'étais dit que jamais je n'avais eu un aussi grand plaisir sans me poser de question, que tout ce qui était arrivé s'était passé dans une brume sensuelle dont nous n'étions sortis que pour boire un verre d'eau ou fumer une cigarette. Je gardais même du trajet jusque chez elle une impression vague, hypnotique. Il est étrange de connaître une fille que l'on peut aimer sans mot, avec qui le langage n'est qu'une interférence. Il en est toujours allé ainsi avec Marcia. Nous parlions, riions et nous promenions beaucoup, mais lorsque nous commencions à nous caresser, il s'agissait d'un rite absolument muet. La première fois que nous avions fait l'amour, il y avait eu du sang, pourtant elle n'avait apparemment pas pensé que sa virginité était quelque chose qui valait la peine d'être évoqué.

Avec le petit bois de la tente, j'allumai un faible feu crépitant, à peine de quoi faire bouillir l'eau du café. Mon haleine faisait un nuage de vapeur qu'exhalait l'orifice de la tente dans cet air presque glacé du mois de juin. A New York, les gens nantis devaient avoir cette allure boiteuse de ceux qui prendront bientôt des vacances, quinze jours, un mois, ou tout l'été dans le cas de certaines épouses. Barbara partirait en Géorgie avec l'enfant, peut-être le laisserait-elle là-bas pour aller en Europe. Elle avait semblé totalement dépravée quand je l'avais vue pour la première fois, étrangement soumise, mais avec une décadence agressive qui trahissait une volonté délibérée, comme certaines filles qui ont un curieux penchant littéraire et organisent leur existence sur la base des romans qu'elles ont lus. J'avais fait sa connaissance au Romero's, un bar du Village que fréquentaient aussi bien les Noirs et les Blancs et où elle était venue avec un grand nègre dégingandé qu'elle avait rencontré à son cours de peinture. Moins d'une heure plus tard, hystériquement soûle, elle parlait trop fort et son ami s'était enfui, gêné.

– Tu as du sang mexicain? m'avait-elle demandé.

– Non, avais-je répondu, presque paralysé par la timidité.

– On dirait bien, pourtant. Tu es sûr?

– Peut-être un peu, avais-je menti.

Je voulais lui faire plaisir. Elle ressemblait à un mannequin, de loin la plus belle de toutes les créatures que j'avais jamais rencontrées.

Nous avions bavardé bêtement pendant quelques minutes puis je lui avais commandé un autre verre que le barman avait refusé de lui servir. Elle était partie brusquement et je l'avais suivie avec la certitude que j'allais trébucher avant d'arriver à la porte. Le barman sourit. Je me sentais vieux et dans le coup, mais encore maladroit. Nous avions longé quelques pâtés de maisons – elle silencieusement vacillante – jusqu'à une cafétéria où nous avions pris un café et où la serveuse m'avait demandé d'emmener Barbara dehors avant qu'elle ne vomît. Arrivée dans ma chambre, elle s'était déshabillée très vite, avait enfilé un de mes tee-shirts en guise de pyjama et s'était jetée dans le lit. Elle était endormie avant que j'aie le temps de voir à quoi ressemblait son corps ou de dire quelque chose. Je m'étais glissé nu à côté d'elle et avais touché son ventre, mais elle ronflait déjà. Je me sentais bizarrement engourdi, pris de vertige, comme environ un an plus tôt lorsque j'avais enfilé ma tenue de football avant un match en sachant que j'allais passer les quelques heures suivantes à me faire démolir la gueule. J'étais resté allongé là un moment, touchant ses jambes, sa poitrine et son sexe, où j'avais laissé ma main, en me disant que c'était en fait la première fois que je passais toute une nuit avec une fille et que profiter de son ivresse était indigne d'un homme. Son estomac gargouillait sous mes doigts et j'espérai qu'elle n'allait pas vomir car on ne devait me changer les draps que quatre jours plus tard. Puis je m'étais relevé, j'avais allumé la lumière et l'avais regardée, d'abord de loin, puis de très près, à moins de dix centimètres pour être exact. J'avais l'impression que mon cœur allait exploser et m'étais remis au lit, sur elle cette fois, puis j'avais essayé de la pénétrer, mais j'avais éjaculé avant d'y arriver.

Je m'étais réveillé à l'aube, très déprimé et coupable, et je l'avais regardée, assis sur une chaise à côté de la fenêtre. Sa respiration était profonde et régulière dans l'ombre, le drap repoussé assez loin pour découvrir une hanche lisse, des fesses blanches et un dos encore bronzé. Je me levais tôt par habitude, mais en ville, avec le raffut du camion-poubelle dans la rue vide, la lumière sale, le soleil jamais vraiment brillant même en été, l'air qui sentait une odeur grasse de produit chimique, je n'y prenais aucun plaisir. Elle bougea légèrement puis se retourna sur le ventre, le drap enroulé autour d'elle, plus bas, serré autour de ses cuisses. Une image de magazine porno. Pas d'excitation, mais une torpeur inattendue. Elle semblait irradier une chaleur terrible et dormir avec elle avait été étouffant – son étrange odeur sucrée, son parfum qui passait, la chambre qui se rétrécissait dans une insomnie amère avec les premières lueurs du jour. J'avais somnolé sur la chaise pendant une heure ou deux, m'étais éveillé quand la rue était redevenue bruyante. Elle dormait toujours, bien que totalement couverte maintenant. J'étais sorti dans le couloir pour me doucher et à mon retour, l'avais trouvée debout devant la plaque électrique en train de préparer le café.

– Ces nègres voulaient me soûler, avait-elle dit en souriant.

– Ce n'est pas ce dont je me souviens.

Elle avait refroidi son café avec de l'eau, l'avait bu très vite, puis s'était entourée du drap.

– Je prendrais bien une douche.

Je lui avais dit où c'était, et que l'eau chaude, quand il y en avait, était bouillante. Une fille nue, ou presque, enfin montrant ce qu'il y avait de plus important à montrer, buvant du café dans ma chambre. J'avais presque envie de rentrer chez moi pour raconter ça à un copain. Je m'étais mis dans le lit qui était encore tiède et sentait la bière.

Allongé en pantalon, je respirais à fond, histoire de calmer ma nervosité. Elle était revenue à son tour, au bout de ce qui me parut durer une heure, et s'était plantée à côté du lit, debout, brossant ses cheveux à petits coups secs, les yeux baissés vers moi. J'avais tendu la main, l'avais effleurée. Elle s'était tournée, avait laissé tomber le peigne, s'était mise au lit à côté de moi et avait défait ma braguette. J'avais vite enlevé mon pantalon puis nous nous étions embrassés et je l'avais pénétrée tout de suite, bien qu'elle ne fût pas tout à fait prête.

En début de soirée, nous avions marché jusqu'au coin de Macdougal Street où elle espérait trouver un taxi. Nous avions regardé derrière la haute grille d'un petit square des enfants qui jouaient au basket. Elle m'avait donné son adresse et son numéro de téléphone. Je me sentais différent et me demandais si ça se voyait. Nous avions alternativement baisé, dormi et fumé toute la journée, avec une courte interruption pour aller acheter de quoi manger chez le traiteur. Elle avait pris ma bite dans sa bouche, ce qui ne m'était arrivé qu'une seule fois auparavant, avec une putain des Grands Rapides, et je l'avais léchée, un truc nouveau pour moi, mais que j'avais lu dans un livre avec les copains, à la maison. Nous étions persuadés que tous les autres avaient déjà sucé une femme, et quand un pauvre diable avait avoué que non, nous avions ri d'un air entendu, quelque part dans les champs ou peut-être dans la remise. Maintenant, j'avais le sexe douloureux, à vif. J'en avais presque plus fait en cette longue journée au lit que dans le reste de ma vie. Toutes mes curiosités étaient pour l'instant satisfaites et je sentais encore l'odeur de Barbara sur mes mains et mes lèvres. Sur mon nez. J'étais entré au Kettle of Fish où j'avais commandé un demi d'une voix forte, alors que d'habitude je bafouillais avec un accent de plouc paumé que les New-Yorkais avaient du mal à comprendre.

Je me servis du reste du petit bois pour sécher une bûchette dont j'alimentai le feu. Puis je préparai des pommes de terre aux oignons que je mangeai dans la poêle. Il faisait à peine clair, mais les premiers rayons de soleil apparaissaient dans le brouillard qui s'élevait à travers les buissons et les branches. Comme dans la Forêt-Noire en 1267 lorsque les paysans se levaient tôt et enfilaient leurs bottes dans l'aube humide. J'essuyai la carabine avec ma chemise, des gouttes d'eau perlaient sur son canon d'acier glacé, et je remontai le ruisseau pour reprendre ma promenade là où, la veille, la pluie l'avait interrompue. D'après la carte d'état-major, c'était la partie la plus profonde de la forêt, un coin qu'aucune piste ne traversait, et la rivière auprès de laquelle je campais coulait du plus proche de deux petits lacs selon un parcours sinueux, s'élargissant progressivement vers le nord, où elle se jetait dans le lac Supérieur.

A environ un kilomètre de la tente, je tombai sur un monticule de crotte d'ours toute fraîche. Il avait dû manger des framboises sauvages. Il me fallut quelques secondes pour me remettre de mon émotion, mais je savais que les baribals n'attaquent pratiquement jamais personne. Je repris tranquillement ma route à travers les fougères humides qui m'avaient trempé jusqu'à la taille puis je le vis, à quelques centaines de mètres devant moi, sur un tertre au bord d'un marigot. L'ours se retourna soudain vers moi. Il avait flairé mon odeur. Puis, si vite que j'eus à peine le temps de le voir faire, il se baissa et s'enfuit à travers le marigot.

Tous étaient semblables. Convaincus de ce fait, ils faisaient graviter leurs particularités autour d'une tête unique, les parties du corps étant elles aussi interchangeables. Jeunes, après une matinée passée à l'école biblique, ils regardaient dans le dictionnaire au mot « péché », le souffle court. Jézabel, Marie-Madeleine, Ruth couchée à mes pieds, les filles de Loth, les concubines de Salomon. Ils avaient semé la terreur au pays des Gérasiens, quand le fou, qui avait brisé ses chaînes encore et encore, fut guéri et que ses démons entrèrent dans des pourceaux, un troupeau de trois mille porcs qui se jetèrent à l'eau et se noyèrent. Écume et vagues de pourceaux noyés. Je multipliais les cochons dans l'enclos à côté du silo à maïs. Il y en avait huit et il était difficile d'en imaginer des milliers, tous possédés des démons de mauvaises femmes. Quand vous aurez changé et que vous vous serez lavé de tout mal, les quelques femmes du pays que vous avez indignement traitées le sauront et se jetteront dans la mer Rouge ou dans l'enclos à cochons. On pourra les repérer sur une carte des États-Unis et du Canada. Puisses-tu être froid ou bouillant à Laodicée. Petite culotte baissée sur les cuisses derrière un poulailler. A douze ans elle a dit regarde mon cul. Devant mes yeux et personne à qui m'en confesser. La femme maintenant morte qui jouait du piano pour la prière du mercredi soir est au ciel et voit ce que tu te fais la nuit et ce que tu fais aux autres où que ce soit, chez toi, au travail ou quand vous jouez dehors. Rien ne peut être caché aux morts et les morts ne peuvent nous aider, bien qu'ils pleurent certainement pour nous. On entendait les poules caqueter, les herbes sèches blessaient nos pieds nus. Tu n'as pas de poils, moi si. J'en aurai après mon prochain anniversaire, on me l'a dit. Nos oncles partis faire la guerre à Guadalcanal vont peut-être mourir. J'ai touché son machin. A la fête des Nazaréens, le prêcheur a dit sous la tente que la petite fille du jeune couple était tombée dans l'enclos à cochons et avait été dévorée en châtiment de leurs péchés. Lui s'est tourné vers l'alcool et les femmes. Elle, vers l'alcool et les hommes. Puis ils ont entendu un cantique à la radio, des tas de gens avaient prié pour eux, surtout leurs mères, alors ils ont pleuré devant la radio et demandé pardon. Bientôt ils ont eu un autre enfant. Les voies de Dieu sont nombreuses pour accomplir ses prodiges. J'irai en Afrique, je deviendrai missionnaire et sauverai les païens, ces Noirs sauvages, malgré les lions et les serpents venimeux. Son cul est nu, les poules caquettent en cercle, elles pensent que nous allons leur donner à manger. Le missionnaire jouait de l'accordéon, chantait un cantique en langue africaine et passait des diapositives du continent noir. Image d'un lépreux avec une mâchoire gigantesque et une oreille en moins, qu'on avait conduit au Christ à la mission. On obligeait les filles à se marier à dix ans, à peine en classe de septième. J'ai trouvé dans le bureau de mon cousin un livre de Flash Gordon où on le voit, dans son vaisseau spatial, avec son machin qui passe à travers une femme et va se planter dans la bouche d'un autre homme. Qui rentre dans l'un et ressort dans l'autre. Et Joe Palooka, avec ses gants de boxe, son short baissé autour des genoux, devant des célébrités assises de l'autre côté du ring. Un de mes amis avait donné cinq dollars de ses étrennes à la bonne noire pour qu'elle soulève sa robe jusqu'en haut. A quoi elle ressemblait, je n'en sais rien, elle avait une culotte sous sa robe. Cinq dollars. Nuit d'été où nous ramions sur le lac devant sa fenêtre, alors qu'elle avait enlevé tous ses vêtements. Je ne suis pas certain qu'elles soient toutes comme ça, si leurs poils ne sont pas de la même couleur, elles sont sûrement bâties différemment. Mais quand je suis sorti des eaux dans mon pantalon de drap blanc, tout était nouveau et le Saint-Esprit des fonts baptismaux est descendu dans ma poitrine qui allait exploser. Peut-être avais-je retenu trop longtemps ma respiration. Ça a duré, l'esprit est resté là, environ une semaine, bien que mon père ait dit en plaisantant ce n'est pas la peine de prendre un bain. Ou suis-je un païen? L'évangéliste Billy Sunday a sauvé mon père pour quarante-huit heures, mais le troisième jour il s'est soûlé. Ils appellent ça rechuter.

A midi, une brise de sud-ouest se leva et il se mit à faire chaud et humide. Assis contre une souche, je regardais le petit lac ondoyer. Arrivé au bord de l'eau, fatigué et dégoûté, je tirai sur une tortue que je vis au loin sur un tronc d'arbre. La sueur coulait dans mes yeux, j'avais traversé le marécage au milieu d'un nuage de mouches noires et de moustiques, et arrivais à peine à garder ouvert mon œil enflé par les piqûres. Sous l'impact de la balle, la tortue explosa littéralement. Une cruauté inutile qui me serra la gorge comme la cruauté inutile des hommes de ma famille me serrait la gorge lorsque j'étais enfant. Dans l'ombre de la nuit, les chiens sautent autour de l'arbre d'où les regarde un raton laveur pris dans la lumière de la lampe torche. Il est abattu et mis en pièces par les chiens. Manger un raton laveur de temps en temps leur ouvre l'appétit.

J'avais tiré un jour à cinq reprises dans un essaim d'abeilles qui pendait serré à un arbre, énorme grappe de petits raisins tremblotants avec au milieu une reine que tous nourrissent et protègent. Elles se resserraient sous les coups, celles qui étaient mortes tombant au sol. La médiocrité de ma famille : passer les quatorze premières années de sa vie au XIXe siècle, puis se faire balayer dans le XXe siècle; et au point d'impact devenir baptiste, étudier pour finir prêcheur. Beaucoup d'appelés, peu d'élus, dit-on. Deux ans dans une église, l'âme douloureuse à cette idée. La femme noire chantait : « Je vais dire à Dieu comment tu m'as traitée. » Épître aux Philippiens ou aux Éphésiens. Paul nous a instruits. Purifie mes pensées, ô Christ. Mieux vaut brûler que périr, pensions-nous en tenant nos fusils déchargés sur nos genoux, désespérés de devenir purs. Nous ne sommes pas descendus du singe pour agir comme des dieux, le monde est né il y a six mille ans, l'archevêque Usher l'a prouvé, et seul Satan nous pousse à penser autrement. Notre pays s'est fourvoyé : lorsque le barrage Hoover a été construit, huit ou neuf hommes ont été tués et enfouis dans le ciment à cause de notre désir de richesse. Seigneur, ne laisse pas ces images m'induire à la tentation. Cerveaux qui pourrissent parce qu'ils se mentent. La géométrie d'Euclide et un entier millénaire de cruauté. La honte de ma famille : alors que seul mon père a été à l'université, il y a appris l'agriculture et avait une grammaire lamentable. Quoi d'étonnant à cela après toutes ces années passées à traire des vaches, couper des arbres ou manger du hareng. Toute une lignée d'entre eux qui quittent l'école à seize ans par conviction religieuse, refusant d'en apprendre plus que ce qu'exige la loi; mennonites ignorants et inoffensifs, ils restaient entre eux et refusaient d'en appeler à la loi les uns contre les autres. Ils inventèrent la rotation des cultures, leurs femmes étaient vêtues de noir et portaient des calottes noires. C'est tout ce qu'on peut dire d'eux.

Il faisait bon et, grâce à la brise, mouches et moustiques avaient disparu. Je me déshabillai et entrai dans le lac, posant précautionneusement les pieds sur son fond mou. Quand j'eus de l'eau jusqu'à la poitrine, je commençai à nager vers le tronc d'arbre dans l'eau claire et glacée. Il restait des bouts de chair de tortue, et, en abritant mes yeux du soleil, je vis ensuite un morceau de sa carapace, tout au fond. Recolle les morceaux. Mon cœur était dans l'œuf qui est tombé par terre. J'ai fait la planche et vu un nuage immobile. Où la tortue serait-elle morte, autrement? Profondément enfoncée dans la boue, en hiver. Comme les ours, qui meurent de vieillesse dans leur sommeil. Il y a des milliers de corps disparus en Amérique, au bord des voies ferrées et dans les chambres de location, dans les caniveaux, dans les bois.

De retour au campement, je somnolai dans le soleil de la fin d'après-midi. Je voulais un lieu. J'avais perdu toute personnalité à force de voyager; en quinze cents kilomètres, même moins, on pouvait devenir quelqu'un car autour de soi le décor changeait sans qu'on y soit pour rien. Reste là. La fièvre montait dans les rues de Laredo, Texas, et on n'y accueillait plus les étrangers. Ils vous auraient tiré dessus s'ils avaient pu le faire en toute impunité, c'est certain. Mais peut-être était-ce vrai de n'importe quel autre État. Un samedi soir à Boston, dans Scollay Square, un marin sur le trottoir, entouré d'un cercle de curieux, le manche d'un tournevis planté dans la joue. Ils ont démoli Scollay Square, depuis. Dans les 40ᵉ rues ouest, près de la 9ᵉ avenue, un policier matraquait un Portoricain qui portait un feutre. Le chapeau était tombé devant la Maison du Steak, menu à un dollar dix-neuf. Un autre policier debout à côté de la voiture de patrouille regardait le Portoricain qui rampait à quatre pattes et perdait tout son sang. Alors ils l'avaient emmené dans la voiture. L'attroupement s'était dispersé et j'avais vu le chapeau, devant le restaurant. Qu'était devenu ce chapeau, ensuite? Un de mes amis sur qui on avait tiré disait que c'était comme si on vous tabassait, mais pas trop fort. J'avais trouvé un jour un coin tranquille dans l'Utah, une ferme où j'avais travaillé pendant une semaine. Je mangeais avec la famille. Que je sois allé à l'université leur en mettait plein la vue. J'avais aussi dit que ma femme était morte et ils étaient très gentils avec moi. Bien utile, ce don que j'ai de mentir pour le plaisir.

Nuit liquide et tiède. Je jetai une poignée de fougères vertes dans le feu pour écarter les moustiques et la fumée monta en spirale au-dessus des flammes et de la tente, jusqu'au toit de branches par-dessus moi. Point de lune. En Espagne, où je n'avais jamais été, je dormais sous un citronnier avec une vipère nichée au chaud contre mes cuisses. Ça sentait comme ce melon cantaloup que j'avais écrasé avec un tracteur, son jus et ses graines dégoulinaient sur le sol. J'enlevai tous mes vêtements et marchai autour du feu en bottes, les yeux fixés au-delà du cercle d'ombre. Aboiement aigu dans le lointain. Un coyote. Peut-être assez proche, car le flux régulier de la rivière couvre les bruits. Je frissonnai et me rapprochai du feu, debout dans le panache de fumée jusqu'à ce que mes yeux pleurent. S'il y avait du feu au centre de la terre, pourquoi est-ce que le sol n'était pas chaud? Je n'ai jamais eu la bosse des sciences, ni peut-être la bosse de quoi que ce soit, je ne m'intéresse qu'à ce qui s'incruste tout seul dans mon cerveau. Ou à ce qui présente quelque bizarrerie. Je passai mes mains sur mon corps comme un médecin qui chercherait ce qui ne va pas. Dans le monde de l'avenir, les muscles seront une anormalité. On n'y fera rien qui développe les biscottos, aucun labeur inintelligent mais quelque chose d'un autre genre. Le travail. Aider mon père et mon grand-père à rentrer le foin. Le jeter à la fourche dans la carriole, jusqu'à ce qu'il s'empile en un tas énorme et instable, puis les chevaux tirent la carriole vers la grange où on en fait une meule. Si jeune que la fourche semblait trop lourde pour être soulevée. Après le dîner, je suivais mon grand-père dans l'étable et le regardais traire les vaches. Quatre trayons. Le lait ne coulait jamais entre mes doigts, malgré mes essais répétés en cachette. Mon grand-père dirigeait le trayon vers moi et le faisait gicler dans ma bouche, ou dans celle d'un chat qui attendait toujours là. Descendre du foin, l'étaler dans la longue mangeoire devant les piliers, en descendre d'autre pour les chevaux. Je détestais passer derrière les chevaux mais celui qui bottait était au repos. On racontait les accidents, les morts, les estropiés, d'un seul coup de sabot, projetés à travers la cloison de la grange. Le taureau conduit à la longe, par l'anneau passé dans son museau, n'était pas dangereux. Le travail anesthésiait l'esprit, laissait l'esprit ailleurs, chercher un lieu plus doux pour oublier la fatigue. Il avait fallu terrasser à la main autour des fondations parce qu'un bulldozer aurait pu ébranler le mur, une semaine à manier la pelle. La fosse du puits s'enfonçait continuellement jusqu'à ce que nous ayons creusé un trou de trois mètres sur trois. Pas de charpente pour l'étayer. Poser trois cents mètres de tuyaux d'irrigation dans la chaleur violente, un dollar de l'heure et pas d'heures supplémentaires, ou vider un camion d'engrais dans la remise de tôle ondulée, avec un masque à gaz sur le visage, parce que les sacs se déchirent quelquefois. Et le plus dur, manier des parpaings de ciment de trente centimètres, pesant plusieurs kilos, pour une maison qui aura une façade doublée de panneaux imitant la brique, peut-être un millier de parpaings dans ces murs. Décharger trente-cinq tonnes à la main en une journée. Trop fatigué pour baiser, aller à la pêche ou au cinéma, les mains engourdies, à vif. Il faut bien que quelqu'un le fasse. Plus jamais moi. Près de Stockton, le champ de haricots s'étendait à perte de vue. Nous ramassions les haricots en rangées, pour deux cents la livre. Je me faisais sept dollars en douze heures tandis que la Mexicaine que j'avais rencontrée à Salinas arrivait à une moyenne de quatorze dollars par jour. Et puis j'avais trouvé une place dans une conserverie de San José où je conduisais un chariot élévateur.

Dans le sac de couchage, l'odeur de la fumée sur mon corps était suffocante. Endormi à la périphérie et éveillé à l'intérieur, je repensais à la route de Toledo à Detroit puis Lansing, avant d'atteindre enfin le pays que j'aimais, au nord du mont Peasant et de Clare, où je tournais à gauche vers Evart et Reed City et parcourais encore quelque cent vingt kilomètres. Je passais sans la prendre la route qui menait au chalet. Celle où une sorcière, une vraie, vivait dans une cabane dans les bois, se nourrissant de baies et d'opossum bouilli ou de toute autre viande d'animal écrasé par une voiture. Trois cent cinquante millions d'animaux tués sur les routes chaque année. J'en avais compté quatre-vingts une nuit d'été sur un tronçon à l'ouest de Clare. Ils n'arrivaient pas à se mettre dans la tête que le monde ne leur appartenait pas. Sur la terre entière, peut-être plus d'un milliard d'entre eux disparaissaient ainsi chaque année. J'avais failli écraser un renard dans le Massachusetts, des années plus tôt. J'avais fait une embardée mais l'avais quand même touché, et, quand je m'étais arrêté, je l'avais vu tourner en rond, vacillant au bord de la route. Je l'avais frappé à la tête avec mon cric parce qu'il avait le dos brisé et une jambe qui pendait de côté. Le renard avait grogné puis gémi en essayant de fuir. Je ne pouvais le laisser mettre des jours à mourir. C'était en février ou mars, à la saison des amours, quand ils courent partout, moins vigilants qu'à l'ordinaire.

Reed City, où j'avais passé les meilleures années de ma vie, m'a paru une ville maussade, petite et laide, aussi l'ai-je traversée rapidement. Rien de plus ennuyeux que le récit de sa jeunesse. Le monde vu de haut, dans un souvenir inquiet que l'on déverse des années plus tard, que l'on confesse, que l'on étreint et que l'on distord, dégoûté du présent. Comme il est vain de le revivre encore et encore, de n'en savourer que le meilleur, en oubliant les innombrables blessures qui semblent plus profondes et que l'on masque énergiquement. Le psychologue que j'avais vu avait voulu me persuader que je vivais comme un enfant. Que c'était pour ça que je n'avais pas besoin de mon enfance pour apaiser ou guérir ma douleur. J'étais encore un enfant, avec, peut-être, peu de chances de devenir quoi que ce soit d'autre. Parfait. Abandonnant toujours tout, écoles, emplois, pêche, chasse, balades, comme un enfant se lasse des bonbons ou des jeux nouveaux. A l'occasion, je grimpais même aux arbres quand j'étais certain que personne ne pouvait me voir. Le goût de la nouveauté, ils appellent ça. Une victime du changement. Une nouvelle rue à descendre dans une nouvelle ville vers un nouveau bar un nouveau fleuve avec un nouveau pont d'où regarder le paysage et un nouvel auteur à lire tard la nuit dans une nouvelle chambre. A Waltham, sur les bords du Charles, ça avait été Dostoïevski pendant des semaines d'affilée après mon boulot de garçon de salle dans un restaurant italien. Boston était devenu Saint-Pétersbourg avec soixante centimètres de neige tombés en une nuit. Après avoir économisé cent dollars, j'avais déménagé dans St. Botolph Street et quitté le restaurant. La chambre était si mal chauffée que pendant un mois je portai le vieux manteau de mon père jour et nuit, même au lit. Lorsque le chauffage se mettait à marcher, par intermittence, j'enlevais le manteau et l'accrochais à la fenêtre pour l'aérer. A propos de fenêtre, c'était par là que pissait le poivrot d'à côté pour ne pas avoir à descendre jusqu'aux toilettes. J'avais raconté ce que j'avais en tête sur deux feuilles de papier d'huissier jaune et étais retourné au printemps à New York d'où j'espérais partir pour la Suède quand j'aurais mis assez d'argent de côté. Après cinq mois de chômage et de vin de Tokay, j'avais quitté New York pour le Michigan où j'étais arrivé à gratter soixante-dix dollars en quatre mois et d'où j'avais pris ensuite la route vers la Californie. Tout vagabond rêve de montagnes d'or cachées dans les forêts péruviennes, du trésor de Lafite qui gît dans un récif de corail au large de l'île de la Tortue, d'un portefeuille bien rembourré qui traîne dans un caniveau, de la star qu'il deviendra du jour au lendemain parce que quelqu'un à Hollywood aura trouvé son visage intéressant ou de la femme immensément riche dont il deviendra l'amant. Elle était belle mais aucun homme avant lui n'avait su satisfaire ses goûts capricieux. Alors, il découvrit le monde grâce à sa bite – Biarritz, Marrakech, Saipan, Hong Kong. A travers les lourds rideaux, il regardait l'avenue des Cochons, épuisé mais heureux. Derrière lui, sur un lit Louis-XIV, elle tenait le canard mort contre sa poitrine. Puis elle le plumait avec ses dents comme le ferait un faucon, à petits coups secs. Il ne supportait de telles perversions que pour les mille dollars qu'elle lui donnait par semaine et les quelques petits plaisirs qu'elle lui offrait en retour. A l'automne, quand ils iraient chasser en Somalie, il la vendrait à des Bédouins après lui avoir pris ses bijoux et le plus d'argent possible. De retour dans ma chambre, je me sentais ivre de fantasmes. Je voulais trouver un vrai portefeuille sali par la boue d'un vrai caniveau. Imbibé de sauternes, j'avais l'impression que ma vie allait bientôt changer. Tu traverseras un océan ou toute autre étendue d'eau et tu trouveras l'amour auprès d'une femme qui parlera une langue étrangère, m'avait prédit une fille après avoir fait mon horoscope. Ou, P.-D.G. d'une multinationale, j'instituerais des pratiques sociales plus justes. Les veuves de ceux de mes employés tués accidentellement en tombant dans les hauts fourneaux de mes aciéries rougiraient de ma générosité, souvent penchées au-dessus de mon bureau présidentiel pour un petit coup de queue. Tous ces fantasmes détruits par le détail qui cloche. Jeune lycéen, j'avais participé à un concours organisé par l'U.A.W. (Syndicat des travailleurs de l'automobile, de l'aérospatiale et de l'agriculture) sur l'histoire du travail : « Eugene Debs était assis muet dans sa cellule de prison. Vers quoi se dirige le syndicalisme? » se demandait-il. Mon frère avait gagné le prix de la Légion américaine pour le « meilleur essai traitant du patriotisme », qu'il avait lu debout sur une estrade à une assemblée de l'école, encadré de deux hommes en uniforme et de deux drapeaux. Je pensais avoir peut-être moi aussi hérité de ce talent d'écrivain et avais attendu anxieusement la lettre m'annonçant mon voyage à Washington (le premier prix) puis l'ascension inévitable qui ferait de moi un égal de Walter Reuther, et son successeur à la tête du syndicat. « Heureux de vous avoir parmi nous », dirait Reuther. Ou quelque chose comme ça, les yeux embués d'émotion. Personne ne pourrait voir les cicatrices laissées par les coups de feu que des jaunes avaient tirés sur moi par la fenêtre de la cuisine. Les jaunes ne reculaient devant rien, pas même le meurtre. Les familles Ford, Dodge, Mott et autres vivaient dans une splendeur porcine sur les salaires impayés tandis que le leader tombait ensanglanté sur le linoléum de sa cuisine. Des années plus tard, à New York, lors d'un meeting socialiste, des gens simples, souvent bruns et de petite taille, lisaient *L'Humanité* en riant. Je ne comprenais pas le français et l'affiche disait que c'était une fête. Boissons à l'orange et beignets. Je n'avais plus jamais assisté à un meeting, mais j'avais signé des pétitions tous les jours dans Washington Square. J'avais entendu les bruits qui couraient à propos d'Eisenhower et Mme Chiang et on disait que les indemnités versées pour l'assèchement des puits de pétrole finançaient au Texas des armées privées qui prendraient un jour le pouvoir sur tout le pays. Que les Rosenberg avaient été victimes d'un coup monté et que les gens sérieux, en particulier les jeunes gens, devaient rejoindre Fidel Castro dans la province d'Oriente. Je croyais tout ça et avais même assisté à une réunion secrète des sympathisants de Castro dans Spanish Harlem, bien qu'ils complotassent en espagnol et que je ne connusse de cette langue que quelques mots : *vaya con Dios, gracias* et *mi adobe hacienda.* Après ces cinq mois à New York, je pesais quinze kilos de moins et j'en avais perdu encore cinq en quatre mois de Californie. En théorie, j'aurais dû ne plus rien peser quelques années plus tard.

Les crues du printemps avaient laissé leurs cicatrices sur le bord du ruisseau, bois flottant éparpillé, amas de petits arbres déracinés, troncs décolorés par l'eau. La fin de l'hiver devait être étrange dans ce coin, on y avait enregistré jusqu'à presque sept mètres de neige et des températures descendant quelquefois jusqu'à moins quarante. Les cerfs se retireraient au plus profond des cédrières marécageuses, broutant les jeunes pousses trop rares et, si le blizzard se mettait à souffler au printemps, ils mourraient de faim par milliers. Même le lynx manquerait de lièvres; il y avait quelques années, on avait estimé à cinquante mille le nombre des cerfs acculés à la mort quand le blizzard s'était mis à souffler en mars, alors qu'ils étaient au plus faible. Au printemps, les ruisseaux deviendraient torrents, bondissants et turbulents, alimentés par la pluie, la fonte des neiges et des glaces. J'aurais voulu voir ça, mais la région était impénétrable en hiver, à moins d'y venir en motoneige, une machine qui m'horrifiait et me semblait accélérer la ruine de tous les lieux normalement inaccessibles. Il n'y avait plus de terres vierges, seulement quelques avant-postes moins visités que d'autres. On creusait l'Arctique pour y puiser du pétrole, de grandes mares d'huile suintaient à travers les glaciers. Le continent américain ressemblerait à l'Europe avant que ma vie ne prenne fin, et j'en étais désespéré. La simple odeur du profit nous ferait détruire toute beauté, il n'était plus question de sentiments. Il en avait été ainsi depuis le jour où nous avions débarqué sur cette terre, et rien ne nous arrêterait désormais. Même nos instincts les plus élémentaires étaient pervertis; pour préserver notre environnement, nous faisions des parcs nationaux qui étaient en fait des « zoos de nature » traversés de super-autoroutes, et dans l'avenir de vastes étendues seraient entourées de barrières empêchant que les animaux soient pourchassés ou qu'ils meurent de faim. Il était presque réconfortant de penser à tous ces gens que les grizzlys, avec leur sens de la propriété, entraîneraient avec eux dans leur disparition. J'avais lu le récit d'une femme qui racontait fièrement comment elle avait tué un ours endormi. Une petite touffe de fourrure s'était arrachée, tandis que la balle d'un Magnum 375 transperçait l'animal en une fraction de seconde. Curieuse, la façon dont ils savent, quand on les prend en chasse, alors que même le renard se retourne pour regarder ses poursuivants. On épuisait le renard à la course avec des motoneiges, puis on le battait à mort. L'élan de l'Ontario sur lequel on tirait presque à bout portant, se débattant dans la neige, lui aussi épuisé à la course par des machines. Les éléphants savaient qu'on leur tirait dessus, comme les femmes indiennes le savaient à Cripple Creek, et les baleines connaissaient bien maintenant la précision fatale du harpon moderne. Les loups avaient été décimés parce que, poussés par la faim, ils tuaient le gibier. Il n'en restait peut-être plus qu'une cinquantaine sur la Haute Péninsule, que l'on voyait rarement car ils avaient l'intelligence de reconnaître leurs ennemis. Les chiens sauvages des marécages étaient retournés sur leur ancien territoire, il ne leur avait fallu qu'une génération pour comprendre qu'on les abattait parce qu'ils tuaient les cerfs. Mais il y avait quelques rares endroits comme celui-ci qui, parce que pas assez rentables, étaient au moins temporairement préservés car après la fin de la ruée vers l'or, cinquante ans plus tôt, les rivières avaient retrouvé leur cours normal, et, partout où passaient les bûcherons, les cerfs pouvaient ensuite se nourrir des nouvelles pousses de peupliers.

A quoi servait un flanc de montagne envahi de chalets et de skieurs, les plus insensés des crétins prétentieux que j'ai jamais rencontrés? C'était leur « bon droit » d'être là, eux comme les exploitations forestières, les mines et intérêts pétroliers, mais je n'étais pas obligé de les aimer pour autant. Il y avait une certaine ironie dans le fait que cette terre serait dévastée avant que les Noirs n'aient le loisir d'en profiter, une autre forme de subtil génocide.

Je me sentais la tête faible et froide de cette guerre contre tous; et ceux qui étaient de mon avis me paraissaient encore plus déplaisants que les destructeurs. Aussi profond qu'on s'enfonçait dans la forêt ou dans les montagnes, la trace blanche d'un jet apparaissait à un moment ou à un autre comme une blessure à travers le ciel. Mais je n'étais pas doué pour la réforme et ne pouvais arrêter de faire couler du whisky dans ma gorge tant que toute bouteille n'était pas à des kilomètres de moi, absolument inaccessible.

Les bois étaient frais et délicieux de nouveau, la lumière du soleil tombait sur le sol, tachetée par les fines feuilles de bouleaux qui ondoyaient doucement sous la brise légère. Je m'assoupis, somnolai. Un jour, sur l'herbe, j'avais vu la lune et un nuage sous elle, entre les cuisses de Marcia, mon oreille contre sa jambe. Mai, le cerisier au-dessus de nous avait perdu presque toutes ses fleurs, et leurs pétales comme un doux coussin sur la terre. Les pigeons de Marcia roucoulaient dans leur cage derrière le garage, leurs voix roulaient dans l'air. Sucé le suc, mon visage humide dans sa tiédeur. Une voiture passe sur la route, ses phares balayent la nuit au-dessus de nos corps. Des taches vertes sur mes genoux et nous quittons le champ de blé où nous nous étions cachés quand il faisait encore jour. Le sol était humide et je servais de couverture. Elle s'était assise là et l'on aurait pu croire qu'il y avait une fille assise dans le champ de blé. Là, sur moi. Rassasié de baise pour la baise, splendide, dans la voiture, sur des canapés, dans une douche, derrière la porte fermée des toilettes dans des fêtes, dans le bosquet de lilas et sous le cerisier. C'est si loin, et ça me fait mal dans la tête. Et au printemps, en proie à la mélancolie pendant des semaines, légèrement fou avec mes poches gonflées de fleurs coupées. Nous ne parlions pas beaucoup et j'aurais voulu en avoir plus de souvenirs maintenant. Cet unique printemps de brouillard et de sommeil avec elle, comme si nous avions vécu sous un tiède courant d'eau. Elle attendait par terre tandis qu'assis sur la fourche d'un arbre je buvais le vin, la bouteille entière en deux ou trois gorgées. Pour que ça marche vite et bien. Même alors.

Réveil de sieste au milieu de la soirée quand la lumière du jour s'est presque éteinte. Une nouvelle lune et le bois était assez sec pour brûler. Je mangeai trois truites à peine plus grosses que des éperlans et mes derniers morceaux de pain. Il ne me restait plus que deux boîtes de viande, ensuite il me faudrait marcher jusqu'à la voiture pour aller y chercher du ravitaillement. Et encore faudrait-il la retrouver. A moins que je ne tue quelque chose de comestible. Je pouvais aussi jeûner ou partir vers le Huron, au nord, pour y attraper une plus grosse truite. Seulement, là aussi, il fallait trouver le fleuve; ça paraissait simple sur une carte, mais parcourir six ou sept kilomètres à travers les bois, sans aucun repère, était une autre histoire. Je plongeai trois doigts dans le pot de miel, remarquai combien ma main était sale. Des imbéciles buvaient l'eau des ruisseaux qui traversaient les cédrières et tombaient gravement malades, isolés au fond des bois. Il fallait faire bouillir toute eau ne provenant pas d'un ruisseau suffisamment grand, animé d'un fort courant et éloigné de toute civilisation. J'avais trouvé sur l'Escabana une source fraîche qui jaillissait des rochers. Un jour, j'ai pris de l'eau à cinquante mètres en aval d'une carcasse de cerf qui pourrissait à moitié immergée et puait. J'admirais le savoir de mon père et de mon frère dans les bois, ou de ce qu'avait été mon père avant l'accident. Saleté, fumée et désordre en tous lieux. Malbrough ne revient pas. Bousillé. Picotement de la sueur et de la crème antimoustiques sur mes égratignures. Je savourais presque le fait d'être sale comme un porc, que je voyais comme un trait central de mon caractère. Où étaient les jarrets de porc, la choucroute et la bière brune? Les tripes, la cervelle et le foie de veau? Lydie, Lydie ma douce, apporte-moi ta glande. Nuit tombée avec de longs cheveux. De toute façon, impossible de trouver du savon pour mes mains. On peut se servir de cendres, ou de sable fin. Sur les taches vertes que faisait l'herbe sur nos habits, nous écrasions des tomates, et les taches disparaissaient.

2

BOSTON

Ma propre opinion de Boston ne m'intéresse pas énormément. J'y ai vécu à deux reprises, et chaque fois misérablement. A dix-neuf ans, j'ai habité sur les bords du Charles, à Waltham, imaginant que c'était aussi Boston. Je réchauffais des boîtes de Campbell Soup dans le lavabo de ma chambre et ne les ouvrais que lorsque je pensais que l'eau chaude en avait fait fondre la substance gélatineuse. J'ai même essayé celle avec les lettres de l'alphabet, mais la boîte était incomplète, il manquait les lettres qui m'auraient permis de manger mon nom et me retrouver en Laponie où j'aurais pu consulter le grand chaman. Et je m'interrogeais à propos d'un célèbre suicide qui avait eu lieu trois décennies plus tôt. De quel pont Quenton Compson avait-il sauté?

Je m'installai ensuite dans Boston Street, un quartier aujourd'hui dévasté, et me sentis beaucoup mieux. Là serait mon vrai foyer d'angoisse – le plus froid de janvier, une bossue pour propriétaire, un voisin de chambre avec un bec-de-lièvre, marin de la marine marchande au chômage qui me disait que « boire ne paie pas ». Mais il y avait une telle chaleur dans le tokay, le sauternes ou l'oiseau de feu, comme ils l'appelaient, du sherry dont on avait accru la teneur en alcool, le plus fort qui se pouvait, de la chaleur, donc, à bon marché. Je travaillais comme garçon de salle dans un restaurant italien et mangeais les restes que je débarrassais, si affamé qu'un jour, dans ma voracité, je me retrouvai avec un filtre de mégot en travers de la gorge. Caché dans une aile de poulet. En comptant ce que je volais sur les pourboires des serveurs, je gagnais bien. Le type qui supervisait mon coin de salle était un homosexuel arabe nanti d'un visa douteux. Quand il commença à me soupçonner, je le menaçai de lui casser la gueule ou de passer un coup de fil anonyme à certaines autorités haut placées qui le renverraient dans le pays pourri dont il venait. Mais la fête a été finie lorsque la femme qui le remplaçait pendant son jour de congé, une ménagère italienne dont les cheveux descendaient jusqu'aux chevilles, me prit sur le fait. Le gérant m'appela dans son bureau, dont les murs étaient recouverts de photos dédicacées de vedettes du show-business, des petites vedettes (Jerry Vale, Dorothy Collins, Snooky Lanson, Gisele MacKenzie, Julius LaRosa), qui faisaient de temps en temps les émissions de minuit à la télé. Il remplit un chèque de douze dollars, ce qu'il me devait, et me dit avant de me virer que j'étais brûlé comme garçon de salle dans la région. Il connaissait une foule de gens. Comme tout le monde à Boston, jusqu'au portier de nuit le plus miteux qui parie cinquante cents par semaine à la loterie. La foule qui s'entasse dans le métro en direction de la banlieue, oui, voilà ce qu'ils connaissent.

J'avais déjà économisé deux cents dollars, de quoi démarrer à New York, mais je les claquai en trois jours pour une jeune danseuse du ventre arménienne étroitement surveillée par ses deux frères, des types énormes, couverts de poils. Je l'ai eue pour trente dollars à l'arrière d'un taxi, mais il a d'abord fallu que je devienne un habitué de la boîte. Elle voulait être certaine que je n'étais pas un tordu, que mon amour pour elle et la musique levantine sur laquelle elle ondulait ne cachaient pas quelque dangereux fétichisme. Je comprenais les précautions qu'elle prenait. Boston est le genre de ville dont beaucoup d'habitants étranglent les chats errants. On peut aussi imaginer sans mal les Bostoniens se flageller, baiser des choux, rêver toutes les nuits qu'ils enculent Marie-Madeleine ou une pauvre nonne qu'ils ont repérée dans la rue. Dans le parc, un matin, je vis un prêtre brouter goulûment des jonquilles, à quatre pattes dans l'herbe, puis vomir un flot de pétales jaunes dans le bassin des cygnes. Un flic qui passait a dit : « Bonjour, mon père », comme si c'était un comportement normal. Je retrouvai la même impression beaucoup plus tard, en me promenant dans Dublin; je frissonnais alors à l'idée que, si ces sombres énergies étaient un jour libérées, ce serait dans une explosion aussi violente que celle d'une pomme de terre qu'on a mise au four sans en piquer la peau.

Après trois jours dans les bois, je commençais à penser que j'aurais assez à manger. N'ayant aucune confiance en mon sens de l'orientation, je me disais qu'il allait être vraiment compliqué de retrouver la voiture. Mon ventre se creuse, mais de toute façon je pèse quinze kilos de trop – la graisse s'était mise à m'envahir traîtreusement à Boston où je vidais toutes ces caisses de bière. Délicieux. Si seulement je pouvais en avoir une au frais dans le ruisseau, comme dans les pubs de la télé. Je voulais tenir le coup au moins sept jours, pour l'amour de la numérologie. Peut-être allais-je tuer un cerf et le manger tout entier, panse et yeux compris. Faire de ses sabots de la soupe de sabots.

J'étais chez elle, inconfortablement allongé sur son radiateur, le dos entaillé par les crêtes de fonte. C'était douloureux, mais chaud. Tellement plus chaud que ma chambre de St. Botolph Street. Et je rêvais du Yucatan, de Merida, de Cozumel, infestés de vipères et de tarentules, certes, mais baignant dans une chaleur humide. Je me suspendrais dans un hamac pour me protéger des serpents et construirais des pièges à rats métalliques comme ils le font sur les bateaux pour écarter scorpions et tarentules. Les tarentules peuvent-elles grimper sur du métal lisse? Ont-elles les pieds collants? Un jour, alors que je faisais un 69 avec une fille magnifique dans un hamac, nous nous étions laissés emporter, et le hamac s'était retourné. Une chute de plus d'un mètre de haut. Elle avait atterri sur moi, les conventions étaient donc respectées, mais je m'étais tordu l'épaule, et ça fait mal. Trouvant tout ça très drôle, elle voulait continuer. Malheureusement mes lèvres meurtries, mon nez écrasé et mon épaule tordue m'avaient asexué : grand mât, petit mât, plus de mât. Une tempête et on démâte. J'avais pris un bain chaud et m'étais blotti sous une couverture chauffante. Elle avait fait cuire des saucisses mais je n'arrivais pas à mâcher, alors j'avais bu deux bouteilles de vin à la paille et l'avais laissée me réconforter, sa tête allant et venant, que je caressais, partagé entre le plaisir, la méfiance et la douleur.

Au coin de Newbury Street, de nouveau, et jusqu'en haut des escaliers où elle attendait. Timide et rose comme une mine de quartz. Pas d'aquosité ici. Spathes de maïs. Tamales.

– Ne fais pas ça, avait-elle dit.

– Quoi?

– Ça.

– Pourquoi?

– Parce que.

Vraiment trop chaud pour la baise. Chambre blême et sans air. Nous restons allongés, suant comme apparemment les animaux ne le font pas. Ou seulement par la bouche, m'a-t-on dit : langue rose des chiens qui courent. Je souffrais comme peut-être le métal tordu sous la chaleur.

– Elle est encore dure, avait-elle dit.

– C'est une erreur.

Ses fesses étaient molles, mais, d'une certaine manière, excitantes. Il lui aurait fallu plus d'exercice, moins de pâtes et moins de crème dans son café.

– Ton cul ressemble à de la gelée. On te l'a déjà dit?

– Va te faire foutre. J'en ai vu des dizaines plus grosses que la tienne.

– Sans aucun doute. Tu en as tellement vu. A l'armée, ils ont dit que j'étais dans la bonne moyenne.

Des serveuses qui sentaient le ragoût de mouton. Je m'étais habillé très vite et j'avais dévalé l'escalier. J'étais entré dans le premier bistrot, j'avais bu deux verres de bière et un troisième allongé de bourbon comme ils le font à Detroit. Une bombe à retardement. Pour l'hygiène. Dans la cuvette des toilettes, j'avais regardé le bâton de déodorant devenu mégot de cigarette. Quand j'étais jeune, il y avait des avions japonais à descendre. Un trait d'esprit sur un mur à hauteur des yeux : « L'université de Boston mange de la merde. » Aucun doute là-dessus, des jésuites qui s'en régalent. Les cuisiniers sont servis ensuite. Du corsé, qu'ils disent, donne-moi tout l'amour que t'as.

Et encore : elle se redresse, appuyée sur son coude. Les yeux étroits, le regard qui s'habitue à la faible lumière de la chambre.

– Pourquoi est-ce qu'elle n'est pas encore dure? demande-t-elle.

– Ça te décevrait. Tu viens, tu te déshabilles et tu me demandes pourquoi elle n'est pas encore dure. Je ne suis qu'un bourreur de vieilles peaux.

– Tu ne pourrais pas être un peu plus gentil?

Trente-troisième reprise. Elle fait de la politique au niveau de la circonscription, assez sereinement parce qu'elle sort de Smith et a une garde-robe raisonnable. Féministe convaincue, divorcée d'un « mec bidon » de la pub, elle croit que nous ne faisons pas l'amour mais que nous nous rencontrons physiquement. Elle voit un analyste et dit que son analyste est contre notre relation. Je lui dis souvent qu'elle ne vient que pour récupérer les quatre cents tickets que je lui dois.

– Qu'est-ce que tu as fait hier soir? demande-t-elle en me tapotant l'épaule.

– Je me suis tapé une superbe étudiante qui pleurait dans le parc. Elle était vierge et elle avait peur que ça fasse mal.

– Je ne sais pas pourquoi je reste avec toi. Je connais des tas de types qui aimeraient être à ta place.

C'était quelquefois encore pire, et moi qui voulais du romantisme. Ainsi le jour où j'avais ouvert la porte pour la trouver à quatre pattes, avec le regard lascif d'un officier sudiste, tout en cheveux blond ficelle, un peu de moustache, la peau flasque, une couche de sueur dans laquelle on aurait pu écrire son nom.

– Pourquoi n'es-tu pas venu quand tu as téléphoné? J'ai attendu.

– Je vois.

Je l'avais contournée. Elle m'avait préparé cette surprise au moins une heure plus tôt et peut-être repris la pose en m'entendant monter l'escalier.

– Tu peux me préparer à manger, d'abord?

– Ça va pas, non? avait-elle dit en s'étranglant.

Elle s'était maladroitement relevée. Vues à distance, ses doudounes avaient des contours aussi nets et précis que des ronds de fumée réussis.

Je m'étais fait des œufs au plat que j'avais mangés en silence pendant qu'elle regardait par la fenêtre le parking couvert de neige, trois étages plus bas.

Je rêvai encore de whisky, et, quand je me réveillai, il faisait froid et la pluie tombait. Je m'enfonçai dans mon sac de couchage en me réchauffant de mon haleine humide. J'ai si froid, et c'est l'été; mieux vaudrait aller relever mes lignes, courir en rond, creuser un trou à la hache près de la grosse souche pour y allumer du feu. Je m'habillai gauchement sous la tente, puis courus à petites foulées jusqu'au ruisseau; la première ligne était vide, l'appât avait disparu, mais j'avais une truite de presque trente centimètres de long sur l'autre. Mon petit déjeuner. La pluie s'était calmée et le vent avait changé de direction, une brise tiède venait maintenant du sud-ouest.

Une diversion, ou peut-être une digression : aimer ouvertement et de très près l'être aimé. Tout cerveau imbibé de rhum peut compter un tel souvenir. Peu importe que l'aimée soit une tante avec ce que cela signifie de pensées incestueuses, la fille de l'épicier derrière le comptoir ou, dans mon cas, une supporter de l'équipe de football du lycée. Ou encore une jeune fille dans un chalet, l'été au bord d'un lac, près de West Boylston, Massachusetts. Elle avait quinze ans et moi dix-sept. Plus tard, même pas tellement plus tard dans la vie, ce sens si intense de l'existence vous manque horriblement. Son absence est terrible, quand on se réduit à une paire de glandes reliées à un petit cerveau bestial. Aimer comme si nous étions des créatures fictives, géométriques, pures, diamants à contempler à travers de multiples facettes limpides et ouvertes, mais pourtant humaines; la gorge se serre, les glandes lacrymales débordent, le monde est tangible et frais de nouveau et nous y retournons encore et encore, recapturant obstinément un rêve merveilleux mais inepte.

J'avais été réveillé peu après l'aube par quelqu'un qui tapait au carreau, et je l'avais vue à travers la vitre de l'entrée – je dormais sur une banquette de la véranda – me faire signe de me lever. Je regrettais ma promesse. Je montais mal à cheval et j'étais sûr que j'aurais l'air idiot, peut-être même allais-je tomber et éclabousser de ma cervelle un rocher ou un arbre. C'était délicieux de rester couché dans la véranda à l'aube avec le bavardage des oiseaux qui montait depuis le lac, et les gouttes d'eau qui tombaient, légères, des feuilles immobiles. Je me souvenais vaguement du bref orage de la nuit : les éclairs illuminaient les frondaisons de l'érable secouées par le vent, le grand arbre semblait tout blanc, fantomatique. Elle avait encore tapé et je m'étais levé, m'étais habillé lentement car mes vêtements étaient froids et humides. Le ciel matinal était couvert de nuages sombres, à travers les perles de pluie je voyais le brouillard rouler au-dessus du lac.

Elle avait impatiemment attendu que je boive un café instantané fait avec de l'eau qui n'avait même pas bouilli. J'avais dû lui expliquer à voix basse qu'il était inconcevable de quitter la maison sans café. Puis un instant de silence entre nous pour écouter son père ronfler, quelqu'un se retourner dans un lit qui grinçait, et tout était redevenu calme. Elle portait un large pull-over, comme ceux que les paysannes irlandaises tricotent pour gagner leur purée de pommes de terre quotidienne, et une culotte de cheval beige clair. Debout devant la cuisinière, alors qu'elle raclait le fond de la boîte de café, elle avait fait tomber la cuillère, et, à la vue de son corps plié en deux, de ses fesses moulées sous la culotte de cheval avec la ligne du slip incrustée dans la chair, j'étais sorti de ma torpeur. Elle n'avait que quinze ans.

J'avais refermé la porte doucement, l'avais suivie dans l'allée jusqu'à la route. J'avais senti quelques légères gouttes de pluie, mais elles tombaient des arbres ou du brouillard qui glissait lentement au-dessus des marais vers l'intérieur des bois. L'humidité me pénétrait jusqu'aux os, et je frissonnais.

Elle s'était penchée pour ramasser une pierre, de nouveau ses fesses moulées sous la toile du pantalon. Et si on jouait au docteur?

– Tiens, jette-la sur les oiseaux, avait-elle dit en me tendant la pierre.

Je l'avais lancée vers un merle qui s'était posé sur une boîte aux lettres à une vingtaine de mètres.

– Pourquoi n'as-tu pas dansé avec moi hier soir? lui avais-je demandé en regardant la pierre s'enfoncer dans un buisson.

– Parce que tu étais soûl et dégoûtant et que j'ai un petit ami.

– Salope!

Elle s'était retournée, choquée.

– Pourquoi cette injure?

Elle m'avait entraîné par un raccourci qui passait à travers un champ dont l'herbe mouillée nous trempa jusqu'aux genoux. Je commençais à me sentir la tête légère, un peu fou, j'avais la gueule de bois, mais envie de rire.

Je m'étais arrêté pour allumer une cigarette et elle s'était de nouveau retournée, les yeux baissés sur ses bottes trempées.

– Si nous ne nous dépêchons pas, tu auras un mauvais cheval.

– Tous les chevaux sont mauvais.

Dieu me protège de ces grands animaux et des souffrances qu'ils nous procurent. Je sentais déjà l'inévitable douleur remonter en vagues ma colonne vertébrale, tandis que ma tête se balancerait ou que mon cou se dévisserait comme celui d'un serpent si le cheval sautait par-dessus la moindre brindille. Se balader à cheval n'était pas totalement désagréable, à condition d'avoir une selle à haut pommeau, ce qui ne serait pas le cas. Ici, on montait « à l'anglaise ». Je pensais à ces gens sur leur île, qui n'avaient pas pu gagner la guerre tout seuls. Selles basses. Mauvaise alimentation et dents pourries, pensais-je sans en avoir jamais rencontré. Chez moi, on était plus raisonnable, on montait comme les cow-boys, on n'avait pas de prétentions mais quelque chose à quoi se raccrocher quand le cheval vous envoyait valdinguer en l'air.

A notre retour, dans l'après-midi, j'avais mis mon maillot et j'étais allé sur la jetée. Ma cuite de la veille me descendait maintenant sur l'estomac, ou plutôt mon estomac en partageait les conséquences avec ma tête, l'un et l'autre nauséeux et vaguement bruyants. J'avais eu beau tirer sur les rênes, ce foutu cheval avait galopé derrière l'autre. En fait, la première fois que j'avais tiré sur les rênes, il avait fait un tel écart que je m'étais dit que je retournerais peut-être à l'église et ne boirais plus jamais de bière ni ne fumerais si Dieu me laissait mettre pied à terre et rentrer me coucher chez moi sain et sauf. Ma mère m'appellerait pour le petit déjeuner et je réciterais des grâces silencieuses au-dessus du bacon, le cerveau pur comme la lune.

Elle était assise au bout de la jetée, j'étais passé à côté d'elle sans un mot, les jambes flageolantes et douloureuses, et je m'étais laissé glisser dans l'eau sur le dos. Comme elle ne disait rien, j'avais nagé vers le radeau en regardant le fond sablonneux disparaître sous moi tandis que l'eau devenait de plus en plus sombre. Je m'étais accroché au radeau, les pieds pendant sous moi dans l'eau profonde et froide, alors qu'à la surface elle était tiède et brillante autour de ma poitrine. J'imaginais une eau parfaitement froide qui deviendrait glace tout au fond, contrairement à ce que produit la nature illogique. Voyant qu'elle ne me regardait pas, j'étais revenu tranquillement vers le bord, nageant en partie sur le dos, les yeux droits vers le soleil. Au collège, il y avait un albinos qui pouvait regarder le soleil plus longtemps qu'aucun d'entre nous. C'était la seule chose qui lui valait un peu de respect de notre part et il nous cassait les pieds avec ça : « Viens voir comment je peux regarder le soleil, je suis sûr que toi tu n'y arrives pas. » Il avait disparu en cinquième. Certains disaient qu'il était parti dans une école pour retardés de Laper, d'autres au collège des aveugles de Lansig.

A mon retour, elle était toujours assise, les coudes appuyés sur les genoux, son livre presque contre sa poitrine. Debout dans l'eau, je m'étais penché légèrement et, sans réfléchir, j'avais posé ma tête contre sa jambe. Au contact de l'eau qui coulait de mes cheveux le long de ses cuisses, elle avait frémi, puis elle avait soudain serré les genoux.

– J'ai attrapé un serpent de mer.

J'avais mal aux oreilles, mais, en voyant le petit monticule de son pubis sous le maillot où ses cuisses se rejoignaient, j'avais oublié ma douleur. A cet instant, je ne la désirais même pas. L'antipathie ressentie pendant la balade à cheval et la soirée de la veille était encore trop présente. J'avais du mal à comprendre son comportement distant, son mépris apparent, la façon dont elle imitait mon accent du Middle West. Et il y avait eu la fête, avec cette odeur de plancher ciré, moi, ivre de bière, maladroit, regardant les autres danser si gracieusement, puis la décision de faire trois cents kilomètres en voiture pour aller à New York ; j'avais dessoûlé en entendant vomir sur la banquette arrière. Une sensation de froid dans la voiture, et il s'était mis à pleuvoir.

Une goutte d'eau était tombée sur son pubis. Elle m'avait lâché, je m'étais hissé sur la jetée et m'étais fait sécher au soleil, m'abritant les yeux du bras.

– Tu couches avec ce type?

– Et où ça?

– Je veux dire, est-ce que tu fais l'amour avec lui?

– Ça ne te regarde pas.

Je regardais son dos, ses fesses doucement posées sur les planches. Elle était assez grande. Elle avait une taille de guêpe, mais en dehors de ça semblait corpulente pour son âge.

– Je me demandais, simple curiosité.

– Nous allons attendre que j'aie seize ans.

Elle s'était tournée, avait posé le livre sur mes jambes et enlevé ses lunettes de soleil.

– Tu as eu beaucoup de filles?

– Pas mal, avais-je menti.

– Tu les respectes?

– Bien sûr. C'est bien pour ça qu'elles sont faites, non?

Elle s'était retournée vers le lac, avait repris le livre sur mes cuisses. J'avais frissonné et senti ma bite devenir dure, ça n'avait rien à voir avec le fait que j'aime ou non cette fille. Elle avait regardé mon maillot, posé sa main en plein dessus.

– Les hommes sont drôles.

Là-dessus elle avait ramassé ses affaires et était remontée vers le chalet.

Après le dîner, assis dans le salon avec ses parents, sa sœur, son frère et mon copain, nous avions écouté le *Requiem* de Berlioz. Ça me rasait, et j'étais crevé. J'avais annoncé que j'allais prendre l'air parce que j'avais mal à la tête et j'étais descendu au lac, troublé par ce que je ressentais pour elle. Elle paraissait trop jeune, pas encore finie; elle avait le charme de l'enfance, et, à dix-sept ans, je rêvais de femmes charnues, aux seins lourds, qui étaient censées gémir et crier dans le plaisir. La terre semblait calme, comme en attente, cette nuit-là. C'était l'été, on avait annoncé la création de la bombe H et je me souviens de la fascination que je ressentais à l'idée que s'en faisait mon jeune cerveau encore tout imprégné du Nouveau Testament. La terre brûlerait comme une balle de coton trempée dans le kérosène, l'univers se fendrait en deux et Jésus apparaîtrait pour son Second Avènement, auréolé d'une lumière aussi brillante que le soleil. Notre soleil deviendrait un disque calciné et la froide lune rouge refléterait le feu de l'univers. Sur la jetée, pourtant, je me sentais étranger à ce désastre. Je vivrais, avec tous mes espoirs, toutes mes ambitions. Mes perceptions étaient celles d'un enfant, mes oreilles n'entendaient que le coassement des grenouilles, et je sentais encore l'odeur des maillots qui séchaient. Au large, quelqu'un pêchait à la cuillère sous la pleine lune. Je n'entendais pas de voix, seulement le grincement des rames dans les dames. Ils étaient plusieurs, je les avais vus l'espace d'un instant, dans un cercle de lumière tremblotante, quand l'un d'eux craqua une allumette.

J'avais entendu des pas derrière moi mais je ne m'étais pas retourné. Je pensais que ce n'était que mon copain et n'avais pas envie d'encourager la conversation. Mais ensuite il y avait eu une main douce sur mon cou et elle m'avait demandé une cigarette, ce qui m'avait surpris. Dans la petite ville d'où je venais, les filles de quinze ans ne fumaient pas. Elle avait fumé sa cigarette sans rien dire, puis m'avait raconté qu'ils venaient de parler de moi au chalet. Ils trouvaient que j'étais un vrai rustre. Je ne me lavais pas le matin, je mordais ma fourchette en mangeant, disais « ouais », « bof », etc. Et je n'aidais pas. Je lui avais expliqué qu'en tant que futur grand poète je devais laisser les civilités aux civils. Elle m'avait répondu que je ne ressemblais pas à un poète – ma peau était couleur chocolat parce que je travaillais sur un chantier de construction et mes cheveux aussi emmêlés que de l'herbe sèche. Son ton montrait que pour elle, mon destin était tracé – j'étais un plouc, un péquenot, comme ceux dont nous nous moquions au lycée parce qu'il restait du fumier sur leurs bottes.

– Et vous, vous n'êtes qu'un ramassis de sales bourgeois barjots.

– Pourquoi être grossier? Je ne fais que répéter ce qu'ils ont dit.

– Et toi, qu'est-ce que tu penses?

– Je ne sais pas.

J'étais furieux furieux. De ce genre de colère qui précède une bagarre, quand on y voit littéralement rouge. J'avais ressenti la même chose pendant un match de foot, quand un demi-arrière était passé devant moi sur une ouverture. Ensuite, chaque fois qu'il avait le ballon ou qu'il cherchait à l'arrêter, je me précipitais sur lui de derrière la ligne arrière, poussé par la rage que provoquait en moi l'idée qu'il m'avait bien eu. Et aussi dans le Colorado, quand un autre garçon de salle, qui, je l'appris ensuite, boxait à la N.C.A.A. (Association sportive universitaire nationale), m'avait envoyé une volée de coups avant que j'aie le temps de lever le poing. Ensuite je l'avais agrippé par les cheveux et traîné contre un mur rugueux qui lui avait arraché la peau du visage.

– Je pars demain matin.

– Pourquoi?

J'avais posé la main sur son épaule, l'avais attirée vers moi et embrassée. Elle était toute raide, les lèvres fermées. Puis nous nous étions encore embrassés, et, quand nous nous étions allongés sur la jetée, elle avait ouvert la bouche. Enlacés, serrés l'un contre l'autre, jusqu'à ce que mes lèvres me fassent mal, mais elle ne m'avait pas laissé lui enlever sa culotte. J'avais frotté mon sexe contre son ventre, ses jambes passées autour de moi, et joui. Elle s'était écartée, je lui avais donné mon mouchoir et j'avais allumé une cigarette pour elle, puis une autre pour moi.

– Je t'aime, lui avais-je dit.

– Ce n'est pas vrai.

Fin de notre idylle. Je ne pouvais continuer à vivre sans amour. Seules les quelques amours que j'avais eues avaient maintenu mon équilibre. J'étais parti avec mon copain à l'aube, le lendemain. Au dernier moment, j'avais glissé un mot sous la porte de sa chambre pour lui dire encore que je l'aimais. La porte s'était ouverte brusquement, elle s'était jetée dans mes bras, en chemise de nuit d'été bleu pâle. Ma main avait glissé sous le tissu, le long de son dos nu, jusqu'à ses cuisses, puis par-devant, sur son sexe et ses seins, sans que nous cessions de nous embrasser. Puis j'avais poussé la porte de la véranda sans regarder derrière moi et j'étais monté en voiture. Mon copain avait roulé à cent trente sans lever le pied jusqu'à New York, où nous avions pris une chambre dans un hôtel minable avant d'aller traîner dans le Village jusqu'à ce qu'il nous reste juste assez d'argent pour rentrer chez nous. Le premier soir, le garçon d'ascenseur nous avait dit qu'il allait nous amener une pute. Quand elle avait tapé à la porte, nous avions un peu paniqué, mais ensuite, nous nous étions détendus en vidant presque toute une bouteille de brandy. « Cinq dollars la pipe, dix pour tirer un coup. » Nous étions, mon copain et moi, allés en discuter dans la salle de bains pendant qu'elle finissait le brandy. Vingt dollars auraient fait un trou trop important dans notre budget, nous devions donc nous contenter d'une pipe chacun. Nous avions tiré au sort qui passerait le premier et j'avais gagné. J'étais retourné dans la chambre, j'avais enlevé tous mes vêtements sauf mes chaussettes et lui avais tendu son billet. Elle me trouvait bronzé et m'avait raconté qu'elle allait souvent s'offrir du bon temps à Jones Beach. Allongé sur le dos, j'imaginais que c'était la fille du chalet, ses lèvres qui glissaient et de bas en haut et de haut en bas, ce qui ne fit qu'accélérer la fin. En me rhabillant, je me sentais un peu triste, mélancolique. Pendant que mon copain prenait son plaisir à son tour, j'étais allé prendre l'air.

J'avais marché jusqu'à Washington Square où une foule importante s'était rassemblée pour un concert de musique de chambre. J'avais écouté un morceau de Telemann, puis un autre de Monteverdi, de plus en plus triste. Après mon retour dans le Michigan, nous nous étions écrit pendant environ un an, puis, quand j'étais parti pour New York, à dix-neuf ans, elle était venue me voir mais ne m'avait pas trouvé, car ne pouvant jamais payer mes arriérés de loyer, je déménageais tout le temps. Lorsqu'une longue lettre d'elle m'avait finalement été remise, j'avais pleuré. Elle disait qu'elle avait fait sa valise et voulait passer avec moi à peu près une semaine avant de partir en pension, qu'elle s'était arrangée avec une amie pour que ses parents n'en sachent rien. Sur du papier à lettres mauve imprimé de petites fleurs dans le coin supérieur et parfumé à la lavande. Je l'avais lue des dizaines de fois, jusqu'à ce qu'elle soit toute tachée de bière, de café et de sueur, et toute froissée de rester pliée dans mon portefeuille. Je la lisais dans des bars, près de fontaines, dans Central Park, dans des musées, sur l'herbe au bord de l'Hudson près de Washington Bridge, et le plus souvent dans ma chambre, encore et encore. Il y avait quelque chose de terriblement définitif dans cette lettre, quelque chose de manqué à jamais. Elle allait recommencer à voir son ancien ami, et je n'aurais été pour elle qu'un intérimaire, un gitan avec qui elle aurait passé une nuit. Ça m'était égal. A dix-neuf ans, un corps est tellement entier. Qu'y a-t-il d'autre alors? Le don du corps et des nuits d'amour sans but. Je lui avais envoyé mon Rimbaud comme cadeau d'adieu, éditions Gallimard, reliure de cuir, papier bible, avec un mot sur la page de garde : « Si jamais tu changeais d'avis... » Fin absolue de notre idylle.

Six ans plus tard, j'appris qu'elle était mariée. Et trois ans après j'étais passé en voiture devant chez elle à Worcester, Massachusetts. J'étais allé acheter des cigarettes à l'épicerie du coin en espérant la rencontrer par hasard, même si elle devait pousser devant elle un landau avec des quadruplés. J'étais stupéfié de me sentir trembler intérieurement à l'idée de me retrouver après tant d'années si près d'elle, à peut-être moins de cent mètres d'elle. Mais elle ne s'était pas montrée, et j'avais repris la route.

Ma tente à trois sous commençait à prendre l'eau là où je l'avais éraflée. C'est le problème de la toile. Je pensais à la tente de nylon au prix exorbitant que je m'achèterais un jour, en une seule pièce avec plancher, deux kilos et demi au lieu de ces dix kilos de toile qui moisissait. Mais le temps s'était réchauffé et la brise s'était faite douce et légère. Par l'entrebâillure, je vis à une trentaine de mètres une biche qui s'approchait du ruisseau pour y boire dans le crépuscule. Animal diurne. Pourquoi n'y avait-il pas de faune au bord de l'eau en cette fin d'après-midi? Elle était dodue, son pelage d'été d'un brun roux soutenu. Lorsqu'elle flaira mon odeur, elle bondit sans bruit dans le sous-bois. Le dessous de sa queue faisait une tache blanche qui dansait contre le vert des buissons. Quand la pluie s'arrêta enfin, je me levai, fis cuire des haricots avec des oignons hachés auxquels j'ajoutai le contenu d'une boîte de corned-beef argentin à l'aspect malsain. Il allait probablement falloir m'abattre comme une bête atteinte de la fièvre aphteuse. M'enterrer avec un bulldozer que Dieu conduirait, les yeux cachés derrière des lunettes de soleil mordorées comme dans *Le plus sauvage d'entre tous.* Animal à abattre.

Le matin, le soleil brillait et il faisait chaud, aussi décidai-je de chercher la voiture, d'y prendre le reste de mes provisions et de résister à la tentation de parcourir quatre-vingts kilomètres – cent soixante aller-retour – pour quatre ou cinq bouteilles de whisky, et même plus. Avec l'alcool, je serais devenu pleurnichard et maladroit, capable de me couper un orteil avec la hache, de rouler dans un marécage empoisonné ou d'avoir une crampe en plein milieu du lac et de me noyer. Je voulais retourner au lac; de l'autre côté, au loin, je croyais avoir vu ce qui devait être un nid de balbuzard, s'élevant au-dessus des roseaux sur une souche de pin. Il ne restait plus beaucoup de balbuzards, et je tenais à en voir un de près.

J'étais retourné à Boston après une carrière universitaire ratée et deux ans de chômage. Sans emploi entre deux emplois, si vous voyez ce que je veux dire.

Deux ans à chercher quelque chose de mieux en partant de zéro. De nos jours, l'instruction est le passeport pour l'avenir. Je ne méprise pas ces clichés qui expriment nos rêves et espoirs les plus chers. J'ai compris depuis longtemps que si ces clichés, dont on a fait les paroles de milliers de chansons, constituaient mon seul et unique vocabulaire, je serais déjà riche et célèbre, célèbre et riche. On ne m'empêcherait plus d'entrer au Ritz à cause de mes dents de lapin, de mon œil crevé, de mon visage et de mes revers de veste pleins de beurre, on m'y souhaiterait la bienvenue à coups de cymbales et de caisse claire sur un air joué à la clarinette par Benny Goodman. Le beurre n'en était évidemment pas, il ne s'agissait même pas de margarine. Plutôt de quelque chose que je portais comme un badge. Vivant sur les pages d'une bande dessinée blanc sur blanc, il me fallait me faire reconnaître d'une manière ou d'une autre. Alors le beurre, pourquoi pas? Ou une douteuse approximation du beurre, à ce qu'on dit, obtenue en faisant des cunnilingus devant la tombe du soldat inconnu. Les filles de Radcliffe étaient très narcissiques et pas vraiment propres. D'où mon autre célèbre badge. Un seau galvanisé plein d'eau chaude avec détergent, éponge et tampons Jex. Difficile à transporter, mais bien utile. Je suis sûr que vous comprenez. Cela se passait avant l'ère des douches au kir ou au champagne, avant les jours de bonheur paisible où les souris se transformaient en canons pompons ultraviolets. Aussi étais-je une femme de ménage sans permis de travail, loin de son pays, à genoux sans prie-Dieu, une éponge dans une main, dans l'autre un poing rageur écarlate tenant la pomme de discorde.

Bon, lors de ce second séjour, donc, tandis que j'essayais de prendre un nouveau départ, de me retrouver, de garder la tête au-dessus de l'eau, je lisais tous les matins dans une cafétéria de Hayes-Bickford les offres d'emplois du *Globe*. Une telle situation est trop banale pour qu'on la trouve amusante. Guichetier de banque stagiaire, 333 $ par mois. Dans un article du *Boston Globe*, on disait que la situation des chômeurs de la région était « pitoyable mais pas épouvantable ». J'avais noté au dos d'un formulaire de demande d'emploi d'aller, la prochaine fois que je passerais devant la bibliothèque, vérifier dans le dictionnaire la différence qui existait entre ces deux termes. J'avais toujours sur moi au moins une dizaine de ces formulaires. Au bout d'un moment, ils étaient en pièces et, avant de les jeter, je devais passer des heures à recopier les notes que j'y avais prises. J'admets avoir pris plus de temps à noter sur ces formulaires ce qui me passait par la tête qu'à les remplir. J'arrivais à écrire mon nom en belles majuscules sur la première ligne, mais butais sur les adresses, domicile familial et domicile temporaire, et quand j'en arrivais au numéro de sécurité sociale, j'avais perdu toute énergie. Tout cela avant d'avoir atteint le paragraphe traitant de mon expérience professionnelle, sans parler de mon épouse, du nom de jeune fille de ma belle-mère, ou de mes références. J'attendais un moment situé quelque part dans l'avenir, où, dans un élan d'enthousiasme inexplicable, je remplirais ces formulaires par dizaines, trouverais du boulot et grimperais tout en haut de l'échelle. On m'avait convoqué un jour à douze étages au-dessus de la terre ferme pour un entretien concernant une carrière pleine de créativité dans la publicité par correspondance. J'avais attendu une heure, faisant semblant de m'intéresser aux magazines professionnels posés sur la table devant moi et me léchant de temps à autre subrepticement l'intérieur de la main pour aplatir mes épis. Je n'avais pas besoin de prendre tant de précautions, la réceptionniste semblait avoir totalement oublié ma présence. Remarquant que le revers de ma veste faisait une bosse disgracieuse provoquée par tous ces formulaires dont ma poche était bourrée, j'avais cherché en vain une corbeille à papiers. On avait dû la cacher derrière le bureau ou l'incorporer à l'un des meubles de façon à ce qu'elle reste invisible. Il y avait une fenêtre à côté de moi. Je m'étais levé et m'étais dirigé vers elle comme pour aller regarder ce qui se passait douze étages plus bas, puis j'avais sorti la liasse de formulaires de ma poche et les avais laissés glisser tous ensemble vers leur mort au fil des rues. Ils étaient restés groupés sur quelques étages, puis, pris dans un coup de vent, s'étaient éparpillés en flottant doucement dans l'air, aussi doucement que des avions en papier. Une démonstration aéronautique à laquelle il ne manquait qu'une fusée spatiale. Plusieurs personnes, dont un policier, les avaient regardés, et je m'étais immédiatement écarté de la fenêtre.

– Je vous ai vu, avait dit la réceptionniste.

J'envisageai de me tirer une balle dans la tête dès que je n'aurais plus rien à manger, mais reconnus immédiatement que je me racontais des histoires. Je serais encore là en l'an 2000, ne serait-ce que pour dire à mes petits-enfants que j'avais déjà raison en 1970. Le pays serait alors totalement dénaturé, on n'y trouverait plus la chaleur de la moindre porcherie, l'humanité d'un licou passé autour du cou d'une vache. Les granges deviendraient des sanctuaires, on lècherait leurs lisses planches grises en priant. Je donnerais mon corps à la science, et dépenserais l'argent, cent dollars je crois, en bâtons de dynamite. Je ne pourrais pourtant pas racheter le meurtre de cet ours grizzly tué dans son sommeil ni les massacres de

Cripple ou Sand Creek. J'en avais rêvé une fois, et, dans mon rêve, les femmes sioux étaient blanches comme la neige et dansaient autour d'un feu aux flammes noires et vertes. En châtiment de ses crimes, ce pays deviendrait l'Allemagne, le Mississippi notre Ruhr, l'Ohio notre Rhin. Mon père, pour qui préserver la nature était si important, me l'avait dit vingt ans plus tôt, mais il avait fait de la nature son métier. Heureusement qu'il était mort en 1963, avant que l'étendue des dégâts ne se fasse évidente, avant que ne défile le char de carnaval des politiciens pétant et bêlant leurs slogans stupides. Le boum du mur du son écrase le crâne d'un bébé vison. Nous le savons. Est-ce que ça ne suffit pas? Si je me tirais une balle dans la tête, il me faudrait brûler ou enterrer vêtements et équipement, et creuser un trou profond, une fosse dans laquelle je tomberais, et où, nu comme un ver, je pourrais aussi jeter la carabine en m'écroulant. La chair est un assez bon engrais, et un aliment correct pour les prédateurs. Une famille de coyotes pourrait vivre sur mon cadavre pendant quelques jours. Puis l'herbe et les fougères pousseraient entre les os de mon squelette jusqu'à ce que les porcs-épics les aient rongés pour y trouver leur ration de sel, comme ils rongent les bois des cerfs. Mais je faisais encore de la littérature. J'aimais les restaurants français, c'était une raison suffisante pour rester en vie – mousse de brochet, noisettes de veau, escargots d'Alsace, soupe de poisson. Ou ma propre cuisine mexicaine, crêpes de maïs farcies de poulet, de sauce piquante et de crème aigre pour adoucir la brûlure des piments rouges. Le vin. Le whisky couleur d'ambre coulant à flots. Ou encore le vieux remède que j'utilisais contre les rhumes à New York, Boston, San Francisco et même dans mon pays : un litre de jus de pamplemousse frais, puis deux litres d'eau tiède pour mieux nettoyer le tube digestif. Après deux heures de repos dans une pièce sombre, faire griller un chateaubriand d'un kilo, un kilo et demi, à peine bleu, puis le manger avec les doigts et sans sel. Ensuite, l'estomac distendu, prendre un bain extrêmement chaud sans allumer la lumière de la salle de bains et en buvant à petites gorgées lentes le meilleur bourbon que vous puissiez vous offrir, au moins une bouteille. Cela peut prendre jusqu'à quatre heures, selon la capacité de chacun. Enfin, dormir vingt-quatre heures. Vous vous réveillez alors dans un monde nouveau et votre rhume a disparu. Certains individus congénitalement faibles ont la gueule de bois, mais ce n'est pas de ma faute, je ne suis pas médecin. Allez voir le vôtre. On peut évidemment suivre l'ensemble de ce processus sans être enrhumé et en retirer autant de plaisir. J'ajoute quelquefois un Havane à l'intermède du bain, mais les Havanes sont chers maintenant, et difficiles à trouver. Ce remède soigne aussi la mélancolie et fait de vous un baiseur forcené pendant des semaines, ce qui n'est pas le cas des huîtres. Un jour où j'étais plein aux as, j'avais mangé quatre douzaines d'huîtres dans une Union Oyster House de Boston avant d'aller à l'Edward's Western Bar où je n'avais rien pu boire parce que je savais que quelques-unes de ces huîtres étaient encore vivantes, même si ce n'était que vaguement vivantes, et glissaient en rond contre les parois de mon estomac à chacun de mes mouvements. J'avais tristement fini la soirée dans un cinéma porno tandis qu'à côté de moi des Bostoniens se branlaient sous leur journal. Criss criss, faisait le papier journal dans le noir de la salle. Il m'était déjà arrivé de manger de mauvais fruits de mer et de les vomir, en faisant des sauts périlleux gymnastiquement exacts dans les rues de Gloucester tandis qu'une foule moyennement importante se rassemblait autour de moi. J'avais aussi tenu la main d'un ami à l'hôpital où il était mort des complications d'une hépatite. Il murmurait inlassablement, « Passe le mot à tous les artistes, même ceux du Vieux Continent et d'Amérique du Sud : pas de fruits de mer ni d'aiguilles sales. Prenez vos speeds par voie orale. Pas d'huîtres douteuses, et pas de palourdes pendant les mois sans r. » J'avais senti ses doigts se desserrer dans ma main. Nos larmes coulaient avec la régularité d'un métronome, mais alors les siennes s'étaient arrêtées. J'avais pleuré jusqu'à ce qu'il devienne comme de la pierre à l'intérieur de son corps, son foie jaune et lisse, tête d'encéphalique suintant le poison même après la mort. J'avais tiré le drap sur son visage et sonné l'infirmière. La protubérance que faisait son foie sous la toile blanche donnait l'impression qu'on avait posé un ballon de foot sur son estomac. Ça tombait bien, il avait adoré jouer au football dans Central Park. L'infirmière était entrée.

– Le poète est décédé.

– Quoi?

– Ce type est mort.

Elle avait soulevé le drap, regardé son visage.

– C'est vrai. Vous êtes son médecin?

– En fait, oui. Mais je ne pratique que sur des cas très particuliers.

Elle avait pris deux pièces de vingt dollars et les avait placées sur les yeux aveugles de mon ami, puis elle était ressortie. J'avais immédiatement empoché les pièces et essayé de faire tenir baissées les paupières du mort, mais elles se relevaient comme mues par un ressort, telle une capote anglaise roulée à l'envers. J'y avais finalement laissé un nickel et une patte de lapin, talisman que je gardais dans ma poche depuis des années. La patte de lapin semblait un peu étrange; en fait, elle avait dû plutôt appartenir à un lièvre, et, si je l'avais laissée pendre, elle aurait chatouillé le bout du nez du poète. Puis j'avais remis le drap.

Au revoir, très cher ami, tu cultives le champ le plus lointain maintenant. Dis bonjour à Villon et Yeats. Tu aurais voulu que je garde ces pièces de vingt dollars, j'en suis sûr. Ces foutus hôpitaux de richards qui jettent le fric par les fenêtres!

Quand j'avais refermé la porte derrière moi, un oui muet avait semblé emplir la pièce.

Il y a des années, j'avais un ami plus âgé que moi, mais beaucoup plus bêtement professoral, qui m'avait dit après son septième bloody mary :

– Il n'y a qu'une chose à faire, dire les choses comme elles sont.

– Mais les choses ne sont jamais comme elles sont, avais-je répondu avec un sourire oriental très précis.

La boussole n'était ni dans mon paquetage ni dans ma poche. Je finis par la trouver enfouie dans les fougères que j'avais étendues par terre sous le sac de couchage pour absorber l'humidité. Son cadran était plein de buée, comme souvent ceux des montres bon marché. C'était une boussole allemande de prix qu'on m'avait offerte pour Noël. Pas très subtil, le sabotage. Les Boches perdent la main, me suis-je dit en regardant fixement le brouillard pris sous le verre, tandis que l'aiguille rouge tremblotait. Je réussis malgré tout à lire la direction qu'elle indiquait, mais je n'en crus rien. Je savais d'ailleurs depuis quatre jours que je n'en croirais rien. Je mis un paquet de raisins secs dans ma poche, allai à la rivière remplir ma gourde, qui datait de la Seconde Guerre mondiale et partis en direction de la voiture, dont j'estimais la position au sud-sud-ouest, à environ dix kilomètres. Une fois sur la route, il allait me falloir choisir entre tourner à droite ou à gauche. Et peut-être que cela n'avait aucune importance car la voiture aurait disparu, volée par un bûcheron finnois qui aurait brisé une vitre et bricolé les fils du démarreur. De drôles de gens que ces Finnois de la Haute Péninsule. Ils se nourrissaient exclusivement de petits pâtés en croûte farcis à la viande, aux rutabagas et aux pommes de terre, buvaient énormément et quand ils s'énervaient, se battaient à coups de hache et de carabine. Ils avaient l'esprit si peu inventif que même la recette de leurs pâtés venait de Cornouaille, où ils avaient travaillé pendant le boom de l'étain du siècle dernier. Importés sur ce continent pour faire les sales boulots, ils étaient restés dans la région à cause de la neige, du froid, et de la courte durée des étés. Cela leur rappelait une autre planète inhabitable, le pays dont ils venaient. J'en avais rencontré un dans un bar, un type qui avait gagné le pari d'abattre un petit cèdre en le rongeant et avait des photos pour le prouver. Il avait perdu presque toutes ses dents pour une caisse de bière. J'avais aussi dansé avec une Finnoise qui m'avait montré son sein gauche arraché par un coup de carabine dans un accident de chasse au cerf. La cicatrice était la réplique exacte, l'image même du cratère d'un des volcans éteints du Lassen Park. Je lui avais demandé si elle ne voulait pas être envoyée au Smithsonian Institute pour y faire vérifier que tout risque d'éruption était bien définitivement écarté.

Qu'adviendrait-il de moi s'il n'y avait pas de forêts au fin fond desquelles se retirer – que ferai-je quand il n'y aura plus de terres loin de tout, solitaires? Non que j'y sois compétent, ni que je m'y sente véritablement à l'aise. Ce n'est après tout qu'un monde étranger qui survit, bien que tronqué, dans de nombreuses régions, mais un monde dont le langage a été oublié. Quelqu'un m'a suggéré qu'il y avait peut-être quelque chose de génétique dans l'attirance que je ressens pour ce monde des forêts. Un de mes grands-pères était bûcheron, l'autre agriculteur, ergo la tête me tourne dès le septième étage d'un immeuble new-yorkais. Je ne peux me faire à l'idée de ces couches de gens au-dessus et au-dessous de moi. Je souffre le martyre en avion; c'est vrai que je ne suis pas le seul, loin de là. Mais j'ai des excuses. J'ai eu un accident d'avion sur l'aéroport de Meggs Field, Chicago, à l'âge de douze ans. Pris dans une bourrasque de vent de travers provenant du lac Michigan, l'avion s'est retourné et a atterri à l'envers, perdant au passage ses ailes sur la piste, pour ne s'arrêter qu'à quelques mètres du bord du lac. Un camion de pompiers nous a recouverts de mousse ignifugeante. Pendu par ma ceinture, en chaussettes car mes chaussures avaient été arrachées par le choc, je sentais mon cerveau tournoyer en technicolor. Pour avoir survécu, nous avons eu droit à notre photo dans le *Chicago Tribune*.

Il n'y a aucun romantisme dans les bois, malgré ce que prétendent les imbéciles. Le romantisme est dans le progrès, le changement, la disparition d'une face de la terre au profit d'une autre. Nos Indiens étaient, et sont encore, de grands anti-romantiques. Quiconque le conteste devrait être largué en parachute ou amené en hydravion dans le territoire du Nord-Ouest, histoire de voir s'il y trouve sa dose de romantisme. Je ne parle pas du Nord-Ouest de l'Angleterre, de cette région des lacs chère à Wordsworth, qui est magnifique, ravissante, charmante, délicieuse, tout à fait civilisée. A la Pentecôte une centaine de milliers d'Anglais se baladent sur ces collines, s'y bousculent, se pissent sur les bottes des uns les autres. Si j'étais un milliardaire arrogant et sans cœur, je m'amuserais peut-être à « implanter » une centaine de grizzlys entre Windermere et Penrith. Mais il ne nous en reste déjà plus beaucoup, tout au moins pas assez pour en abandonner à un pays qui se régale de viande de cheval et engraisse ses chiens de sucreries au risque de les voir mourir d'infarctus.

J'étais particulièrement désespéré et seul, une certaine semaine d'avril où Boston nageait sous un mètre de pluie tombée en deux jours, aussi décidai-je de téléphoner à un type que je connaissais dans le Vermont, un professeur qui enseignait dans l'une de ces petites universités de Nouvelle-Angleterre qui produisent une race d'adultes particuliers en cultivant un certain style de discipline très fermée. Le but n'est pas, comme chez les marines, de faire de vous « un homme », mais un gentleman doté de caractéristiques qui le différencient du commun des mortels. Plus tard, une fois leurs diplômes en poche, ces jeunes gens se reconnaissent les uns les autres sans s'être jamais rencontrés. Ils sont devenus des « hommes de Tulipberg ». Ils détournent les yeux et rougissent, puis se tapent sur l'épaule dans une étreinte complice, hurlent des mots secrets et se donnent des coups de langue sur les oreilles. Ceux de Harvard, Yale, Princeton ou Dartmouth sont plus discrets. Leur supériorité est entendue, et ils sont « anciens élèves » jusqu'à leur mort, même s'ils s'en cachent et jouent les gauchistes ou les pauvres. Un jeune étudiant de Dartmouth rencontré dans l'avion de San Francisco m'a dit que « Rocky », pour le commun des mortels Rockefeller, était « un des leurs ». C'est cette merveilleuse forme d'ignoble camaraderie, héritée des Teutons, qui laisse ces tarés se niquer mentalement les uns les autres au ministère de la Défense tandis que loin quelque part le monde meurt. Tout cela ne m'empêcha pas de prendre le car pour aller voir Stuart et sa femme. Au téléphone, il m'annonça d'un ton fier qu'il était déjà assistant et chargé de cours. J'en suis heureux pour toi et ta famille, répondis-je, moi, pour l'instant je vis à Boston où j'essaye de démêler les nœuds psychologiques qui m'étouffent. Je savais que cela me vaudrait une invitation, Stuart est le genre de types qui adorent parler avec les autres et les aider à se remettre sur pied afin qu'ils puissent affronter la saison du malheur. Je payai mon billet avec mes derniers dollars en disant au guichetier qu'il devait certainement exister une longue route tortueuse jusqu'au pays de mes rêves.

Dans le car, je dormis tout au long du chemin, oublieux du paysage héraldique, historié. Nous nous arrêtions dans tous les petits villages pour prendre des auto-stoppeurs que le chauffeur entassait avec les bagages, et de temps en temps un passager payant. Les rues des villages étaient bordées de boutiques d'antiquaires, et les gens, tout au moins ceux que j'arrivais à distinguer à travers les vitres teintées du car, me rappelaient les habitants de la Géorgie ou du Kentucky. Quand on baise entre cousins pendant trois cents ans, quelque chose va de travers; cela vaut aussi pour certains coins du comté de Lancaster en Pennsylvanie, où des couples ont donné naissance à une demi-douzaine de nains albinos. Quand nous arrivâmes enfin à Tulipberg, je demandai au chauffeur comment aller jusqu'à l'université. Il tendit la main vers la gauche en disant : « Ça dépend comment vous voulez y aller. » Ces gros malins ont lu dans des magazines des articles les concernant, et ils se plaisent à affecter la dignité taciturne qu'ils imaginent avoir été celle de leurs ancêtres les pèlerins. Je le remerciai en prenant l'accent traînant des Texans et dis quelque chose du genre : « Vous autres Yankees, sûr que vous êtes des pisse-sans-rire. » Puis j'ajoutai que chez moi, dans le Sud, même un chicano aurait l'intelligence de démolir le portrait de celui qui lui répondrait de façon aussi stupide et impolie. Ses yeux noisette papillotèrent comme ceux d'un vison qui sent la pointe d'un couteau s'enfoncer dans sa chair.

Après avoir vérifié l'adresse dans mon portefeuille, j'ai monté la longue côte qui menait à l'université. Il était difficile de croire que cette fac existait ; couverts de lierre épais, les bâtiments ne formaient plus qu'un énorme tertre vert pour celui qui les regardait de loin les yeux plissés. Je demandai mon chemin à un étudiant qui m'appela monsieur. Un garçon plein d'avenir.

Je sonnai à leur porte et Mona m'ouvrit : « Comme tu es maigre, me dit-elle en me bécotant le nez. Il donne un cours mais rentrera déjeuner, ajouta-t-elle. En attendant tu peux te reposer de ton voyage sur le divan du bureau. » Je m'allongeai et essayai d'imaginer comment ce serait de baiser Mona pendant que Papa Ours enseignait la littérature anglaise. Quel ennui. Mon frétillard n'a même pas frétillé. Une mauvaise idée. Je renonçai au repos et m'approchai du bureau, me délectant à l'idée de fouiller dans les affaires de Stuart, et l'oreille aux aguets. Mona risquait de venir voir comment j'allais. Peut-être penserait-elle à utiliser mon pauvre corps pour une matinale roulade dans la fange.

Stuart n'avait pas changé. Le bureau était jonché de talons de chèques, de factures de dentiste, de prospectus hauts en couleur pour un club du livre des plus sérieux, et, enfoui par-dessous tout ça, je trouvai dans une chemise de carton rouge ce qui ressemblait à une pièce de théâtre, mais se révéla un scénario de film écrit par le professeur assistant en personne. Il se voyait déjà connu des médias, je l'aurais parié.

Sans en avoir parlé à qui que ce fût parmi ses collègues, car il avait obtenu ses heures de cours grâce à un manuscrit inachevé sur l'enfance du romancier et critique William Dean Howells. J'entamai la lecture du scénario en essayant de m'y intéresser. Il y aurait un gros plan sur des enfants piétinant dans la neige derrière un panneau d'affichage, puis un jeune homme enfermé dans une cuisine qui réclamerait sa mère en gémissant plaintivement. Je n'arrivais pas à concentrer mon attention sur le déroulement de l'histoire, ne me souvenant que de certains passages comme on se rappelle un collage rapidement entrevu. Derrière la fenêtre, un forsythia bourdonnait d'abeilles. Le rideau se gonflait sous la tiède brise du printemps. De l'autre côté de la porte, j'entendais la météo marine à la radio. « Le tonnerre roule sur le lac Winnipesaukee », comme l'a dit un jour un poète de Harvard. Je continuai de lire jusqu'à ce qu'un coup de feu « retentisse » et dus revenir plusieurs pages en arrière afin de découvrir qui était dans la pièce avec le personnage principal. Personne. Suicide. Rideau, ou plutôt « pan » dans les narines du mort, qui ne frémiront plus jamais de colère. Je remis les feuillets dans la chemise cartonnée, un paquet de chagrin à la mode et de surréalisme académiques et pris un magazine pour hommes dans le meuble de rangement. Trois pages de photos d'une répugnante blonde à la poitrine extrêmement lourde. Nichons gargantuesques. L'expression « je ne suis que la fille d'à côté » dont était empreint son visage laissait entendre que la maison d'à côté était une foire aux monstres ou un bordel. L'interview qui accompagnait les photos disait qu'elle aimait la musique, aussi bien le classique que le jazz Dixieland, les pizzas, Khalil Gibran, les cheeseburgers avec beaucoup de cornichons, et les intellectuels qui s'habillaient en Europe et conduisaient des M.G. Étonnants contrastes. Une soirée avec elle commencée avec Cozy Cole et une pizza cheeseburger, et poursuivie dans une minuscule M.G. à patouiller et musarder entre ses immenses mamelles. Mais, à propos de contrastes, n'avais-je pas vu la semaine précédente, à Cambridge, une fille en bottes de mécano et paréo bricoler par un chaud après-midi sa moto, une Triumph 650 cc?

La radio passait une version modernisée de *Greensleeves*, puis le téléphone sonna et Mona baissa le son. Il semblait étrange qu'une telle chanson résiste ainsi au temps, cheminant à travers le XXᵉ siècle avec tout le poids de sa mélancolie toujours intacte. Les murs du bureau étouffaient la mélodie, mais avec l'odeur du forsythia, des roses et des arbres fruitiers qui fleurissaient dans le parc, je voyais une Angleterre moyenâgeuse, le vert primaire de ses forêts, et une femme aux atours légèrement souillés par la fumée de la guerre et la poussière des carrosses, mais toujours ravissante. Vision absurde sur cette côte surpeuplée, sans une acre de terre libre entre Boston et Washington. J'essayais de me préserver de telles pensées, de leur poids d'inutilité absolue et préférais essayer de faire revivre la drôlerie de ces images vues à la télévision quand le nouveau pont s'était effondré. Il s'était tordu et cabré comme un serpent à sonnette dont on vient de couper la tête, puis effondré dans le fleuve. Une petite erreur du génie civil. Problème des temps modernes. Arcs-boutants écroulés, câbles fouettant l'air.

Elle vint à la porte du bureau, me dit que Stuart en avait encore pour une heure. Les inscriptions commençaient la semaine suivante, et on avait besoin de ses conseils. Laisse-toi lécher le cul et ensuite ils t'enculent. Je sentais à travers la porte sa vie de mère, petits pots, pipis, bouillies, talc et couches-culottes.

Alors que dresser un chien prend tellement moins de temps. Elle avait posé pour un grand magasin du Milwaukee avant d'épouser Stuart. Chaque fois qu'elle le pouvait elle ramenait adroitement dans la conversation sa « carrière de mannequin », encore et encore, comme si cela avait pu lui faire un peu oublier l'horreur qu'elle ressentait devant ses deux enfants et sa minable maison de location. Elle était encore attirante, comme peut l'être un ancien mannequin, mais la pouffiasse qu'elle deviendrait se devinait déjà à la graisse dont elle s'enrobait.

Le dîner du soir mit fin au week-end. Quand Stuart était rentré, avec des heures de retard, et que sa fille avait interrompu ma sieste en enfonçant son doigt sale dans mon œil, nous avions commencé à boire l'apéritif. Au moins six dry martinis chacun, et Mona se servait des doubles. Elle jacassait à propos de ses ancêtres, des aristocrates estoniens qui s'étaient enfuis, comme les aristos s'enfuient toujours, à la veille de la Grande Guerre. Je ricanai et elle se vexa. Mais comment ne pas rire de ces images rabâchées, de ces réfugiés de haute noblesse traversant les Carpates par la Transylvanie, passant devant les ruines du château du baron von Frankenstein les poches bourrées de bijoux, d'œufs de porcelaine et de godemichés en albâtre polis par l'usure. Elle se mit en colère et me demanda qui étaient mes ancêtres. Je répondis que je n'en avais aucun qui eût ne serait-ce que posé les yeux sur quelque chose qui ressemblât à une crypto-duchesse. Mes aïeux étaient des voleurs de cochons et des mangeurs de hareng qui travaillaient le moins possible et brûlaient de la bouse de vache dans leurs fours ventrus parce que couper du bois représentait une tâche trop épuisante. Et quand ils étaient trop soûls pour lever leurs verres, ils s'asseyaient dans leurs tonneaux de vin ou d'alcool de pomme de terre, absorbant le liquide par osmose avec leur trou du cul.

Ça ne l'amusa pas. Pendant ce temps, Stuart continuait à parler de ses étudiants et de son livre sur Howells. Il y faisait des révélations à propos de l'enfance de ce fabuleux auteur. Ce livre allait « ébranler dans ses fondations » l'idée qu'on se faisait d'Howells dans ce pays comme à l'étranger.

– Mais qu'est-ce qu'on en a à foutre?

Stuart pâlit, but une longue rasade.

– Il faut que quelqu'un rétablisse la vérité.

Alors porcinette bondit à la rescousse de porcinet. Comment un minable pouvait-il remettre en question un homme plein d'ambitions? Et dans sa propre maison, en plus. Je m'excusai. Ces dernières années avaient été pour moi lourdes de problèmes intérieurs, d'angoisses qui me faisaient oublier la grandeur de nos traditions d'intellectuels. Là-dessus, nous passâmes à table pour manger un curry fadasse et un gâteau au chocolat recouvert de caramel au beurre saupoudré de noix de coco râpée éventée. Elle regarda mon assiette.

– Tu n'as pas faim?

– Oh si, mais ce curry me pèse sur l'estomac et de toute façon je n'ai jamais aimé les desserts.

Ensuite Stuart sortit la bouteille de brandy. La conversation porta d'abord sur les fantômes. Puis sur l'astrologie. Elle croyait aux étoiles, pas lui. Au fur et à mesure que baissait le niveau de la bouteille de brandy, ils vidaient leurs verres cul sec, la discussion s'envenimait.

– Tu n'es qu'une conne, dit Stuart.

– Retire ça! hurla-t-elle en bondissant de sa chaise pour lui envoyer une beigne.

Il attrapa une couche humide qui traînait à côté de lui, et l'en frappa au visage, envoyant au passage ses lunettes valdinguer. Puis ils se tabassèrent, leurs bras tournoyant en l'air comme des moulins à vent, jusqu'à ce qu'elle l'agrippe par les cheveux et le traîne vers le canapé. Quand la bouche de Stuart s'ouvrit sur un cri silencieux, elle le lâcha, alors ils se mirent à pleurer et s'enlacèrent. J'allai me coucher sur le divan du bureau, bercé par le bruit de l'amour qu'ils faisaient à même le sol de la salle à manger.

Arrivé sur une butte, dans un bosquet de bouleaux, je regardai de nouveau la boussole : je pensais avoir parcouru un peu plus de la moitié du chemin qui me séparait de la voiture. Je ne m'étais pas arrêté une seule fois pour me reposer car un nuage de mouches à cerfs me suivait et j'avais oublié de mettre de la crème antimoustiques avant de partir. Ce genre d'erreur peut se révéler très douloureux – une mouche à cerfs ressemble à une grosse mouche commune, mais elle suce le sang de ceux qu'elle pique. D'après ce que j'ai compris, seule la femelle possède un dard et le mâle vole autour d'elle, se nourrissant du suc des feuilles, dans l'espoir silencieux d'une collision aérienne avec la femelle. Mais après avoir fait joujou avec lui, elle le mange, ou plus exactement pompe le peu de sang qu'il a en enfonçant son dard dans la molle paroi de son bas-ventre. En fait, je viens d'inventer cette dernière information, histoire d'actualiser le vieux mythe hollywoodien du « baiser de la mort ». Celui qu'embrasse Lana ou Faith Domergue n'a aucune chance de survie.

La boussole m'indiquait une position d'environ trente degrés dans la mauvaise direction. Aucune importance, marcher dans cette mauvaise direction était plus facile. Je remis en route mon corps fatigué dans la chaleur désagréable de cette journée. Le sac à dos vide battait contre mes omoplates. La route que je m'étais tracée descendait vers un marécage. Il y en avait des centaines dans ce coin. C'étaient autrefois des lacs, qui s'étaient comblés petit à petit, envahis par les herbes, tandis que cèdres et épinettes rouges poussaient dans leur sol spongieux. Je voulais trouver une rivière et remonter son cours en amont de l'Huron où était garée ma voiture le long d'un chemin de terre sous un gigantesque pin blanc.

Je m'étais dit à Boston que tous mes malheurs étaient d'ordre imaginaire et géographique, que partir à New York suffirait à tout changer. J'y rencontrerais un mannequin de *Vogue* (un peu plus en chair qu'elles ne l'étaient habituellement) qui m'emmènerait dans son agréable mais modeste trois-pièces de la 77ᵉ Rue Est où elle me garderait en sécurité pour toujours. Grâce à ses massages quotidiens au beurre de noix de coco et à l'excrément de bourdon, je resterais jeune et séduisant, et son régime de steaks, germes de blé et autres légumineuses, m'assurerait santé et virilité sans faille. Elle mesurerait peut-être quelques centimètres de plus que mon mètre cinquante-deux, et quand elle rentrerait, après une dure journée de travail, j'entendrais sa clé tourner dans la serrure et bondirais pour l'embrasser comme un bon petit chien à sa mémère. Après un en-cas de brocolis pochés arrosés d'huile vierge du terroir, ses grands yeux s'assombriraient, fixés sur mon pantalon à pattes d'éléphant, se demandant si j'étais prêt à lui administrer sa dose de bidoche. De temps à autre, je me ferais désirer, et elle aurait à me poursuivre dans tout l'appartement, ses longues jambes se soulevant gracieusement dans l'air tandis que ses grands pieds effleureraient à peine la moquette.

Trop quelconque pour être un homme entretenu. La dernière fois que j'avais été à New York, j'avais cassé du plâtre pour une société de démolition qui ne payait même pas le tarif syndical.

J'avais traversé le pont de Charles Street en mangeant du pop-corn. Bois l'eau de ce fleuve et les convulsions de la mort t'emporteront en moins d'une heure. Le pop-corn avait un goût éventé. Il ne faut jamais en acheter le matin, on vous refile toujours les restes de la veille. Abandonné toute la nuit, il absorbe l'humidité de Boston et devient caoutchouteux. J'allais à l'Oxford Grill pour y manger un hamburger arrosé de cinq bières et chercher à découvrir dans les petites annonces du *New York Times* l'avenir qui m'attendait à Manhattan. J'avais remonté l'avenue, passant devant le M.I.T. où de très importantes machines à tuer secrètes sont inventées chaque jour par des scientifiques peu scrupuleux mais très honnêtes. Ils font le trajet chaque jour de Lexington et Concord, Weston et Lincoln, où ils vivent dans une précision toute coloniale. On nous a souvent raconté ce que leurs femmes cachent derrière les apparences. Et je ne parle pas de l'Association de parents d'élèves, bien que cela en fasse partie. Une larme versée pour le garçon d'épicerie. Melon et crème glacée au milieu de la matinée, et des heures au téléphone pour bavarder avec les âmes sœurs. Derrière l'usine de bonbons Necco, je m'étais engagé dans ces dangereuses rues où de jeunes voyous italiens tabassaient les étudiants. Souvent à juste titre, si vous voulez mon avis. Comment le chômeur aux cheveux lourds de graisse n'en voudrait-il pas à ces dandys qui se promènent dans les bas-quartiers avec leurs soyeux cheveux longs, leurs montres à cinq cents dollars, leurs pantalons à cinquante dollars et leurs vestes de sport à cent dollars, appelant les stations de métro des « kiosques ». Heureusement pour moi, je portais une tenue anonyme. Jeans qui puaient et tee-shirt noir avec mon paquet de cigarettes roulé dans une manche, cheveux coupés à ras. L'image même du garçon de salle au chômage que j'étais.

Au Grill, j'avais échangé quelques plaisanteries avec un serveur qui haïssait ces « satanés » étudiants et venait tous les jours de Somerville où il vivait avec sa mère. Turfiste acharné, il me donnait toujours des tuyaux que je ne lui demandais pas. De l'autre côté du fleuve, dans le bar de mon quartier, il y avait cinq cabines téléphoniques pour les parieurs. Costumes croisés et Cutty Sark-ginger ale. Ou scotch and cream. Je suppose que c'est ce qu'on appelle la mobilité sociale, mais maintenant les bourgeois boivent du bourbon bon marché arrosé d'eau du robinet avec un zeste d'herbe sauvage. Les pauvres se font toujours avoir, même quand ils deviennent riches. Je bus deux bières et commandai un cabillaud au beurre persillé avec de la purée, bien qu'ils l'arrosent toujours de jus de viande, même quand elle accompagnait un poisson. Deux filles étaient entrées et s'étaient assises dans le box derrière moi. Je m'étais retourné pour les regarder : l'une, douloureusement maigre, et qui le resterait jusqu'à ce que son léger cercueil soit mis en terre, l'autre me souriant de toutes ses grandes dents de castor si semblables aux miennes. Une montre en or autour du cou, que Papa lui avait offerte parce qu'elle avait été sage. Pourrait-elle cacher ses dents au moment opportun ? Je lui avais rendu son sourire, mon pauvre cœur affamé l'approuvait – j'aurais pu vivre quinze jours sur ce que valaient ses hautes bottes de cuir. Le serveur avait alors posé une assiette fumante devant moi et j'en avais recouvert le contenu de ketchup, vieille habitude familiale, au demeurant très nutritive. Après avoir tout avalé en moins de temps qu'il n'en faut pour le dire, tandis que dans mon estomac le poisson et la purée se mélangeaient au caramel du pop-corn, je m'étais de nouveau retourné pour sourire à la fille castor, mais elle regardait de l'autre côté et enfilait déjà son manteau. Son verre de crème de menthe frappée était vide. La préparation de cette boisson avait valu à mon ami le serveur une crise de colère froide. Je lui avais dit d'y mettre de la noix vomique. Comme ça, la prochaine fois, elle commanderait quelque chose de civilisé. Elles étaient sorties. Nous rencontrerons-nous de nouveau, si possible au bord de l'eau? Un de mes amis était entré et avait commandé un sandwich et de la limonade. Défoncé notoire, il planait déjà et n'avait pas besoin d'alcool. Il m'avait appelé chéri et invité à une fête pour le soir même. Je lui avais promis d'y aller puis, trahissant ainsi immédiatement ma promesse, j'avais sorti mon unique billet de cinq dollars de mon portefeuille pour boire trois doubles bourbons d'affilée. Après avoir descendu Boylston et traversé Memorial Drive, je m'étais endormi lourdement sur l'herbe sale à côté du hangar à canots.

Je m'étais réveillé à temps pour arriver chez mon frère à l'heure du dîner, coquelets à l'alcool de pêche. Délicieux. Il est bibliothécaire et a réprimé ses bas instincts pour faire un bon mariage, lire, bien manger et travailler dur. J'ai pour lui une admiration sans bornes et n'oublierai jamais qu'il a été routier chez les scouts alors que je m'étais fait renvoyer des louveteaux pour mauvaise humeur permanente. Il avait eu la bonté de m'héberger à diverses occasions, me permettant de garder la tête hors de l'eau et de chercher du boulot, m'avait souvent prêté un costume pour me rendre à des entretiens imaginaires et rendu d'autres services que je ne méritais pas. J'ai fait tant de mal autour de moi pendant trois ans, avec mes inévitables dépressions nerveuses de février. Un mois à la fin duquel je n'arrive jamais sans friser le séjour chez les fous; un phénomène cyclique, saisonnier, j'en suis certain. Puis les glaces fondent et de nouveau je peux vivre. Mais entre-temps, quel gâchis : une femme et une mère qui pleurent, et mon cœur brisé de les voir pleurer. Puis on me conduit à la gare routière, on me munit d'un aller simple, de quelques sous et de sages conseils familiaux. Il paraît que je devrais faire quelque chose de ma vie. Mais mon frère aimait m'entendre raconter les histoires du monde de la drogue et de la luxure que cache sa ville d'adoption. Un exemple : on m'a offert un jour d'assister à l'accouplement de deux lesbiennes pour la modique somme de cinq dollars. Le bar fermait et le rabatteur grec avait déjà trouvé cinq clients, des marins. J'étais curieux, mais je n'avais pas cet argent. Ça ne m'avait pas empêché de dire à mon frère que j'y avais été et que j'avais regardé ces deux filles maigres s'enlacer sur un canapé tandis que les marins les encourageaient, ce qu'ils firent sans aucun doute. Et il adorait l'histoire du foyer pour richissimes étudiantes de Radcliffe, un lieu tenu secret, que gardaient cinq dobermans et une matrone qui portait des cuissardes de cuir verni.

Au bord du marécage, dans les joncs, il y avait une compagnie de carouges à épaulettes; pointes vermillon sous leurs ailes contre la verdure quand ils volaient d'un roseau à l'autre. Moi aussi j'aurais voulu être beau, avoir une crinière de fourrure le long de mon dos, des plumules orange sous les oreilles, de longues molaires pointues, une crête de coq couleur d'aiguemarine au milieu de ma tête et le corps recouvert de plumes terre de Sienne brûlée. Être la célèbre et terrifiante beauté du pays. Ça leur apprendrait.

Après avoir à demi contourné le marécage, je m'arrêtai pour lire sur la boussole que je me dirigeais carrément à gauche de la bonne direction. Je pris sur la droite, faisant cap sur un arbre mort que je voyais environ quinze cents mètres plus loin, puis m'assis, mangeai des raisins secs, de la viande séchée et bus au goulot de ma gourde. L'eau était tiède, elle avait un goût métallique. Cette gourde avait sans aucun doute été abandonnée ouverte sous le soleil de Guadalcanal ou de Bataan, et peut-être un bébé vipère s'y était-il glissé pour y dormir. Un bébé vipère, ou une famille d'araignées. De ces araignées qui se repaissent des insectes qui grouillent sur le dos des cobras. D'après mes calculs, je marchais depuis deux heures. Il m'en faudrait en tout au moins quatre pour rejoindre la voiture. Le soleil semblait à son zénith et me brûlait le crâne. En même temps, des mouches bourdonnantes s'y posaient, le temps que je les chasse. De minuscules insectes de la région, appelés à juste titre « qu'on-voit-pas », me tourmentaient eux aussi, laissant sur ma peau des petits boutons rouges. Je m'étais gratté partout, la nuit précédente, et avais compté cent trente-trois cicatrices, petites et grandes, mais toutes suppurantes et irritées. Je m'étais dit alors que mère nature aurait dû me construire un trottoir menant à la voiture et déposer une paire de rollers pas trop chers que j'aurais trouvés à côté du sac de couchage à mon réveil, avec une belle fille pour me les lacer bien serrés. Je lui aurais demandé de m'accorder la prochaine danse et nous aurions valsé la *Valse des patineurs* jusqu'à la voiture où, bien qu'épuisé et trempé de sueur, je l'aurais impitoyablement baisée sur la banquette arrière. La jambe passée par-dessus le dossier avant, les roulettes de ses patins auraient continué de rouler et la musique de tonner, comme si elle avait eu une cassette stéréo dans le cul.

Je me relevai le corps douloureux. Ô mon Dieu,

combien de temps? Autour de l'arbre mort, comme une vague qui serpentait dans le lointain, la verdure s'assombrissait. Peut-être approchais-je du ruisseau que je cherchais. La carte était fausse, et je projetais de m'arrêter au centre cartographique où j'étais allé la chercher : un ramassis d'erreurs, une vraie merde, dirais-je en la froissant en boule et en la lançant à la tête du responsable du centre. Il ne réagirait pas, terrifié par les vingt kilos d'acier chromé du lance-flammes qu'il verrait sur mon dos. Je voulais qu'il s'excuse poliment : « Nous sommes désolés, monsieur » puis qu'il me promette que tous les efforts seraient mis en jeu pour rectifier ces erreurs, quoi que cela dût coûter. Je vais vous envoyer un hélicoptère franco de bord pour que vous puissiez survoler votre territoire, bandes de feignants. Allez traîner vos bottes dans la boue, mon garçon, vos mains sont trop blanches, ce sont des mains de bureaucrate. Puis j'arracherais les épaulettes de sa veste d'uniforme, je l'embrasserais dans le cou et me glisserais dans l'ombre, laissant derrière moi un officier complètement transformé.

J'atteignis enfin mon arbre, au pied duquel, comme je l'avais soupçonné, bouillonnait un ruisseau. Je le suivis, me frayant un passage au milieu des buissons, cherchant sur le sable des traces de loup. On pensait qu'il en restait environ une douzaine dans la région, et je voulais à tout prix en voir un. J'avais rencontré à Ishpeming un chasseur qui avait un jour entendu hurler des loups qui se répondaient d'une colline à l'autre. Mais cela se passait sur la plaine du Chien Jaune, à quelque chose comme trente kilomètres à l'est de là où j'étais. Il n'y a plus que trois ou quatre cents loups dans tout le pays. On les entend rarement, quant à les voir, c'était pratiquement impossible, à moins de circonstances artificielles, en survolant par exemple l'île Royale en hiver. J'avais l'impression que si je réussissais à en apercevoir un, ma chance tournerait. Peut-être le suivrais-je à la trace jusqu'à ce qu'il s'arrête et me salue, puis nous nous embrasserions et je deviendrais loup.

Il devait être vers les cinq heures quand j'arrivai à la route et vis ma voiture innocemment garée sous son arbre. Dix heures pour parcourir dix kilomètres. Un labyrinthe tracé par mon ignorance à travers les bois. Il me faudrait dormir dans la voiture, je ne pouvais prendre le risque d'essayer de retourner à la tente avant la nuit.

J'étais arrivé à la fête très tard car je m'étais encore assoupi après le dîner. Ma belle-sœur manque toujours d'appétit, aussi avais-je eu droit à deux coquelets, et, bien qu'ils ne fussent pas tout à fait assez cuits à mon goût, je les avais dévorés tout entiers, croquant même leurs petits os couronnés de cartilage rose. Sans oublier leur « nez de Pape », ainsi que nous appelions chez nous le croupion. J'étais parti à pied, marchant dans une douce somnolence, le cerveau juste assez embrumé pour ne pas sentir vraiment le poids de mes pieds. Deux litres de rosé bon marché. Pour les autres, un verre rempli à moitié, comme le veulent les bonnes manières, pour moi plein à ras bord, vingt-cinq centilitres chaque fois que je me servais. Et je me servais souvent. Comme le rosé s'accorde bien avec le printemps, avais-je plaisanté, en faisant passer sur ma troisième serviette en papier la sauce et le gras qui amidonnaient ma moustache. Tout en écrasant sous mes pas des boutons d'érables arrachés par le vent, je sentais encore le goût de l'alcool de pêche et j'en étais tellement heureux que j'en aurais embrassé une bouche d'incendie, s'il n'y avait pas eu de chiens sur cette terre. Une moustache vous permet de sentir au réveil vos péchés de la veille. Dans un coin sombre près de la ligne Cambridge-Somerville, j'avais pissé sur une bouche d'incendie. De quoi interloquer les chiens du quartier. Ils allaient aboyer et gémir là pendant des semaines, se demandant dans leur langage canin proche du morse : « Où est cette nouvelle créature? »

De toute évidence, la fête avait battu son plein bien avant mon arrivée. Les convives étaient maintenant mollement assis ou écroulés à même le sol, totalement défoncés. Ça me rappela un truc que j'avais vu quelque part, une histoire « d'horloge de frangipane ». Un étudiant de première année désireux de bien faire m'avait dit : « Je m'appelle Bob, et toi? » Swanson, prince d'Allston. Enchanté. Un péteux en mocassins à la mode avec pièce d'un demi-dollar passée dans la fente. L'air était lourd de vapeurs d'herbe. J'avais trouvé mon ami assis dans une chambre, les yeux mornes, chassieux, comme maquillés de morve, avec dans la main droite un énorme pétard que j'avais pris et allumé immédiatement. J'avais tiré trois longues bouffées et toussé. Une fille assise dans la commode m'avait dit : « Il y a aussi du hash. » Tant mieux, avais-je pensé, ça me permettra de me mettre au diapason. Elle avait le visage un peu trop rond pour me plaire et parlait du coin de la bouche, un tic que les bourgeois de la côte Est partagent avec les gangsters et les macs.

– La nuit est magnifique, lui avais-je dit.

– Vraiment? avait-elle répondu d'un air qu'elle voulait malin.

– Elle le serait pour toi aussi, si tu mettais à la fenêtre tes grosses joues.

J'étais allé prospecter dans le living. Rien. Les filles étaient toutes cradingues, laides, ou déjà prises. De retour dans la chambre, j'avais changé de ton et échangé quelques plaisanteries avec face de lune. Elle avait de toute évidence oublié que nous nous étions rencontrés quelques minutes plus tôt.

– Vous avez l'air de vous éclater, lui avais-je dit en criant par-dessus le bruit assourdissant des Beatles qui chantaient *Michelle*. Je parie que tu t'appelles Michelle.

– J'aimerais bien.

Elle avait regardé son pied qui battait la mesure, très loin d'elle.

Je lui avais proposé d'aller prendre l'air et elle m'avait suivi nonchalamment dans l'escalier de derrière, jusqu'à la porte. Pas le moindre brin d'herbe, de ce côté-là. Une impasse où s'alignaient soixante-dix-sept poubelles. Je commençais à sentir l'effet du hash. Au boulot. Je lui roulai une pelle en cherchant des yeux un coin plus confortable, mais il n'y en avait pas. Ses seins étaient nus dans la lumière des réverbères avant que nous n'ayons atteint le bout de la rue. Je me retournai et relevai sa jupe. Pas de culotte, rien que sa touffe. Je mis la main à ma braguette pour voir si Popaul était là. Dans ma défonce, le bruit de la fermeture à glissière résonna comme une mitraillette. Popaul était là, mais plus loin que d'habitude. Je me penchai en avant et la pénétrai, la travaillai lentement, infatigablement. Elle fit : « Ouaou » une ou deux fois et chantonna doucement. En jouissant, je trébuchai et tombai en arrière, assis sur le derrière mais sans que cela me fasse mal. Elle se retourna, tira sur sa jupe en me regardant d'un air absent, puis remonta vers l'appartement. Je me relevai lentement et faillis m'étaler en trébuchant dans mon pantalon qui m'enserrait les chevilles comme une lanière. Le bord dentelé d'une capsule de bouteille s'était enfoncé dans une de mes fesses.

Je remis mon futal, pris de vertige, sortis de l'impasse et tournai vers Harvard Square.

Il faisait chaud dans la voiture, et ça sentait le renfermé. J'avais le choix entre garder les vitres remontées et mourir asphyxié ou les baisser et me laisser dévorer vivant par les moustiques. Les insectes sont des créatures du Seigneur, eux aussi, mais pas tout à fait autant que nous, quiconque a un peu de bon sens est bien obligé de l'admettre. J'ouvris une boîte de petites saucisses de Vienne qui trempaient dans une sauce tiède et saumâtre. Des mouches bourdonnaient de l'autre côté de la portière, puis une guêpe malveillante arriva, son dard dardé sous sa queue. Je marchai jusqu'à la rivière, plus large à cet endroit car nourrie au printemps par les ruisseaux des hautes terres. Il y avait une petite cascade et une profonde mare dans laquelle l'eau tombait en grondant doucement. Une berceuse sur laquelle il ferait bon s'endormir. Pas de bruits nocturnes, pas d'ours ni de Léviathan pour glisser ses pattes par la vitre de la voiture. Je rinçai un morceau de gaze avec lequel j'avais essuyé le pare-brise et dont j'avais l'intention de m'entourer la tête pour me protéger des moustiques. Puis j'enlevai tous mes vêtements, plongeai dans le courant et nageai sous les remous de la cascade. J'ouvris les yeux dans l'eau glacée, blanche de bulles, et laissai sa force m'emporter sur une trentaine de mètres. Engourdi, je flotterais jusqu'à la mer. Jusqu'au lac Supérieur, d'abord. Mais de vieilles souches d'arbres morts, des troncs flottants me rattraperaient, ou mon crâne irait heurter un gros caillou glissant et les lumières s'éteindraient. Un nageur spécialiste de la planche meurt lors d'un raid vers la mer. On n'a rien retrouvé de son corps. Personne pour me regarder, à l'exception d'un poisson-lune en colère. Je sortis de l'eau et marchai à contre-courant sur un lit d'aiguilles de pin, glacé jusqu'à la moelle des os. Un instant immobile, nu sur le chemin au soleil, j'allumai une cigarette. Dans quatre heures il ferait nuit noire, le soir tombe ici à dix heures. Je me coucherais tôt et repartirais à l'aube vers le campement.

Recroquevillé sur la banquette arrière, dans le crépuscule, j'essaye de respirer à travers la gaze moisie. Odeur de charpie et de produit à nettoyer les vitres, poussière de craie et riz à l'espagnole dans tous les lycées du pays. « Siss boum bah siss boum bah », criaient-elles pendant les matchs de basket-ball. Boston de nouveau, un jour où j'étais remonté jusqu'à la nationale 9 puis avais tourné à droite sur Chestnut Hill Road et regardé une superbe fille bronzée, membre du Longwood Cricket Club, renvoyer une balle de tennis contre un lointain mur de béton, les cheveux tirés en arrière pour qu'ils ne lui tombent pas dans les yeux pendant le match avec Bryce Porcinet, un jeune rentier dépravé mais beau. Un cri d'injustice se lève dans tout le pays, en particulier de l'endroit où je me tiens en train de mater de derrière la grille ses longues jambes brunes et lisses, leur ligne qui se courbe vers son cul. Blouse sans manches dégageant ses bras gracieux. Assez grande, la taille haute et un visage étonnant. Comme celui de Lauren Hutton, le mannequin de *Vogue.* Dans les drugstores, je lisais furtivement *Seventeen*, le magazine des jeunes filles dans le coup. Elle me jeta un coup d'œil et fronça les sourcils. Club privé avec liste d'attente de 66 333 noms. J'ai exactement douze cents en poche, de quoi t'offrir un Coca citron. Je m'accrochai à la grille, prisonnier de guerre, de pauvreté et, évidemment de faim, elle se retourna encore, les yeux froids, à moins de dix mètres de moi, puis s'éloigna vers les bâtiments du club sans un regard en arrière. Perdu dans mes pensées, je sombrai mollement sur la banquette arrière, le nez pointé vers le dossier. Un moustique qui s'était glissé sous la gaze cherchait mon globe oculaire. De toute évidence, elle ne veut pas de mon Coca citron muettement proposé. Reviens Bonnie. Reviens tout de suite. Je ne regarderai pas, je lèverai les yeux vers le ciel sans oiseaux. Est probablement en deuxième année à Sarah Lawrence et s'intéresse à la crise urbaine. Baise avec un professeur de sciences politiques de cinquante-cinq ans, M. Cucul Frites, un type affublé d'un bouc gris qui lui a versé une fiole de cantharidine dans son café. Je la rencontrerai un jour par hasard à New York, dans un avenir lointain et je me détournerai. Ou peut-être la giflerai-je du bout des doigts. Elle me demandera pardon et dira j'aimerais tant avoir bu ce Coca citron avec vous, maintenant que je sais que vous êtes célèbre. Justement. Après une semaine de discipline et de caresses stratégiques interminables, je la livrerai à une équipe de footballeurs africains prétentieux. Ou peut-être aux Harlem Globe Trotters. Elle a eu sa chance et ne l'a pas saisie. J'étais reparti dans Chestnut Hill, où les jardiniers qui louchaient vers moi d'un air soupçonneux avaient lâché à mes trousses des mastiffs qui m'avaient repoussé vers mon quartier minable. Chère gonzesse, si tu lis ces lignes, tu t'y reconnaîtras. Souviens-toi de moi et de mon visage pressé contre la grille jusqu'à en être quadrillé de lignes rouges. Tu te souviens? Je te souhaite colostomie, hémorroïdes, pyurie, mari zézayant et couard. Puisses-tu pourrir entre Dover et Dedham. Puisses-tu tomber de ton cheval. N'essaye pas de m'approcher. Mon numéro n'est pas dans l'annuaire, je n'ai pas le téléphone et il est trop tard, beaucoup trop tard.

Impossible de dormir dans la voiture. Je me rassis, allumai une cigarette, soufflant la fumée sur les moustiques les plus proches, puis sortis et remontai la route, assez loin pour ne plus entendre le grondement régulier de la cascade. Nuit de pleine lune, quand fleurit la mort aux loups. Je crus voir, ou vis-je réellement, nul ne le saura jamais, la silhouette d'un grand chien qui traversait la route dans le lointain. Un coyote ou un loup. Mais mon odeur aurait éloigné les loups. Un coyote, donc, ou une hallucination. Le loup qui compterait comme tel devait être vu clairement, en plein jour.

A l'aube, après une heure de sommeil agité, je mis mes provisions dans le sac et remplis la gourde à la rivière. Les traces que j'avais laissées sur le chemin étaient couvertes par celles d'un petit ours. Il avait flairé la nourriture. Je fermai les portières à clé et repartis vers le campement où j'arrivai avant midi, en moins de la moitié du temps qu'il m'avait fallu pour trouver la voiture. Les épaules douloureuses, blessées par les bretelles de mon sac à dos bon marché, le corps assassiné par cette cauchemardesque nuit sans sommeil.

Boston. La veille du jour où je devais partir, j'avais pris une cuite terrible au Jake Wirth's et mangé une demi-douzaine de saucisses de Francfort puis un sandwich de pain noir au bleu et oignons des Bermudes. Avec ça, les douze doubles bourbons et les quelques litres de bière que j'avais bus, mes économies se trouvaient largement entamées. Mais ça m'avait certainement profité du point de vue nutritionnel. J'avais dormi par terre dans ma chambre, où j'étais arrivé par la grâce d'un pouvoir étrange; peut-être était-ce... mais non, impossible. A un moment, avant l'aube, je m'étais réveillé en sursaut, avec l'impression qu'il y avait quelqu'un d'autre dans la pièce. La porte était ouverte, j'avais senti que quelque chose d'horrible était en train de m'arriver ou allait m'arriver ce jour-là. Je m'étais levé, j'avais claqué la porte et essayé de me rendormir. N'y arrivant pas, j'étais resté assis nu devant la fenêtre ouverte face aux toits des immeubles de l'autre côté de la rue. J'allais peut-être mourir, le car traverserait la ligne médiane, se renverserait et ferait des tonneaux. Mais j'avais vite oublié ma mort prochaine. J'avais déjà eu des centaines de prémonitions de ce genre et aucune, heureusement, n'avait été fondée.

De nouveau une brise de mer. C'était une forte brise, régulière et fraîche qui, dans l'ombre de la chambre étouffante et humide, m'avait inondé d'air pur. J'avais entendu un corbeau et l'avais vu contre le ciel qui s'enorgueillissait, à l'est, d'une fine ligne rouge pâle. Puis les autres oiseaux avaient entonné leur chant, mais le coassement du corbeau avait été le premier. Je me souvenais qu'un corbeau en annonçait toujours d'autres, pourtant là, point de troupe derrière lui. Il voyageait solo.

Je m'étais levé et dirigé vers la cuisinière, enjambant la valise que j'avais héritée de mon père. Elle était en imitation cuir avec des tas de fissures sous lesquelles apparaissait le carton. Le linoléum se fissure et révèle le trou noir dans lequel naissent et séjournent les corbeaux. Je voulais du café. Quand j'avais allumé le gaz, mon ventre, mes parties génitales et mes cuisses avaient viré au bleu. De quelle couleur sont les morts? Un corbeau bleu, maintenant, avec le prix d'un billet pour New York. Un billet d'autocar, oui. Pas de tribu autour de moi ni de compagnons corbeaux. Effrayé, j'avais allumé la lumière et regardé mes bras, les veines épaisses, bleues, noueuses. Sang prêt à faire un caillot sans prévenir.

Un bloc bleu qui remonte en flottant jusqu'à l'épaule, puis en plein mille dans le cœur. Au bord de la nausée, j'avais bu mon café instantané et enfilé mes habits. Le soleil était maintenant un rectangle orange de lumière sur le mur d'en face. De la rue montait le fracas des bouteilles de lait. J'étais reparti loin en arrière, dans ma jeunesse, caché derrière roseaux et nénuphars, ne laissant à l'air libre que mon scalp, mes yeux et mon nez. Mon amie, la fille du chalet d'à côté, entre dans l'eau d'un pied hésitant. Elle a douze ans, et pratiquement pas le moindre poil, elle est ronde, rose, très jolie, avec de longues nattes noires. Nous nous saluons sous l'eau et quand nous remontons à la surface pour respirer, accrochés l'un à l'autre, il y a des corbeaux au-dessus des marais, de l'autre côté du lac.

Un froid anormal, hors saison, flottait dans l'air, une pluie qui tournait presque à la neige tombait sans discontinuer. Boston étendue là, morue morte mouillée, les yeux couverts de mouches. La valise était lourde et encombrante, je la portais sur mon épaule, puis devant moi, comme un bouclier contre le vent humide. Pleine de vêtements sales et de trop de livres. J'avais envie de l'abandonner dans le caniveau et de repartir à zéro. Je pris le trolley pour Park Street et me sentis soulagé quand il plongea sous terre à Kenmore Square, fuyant la laideur du monde d'en haut. Je descendis à Coply, sans raison, et jetai un coup d'œil vers le Storyville, qui avait fermé. Une boîte où tous les grands du jazz avaient offert aux sybarites leurs cœurs fous et drogués, des séances tellement fabuleuses que les cœurs auraient dû éclater, inondant le sol de sang. Je traversai à contre-courant des voitures, qui klaxonnaient, mais il m'était complètement indifférent qu'elles me renversent ou non, allez savoir pourquoi. Des poursuites judiciaires géantes libèrent définitivement un homme de ses problèmes financiers, titrait le *Globe*. Une limousine de l'aéroport, qui déboîtait devant le Plaza, me rata de peu. J'étais rentré une fois au Plaza, et y avais proposé de l'épouser à une fille avec qui j'étais assis à un bar surplombé d'un dais qui tournait comme un manège. Ayant évidemment déjà trop bu, j'avais demandé au barman d'arrêter cette saloperie qui me donnait le tournis. On nous avait alors invités à partir, et elle avait pleuré. Pas parce qu'on s'était fait virer à coups de pied au cul, mais parce que ma demande en mariage manquait de sérieux. Je repris la valise sur mon épaule et regardai la bibliothèque municipale où j'avais passé tant de temps à lire des magazines et écrire mon histoire de pluie et de chagrin. Tous ces tordus dans les bibliothèques. Et c'est pareil à New York ou Frisco. Ils chient par terre dans les chiottes, balbutient des phrases incohérentes, s'en prennent à n'importe qui. Une fois, j'ai vu un jeune type sortir sa queue, debout dans le couloir et hurler : « Regardez! » Puis il referme son imper et essaye de sortir en courant, mais trébuche dans la porte tournante. Une femme crie, les autres se contentent de hausser les épaules. Plutôt attristant. Ce type avait besoin d'aide. D'un cadenas sur sa fermeture à glissière pour débutant.

Je descendis Park Street jusqu'à la gare routière où je m'assis sur un banc en attendant le car qui faisait la navette avec New York toutes les heures. Pas de snobs ici, ils crachent sur les voyages en car, les vomissent. Mais des pensionnaires d'une institution ou une autre, fraîchement relâchés, qui sillonnent le pays de gare routière en gare routière, fanas de cette puanteur, des murmures perpétuels, de l'odeur des échappements de diesel et du libre-échange de virus terminaux aux comptoirs des cafétérias, fontaines et toilettes. J'étais assis à côté d'un soldat noir avec qui je parlai des Bruins et des Patriots. Le sport constitue un sujet de conversation inoffensif dans les salles d'attente. Et tous ces pédés qui traînent, les yeux fixés sur la protubérance d'un entrejambe à la recherche d'un ami. Crac, polichinelle jaillit de sa boîte.

Je bus une tasse de café lamentable, acide, puis embarquai enfin. A Newton, une jolie fille monta, mais aucun moyen de me rapprocher d'elle. Je fixai sa nuque jusqu'à la frontière du Connecticut puis m'endormis. Plus loin, lorsque le car s'arrêta pour le déjeuner, près de Harford, je la regardai de plus près et constatai qu'une couche de fond de teint uniforme recouvrait sa peau boutonneuse. Il semblait certains jours que toute beauté avait déserté la surface de la terre. Lèvre supérieure relevée sur ses dents, dont l'une s'avance, peut-être vestige d'un croc ou d'une dent de vampire, une prédisposition à laquelle ne changerait rien le texte de sociologie qu'elle lisait en relevant la tête au milieu de chaque phrase. Les pauvres sont fauchés, disent-ils. La haute joue au tennis et pratique de plus en plus de ruineux sports nautiques. Elle voyage en avion, pendant que les pauvres prennent le car. Enfin nous descendons la Neuvième Avenue jusqu'au bâtiment beigeasse de la gare routière centrale. New York. J'avais l'intention de n'y rester que quelques jours; de voir des gens, et, avec beaucoup de chance, de me faire rembourser l'argent que j'avais prêté à un vieil ami. Ensuite j'irais dans le Michigan, je trouverais un moyen de me renflouer et peut-être repartirais-je vers San Francisco pour y recommencer ma vie.

3

L'OUEST

En regardant attentivement une carte de l'Ouest américain (j'entends par Ouest toute terre se trouvant de l'autre côté de Kansas City), vous y découvrirez une nette ressemblance avec la topographie de la Sibérie ou de l'Oural. Mais la télévision, bien entendu, a prouvé la fausseté de cette notion. Ces fines lignes bleues, noires et rouges qui indiquent sur les cartes rivières, routes et frontières, ne racontent pas toute l'histoire. Je ne parle pas d'événements grandioses comme l'achat de la Louisiane à la France ou l'expédition Lewis et Clark, des interminables caravanes de chariots, de l'épopée des Donner qui finirent en Donner Kebab dans la Sierra Nevada, ni même du *Petit bordel dans la prairie.* Encore moins de la catastrophique *Route 66,* et quand je dis catastrophique, ce n'est pas à la route que je pense, mais à l'émission. Et je ne traiterai pas ici de vicieuses statistiques : l'Ouest, résultat d'une marche génocide, ni même de la thèse Turner selon laquelle l'Ouest s'enroule sur lui-même comme une boule de paillettes collées par le sang des chicanos et des Indiens. C'est le boulot des historiens. Les universités en regorgent et tous ces éminents professeurs se battent pour savoir qui va parler de quoi; ils sont prêts à tous les coups bas, avalent toutes les couleuvres pour être celui qui fera cours sur le Territoire 503 de la Louisiane. Mais laissons-les à leurs combats de roupie de sansonnet. L'un d'eux nous racontera peut-être un jour la vérité dans une étude monumentale en dix volumes, *Le voyage des pionniers : lame de fond de merde de cochons sur les lèvres humides du Pacifique.* Notez que les titres des livres et articles académiques sont tous ponctués de deux points. Ce fait peut être considéré comme une clé de ce qu'ils enseignent à nos enfants. L'inflation bouffe nos économies. Les deux points sont comme les deux trous qui marquent l'entrejambe de la femme, signe à la fois du plein et du vide. Nous devons nous attendre à une implosion plutôt qu'une explosion. Peut-être que dans le ventre du Montana, au sein d'une vaste caverne, l'absence de bisons prépare une non-charge. Et Crazy Horse, qui digère toujours le cœur de Custer, veille sur eux.

Difficile d'être amer lorsque le chaud soleil du soir passe à travers les branches des bouleaux, mouchetant de jaune la tente et le sol. Je vais tuer une biche pour me nourrir de viande fraîche. Mais je ne pourrai jamais la manger tout entière, et une grande partie en pourrira. Mieux vaut donc me nourrir de racines et laisser les cervidés aux sportifs. Ce qui me rappelle la chouette histoire d'un type qui se posait comme défenseur des espèces en péril, un homme riche qui avait pour hobby l'élevage des bisons et leur abattage sélectif dès qu'ils devenaient trop nombreux. Steaks de bison à vendre, une viande pas franchement mauvaise, un peu comme celle du vieil élan, meilleure en ragoût que grillée. Mais revenons-en à l'histoire. Un tireur à l'arc acheta à cet homme un animal « sur pied » pour s'en faire un trophée de chasse. Après que plus de trente flèches, tirées d'assez près, se furent plantées dans son cuir, le bison, qui ressemblait maintenant à un porc-épic géant aux épis clairsemés, refusait toujours de mourir. On appela la cavalerie à la rescousse et un cavalier armé d'un calibre 38 fit feu sur la bête effondrée, déjà à genoux. Le bison roula sur le sol, écrasant dans son agonie plusieurs des précieuses flèches. Fin de l'anecdote. Solution proposée? Imaginez-en une. En tout cas, les grands espaces ont dû à cet instant se rétrécir, et un astronaute qui aurait survolé le coin aurait perçu, d'une hauteur de huit cents kilomètres, quelque chose qui ressemblait à un frémissement, un frisson. Ceci n'est que pur romantisme, évidemment. Le cavalier cavala chez lui après le boulot et raconta à bobonne son exploit. Le propriétaire secoua la tête en disant « bravo ». Le tireur à l'arc expliqua à ses amis que les bisons étaient des animaux sacrément résistants, des bêtes dangereuses, olé! et difficiles à abattre.

En arrivant à Laramie, j'avais acheté une chemise et un chapeau de cow-boy. Mes bottes étaient raides, elles venaient de Fort Morgan, Colorado, où m'avait laissé le car. Terminus. Avec le peu d'argent qu'il me restait, je pensais pouvoir faire en stop le reste du trajet, quelque chose comme à peine deux mille kilomètres jusqu'à la Californie. C'était mon second voyage dans l'Ouest. Aguerri, le bonhomme. La première fois, j'avais pris le car jusqu'à la frontière du Michigan et il m'avait fallu une journée entière pour atteindre Terre Haute. J'avais dû traverser à pied Indianapolis. J'avais du mal à m'y retrouver avec toutes ces routes, et, alors que je parvenais enfin à m'y reconnaître, un jeune couple m'avait proposé de me conduire à Terre Haute. Là, j'avais attendu environ trois heures. Cette fois, c'était un mécanicien de Pittsburgh qui se rendait à L.A. Ils ne disent jamais

Los Angeles, toujours L.A. Je voulais aller à San Francisco, c'était tout au moins ce que j'avais décidé la veille, mais cette longue balade en voiture me tentait. A Joplin, nous avions fait connaissance et il m'avait avoué que « la tire n'était pas nette », qu'il était bigame et allait se faire oublier à L.A. ou peut-être même au Mexique, histoire d'attendre que les choses se calment. Il avait partagé avec moi sa provision de petites pilules blanches, je n'avais pas fermé l'œil de l'Indiana à la Californie et il n'avait perdu le contrôle de la voiture qu'une seule fois, un détour sans gravité dans les buissons de prosopis, le temps de pousser un cri et nous étions de nouveau sur la route.

Je mis toutes mes provisions fraîches dans un sac à oignons que je fermai avec une corde et accrochai à une branche d'arbre. A mon retour, j'avais trouvé des traces de raton laveur tout autour du campement et je ne voulais pas que ce qu'il me restait à manger disparaisse pendant que je retournais au lac. J'ai pensé à ma femme pendant quelques instants. Une fille chouette qui, bizarrement, ne voulait pas être l'épouse d'un poivrot. Mais qui n'était pas jalouse des tentes. Quatre jours et demi sans boire une goutte d'alcool, certainement mon record depuis des années. Tant qu'il n'y avait personne avec moi, ce n'était pas si terrible. Je mis des lignes, des hameçons et des plombs dans la sacoche que je portais à ma ceinture. Je n'avais pas besoin de gourde.

Le trajet jusqu'au lac me parut familier, facile. Je retrouvai sur le banc de sable les traces que j'y avais laissées lorsque j'avais tiré sur la tortue. Je n'avais pas non plus emporté la carabine. Elle était inutilement lourde et m'aurait de toute façon fait plus d'usage dans une ville comme Oakland. M'abritant les yeux de la main, je scrutai la rive opposée, là où je croyais avoir repéré le nid de balbuzard. Le nid était bel et bien là, mais j'hésitai sur le chemin à prendre pour atteindre l'autre côté du lac. Si j'avais été plus malin, j'aurais emporté les jumelles et étudié les deux rives afin d'en avoir le cœur net, mais j'étais parti trop vite. Le fou fuyant. Je choisis de passer par la gauche et marchai le long de la rive, l'œil attentif aux serpents d'eau. Je supporte pratiquement tous les serpents à l'exception des serpents d'eau et des crotales, bien que je ne sois pas fana, non plus, des couleuvres bleues, trop agiles à mon goût. J'en ai souvent vu, alors que je pêchais la truite, perchées sur un cèdre à trois mètres au-dessus de moi, grosses, épaisses et bleues. Quand j'arrivai là où le marécage se confondait avec le lac, je m'arrêtai pour enlever mes bottes. J'attachai ensemble les lacets, me les accrochai autour du cou et avançai prudemment. Bien que l'eau froide eût engourdi mes pieds, je sentis que le fond était sûr. Plus loin, près d'un bouquet de sapins qui poussaient dans l'eau, je m'enfonçai jusqu'à la taille au milieu des nénuphars à grosses fleurs blanches et petites fleurs jaunes. De l'autre côté, une rivière se jetait dans le lac, et on perdait pied tout de suite. C'était probablement un bon coin pour la pêche, mais je voulais atteindre le nid avant midi. Je me hissai sur la rive et m'assis sur le tronc d'un mélèze mort pour remettre mes bottes. Il faisait chaud, je transpirais, la sueur faisait dégouliner la crème antimoustiques sur mon front et les yeux me piquaient horriblement.

J'avais passé la nuit à Laramie dans un hôtel plein de puces près du dépôt de chemin de fer. Odeur de bouse de vache et tintamarre de diesels en train de manœuvrer toute la nuit. Apparemment, l'hôtel faisait aussi office de bordel pas cher. L'employé de la réception, plus très jeune et tuberculeux, comme ils le sont toujours dans ce genre de bouge, m'avait regardé d'un air inquisiteur. Il y avait eu des rires et des cris de beuverie jusqu'au matin. Je voulais retourner à Cheyenne le lendemain pour assister à un grand rodéo dont j'avais entendu parler le soir dans un bar. Avant de me coucher, j'avais glissé mon portefeuille dans mon caleçon puis je m'étais relevé et avais coincé une chaise contre la porte. J'avais fumé une cigarette, puis je m'étais encore relevé pour regarder par la fenêtre les locomotives qui manœuvraient sur les rails, leur phare, œil de cyclope qui s'agitait dans la nuit, et les wagons qui se cognaient les uns contre les autres. J'aimais les noms des locomotives : « Route des aigles », « Route de la neige d'Artémis », et « Lackwanna ». J'avais sorti ma demi-bouteille de whisky et bu à grandes goulées. Il n'en restait que la moitié et je n'avais pas de bière pour faire durer le plaisir. Après l'avoir vidée, j'avais dormi paisiblement, bercé par tous ces bruits. Seuls les meuglements des bestiaux enfermés dans les wagons me dérangeaient. En route pour les abattoirs de Chicago et Saint Louis.

Cheyenne est un champ de bouses, admettons-le. Denver aussi, d'ailleurs. Villes balancées sur cette terre d'une certaine hauteur et qui s'étalent comme de la bouse de vache dans l'herbe. Flop, flop, flop. Sans ordre, acéphales. Une huile répandue sur des eaux calmes ; abords de la ville avec motels, parkings, drive-in d'où l'on emporte ses hamburgers, stations d'essence aux néons de trente mètres de haut, pour être certain qu'on les voit de l'autoroute, et des milliers de petites entreprises aux activités indéfinissables abritées dans des bâtiments de brique ou de béton en rez-de-chaussée où l'on poursuit de sombres desseins. Vente de biens immobiliers et vente de vent.

Installations sanitaires. Aux Mille Lampes. Chez Brad, Steak'n'Egg Stop. Mais nous savons tout ça et il n'y a pas moyen de recommencer à zéro.

Vers cinq heures du matin, j'étais allé me poster à l'échangeur de la nationale 90 après avoir pris un copieux déjeuner au café des Aiguilleurs en compagnie des employés des chemins de fer qui chevauchaient leurs tabourets en combinaisons à raies bleues et blanches et casquettes de mécaniciens. Crêpes épaisses surmontées d'une tranche de jambon et de trois œufs. Choc d'insuline et somnolence, à peine réveillé de mon sommeil d'engoulevent. Je n'étais resté que quelques instants le pouce en l'air avant qu'une Oldsmobile dernier modèle ne s'arrête dans une folle queue de poisson. Je l'avais rejointe au trot et étais monté sans regarder à l'intérieur. Trois jeunes types, deux devant un derrière. L'air était lourd de vapeurs d'alcool et la radio hurlait *The Last Word in Lonesome Is Me.* Lancée à plus de cent cinquante, la voiture vibrait, et je compris qu'aucun de ses occupants n'avait dormi de la nuit. Le type qui conduisait avait le bord de son Stetson baissé sur ses lunettes de soleil et se dirigeait plein pot vers le soleil matinal, une boule rouge toute ronde au bout de la route. Johnny Cash chantait maintenant *I Walk the Line.* Personne ne m'avait encore adressé la parole.

– Vous allez à Cheyenne? avais-je tenté d'une voix tremblotante.

– Ouais, avait répondu celui qui conduisait.

Le cow-boy assis à l'arrière avec moi s'était réveillé, un filet de bave au coin de la bouche qu'il avait essuyé avec la manche de sa chemise. Il y avait du vomi sur sa vitre. Il s'était mis à chanter, ou plutôt à psalmodier : « La dernière fois que je l'ai vue, et je ne l'ai pas vue depuis, elle branlait un nègre à travers des fils de fer barbelés en chantant kiyipi-yipi-yipi-hé! », etc. Encore et encore, jusqu'à ce que le chauffeur se retourne et lui dise de la fermer. Alors il s'était rendormi. Il portait des bottes de cuir bleu très travaillé en haut desquelles était gravé l'aigle américain. Des bottes à un mois de salaire.

Moins d'une heure plus tard, nous étions à Cheyenne. Au premier feu rouge, j'avais sauté de la voiture en soulevant mon paquetage pour tout au revoir. Seigneur, j'aurais pu y laisser ma peau. Comme les comiques regardent les films comiques pour apprendre le métier, les Yankees regardent les films yankees pour apprendre à ressembler à ce à quoi ils veulent ressembler. Après avoir vu *L'équipée sauvage* avec Lee Marvin et Marlon Brando, je traversai sans le vouloir un champ de maïs en moto. Ça m'a suffi. Arrêtez cette machine, je vous en supplie. Je m'en suis tenu ensuite au blouson rouge et à la moue désabusée de James Dean, avec une Ford 49 à pot droit et silencieux hollywoodien qui montait à cent à la seconde.

Je suivis la rivière jusqu'à ce qu'elle se rétrécisse pour passer dans un petit étang de castors où affleurait juste au-dessus de l'eau une hutte de brindilles. Quelle activité ces animaux déployaient, petits arbres coupés, branches arrachées. Taille symétrique, comme si quelqu'un avait façonné une hache miniature extrêmement tranchante. En revenant du nid, je me mettrais à l'affût près de la mare dans l'espoir de surprendre les castors au travail. J'en avais déjà vu nager, mais ne les avais surpris en train de couper des arbres que de loin avec des jumelles. Inquiétante, la vitesse à laquelle ils font tomber un arbre. Chez mon grand-oncle Nelse, nous avions un jour mangé de la queue de castor frite. Un mets très fin, disait Nelse, mais il vivait en ermite et aurait mangé à peu près n'importe quoi. Buvait aussi n'importe quoi. Un ignoble vin de framboise fait maison. C'est peut-être héréditaire, ce goût pour les rince-gosier campagnards.

En traversant la rivière à gué, je glissai et mouillai une de mes bottes. Je m'écartai alors du bord de l'eau pour arriver vers le nid à couvert par le bois. Je levai les yeux. Si les balbuzards planaient là-haut, ils me repéreraient dans un rayon de quinze cents mètres. J'avais lu quelque part que si nos yeux étaient proportionnellement aussi grands que ceux d'un faucon ils auraient la taille d'une boule de bowling. Et trois trous si doux. Je souffrais tout d'un coup du mal du minou. Un mal qui surgit sans prévenir dans la mémoire en Technicolor de tout un chacun, au milieu des bois, dans la taïga, l'Arctique, frappant sans distinction pilotes de chasse, sénateurs et peut-être même présidents. Les homosexuels souffrent sans aucun doute du mal du braquemart. Les arbres autour de moi ne m'étaient d'aucun soulagement. Une fille du lycée me branlant dans un drive-in, avec dans la voiture deux packs de bières achetés sous une fausse identité. J'avais espéré qu'on le ferait pour de bon, mais elle avait ses règles. Elle portait une bague trop grande pour elle et qu'elle avait entourée de sparadrap pour l'ajuster à sa taille. Ce sparadrap me fait mal, chérie. Changement de main et mouvement plus maladroit. Elle tète sa canette de bière et regarde le film. Sa main accélère au rythme de mes gémissements. Oh ouiii. « On en a foutu partout. » Elle s'essuya avec mon mouchoir sans quitter l'écran des yeux. Un deuxième essai, plus tard, mais pas transformé. Une scène qui devait se reproduire à travers tout le pays, jouée partout par les mêmes lycéennes en robe d'été bleu ciel. Plus maintenant, peut-être. Depuis la pilule, elles baisent toutes comme des visons femelles :

on appelle ça l'évolution des comportements sexuels. Et on les blâme, comme si la baise dévaluait la baise. Attendez de pouvoir prendre votre pied dans *votre* maison, ou *votre* voiture dans *votre* allée de la rue des Chênes, des Érables ou des Ormes d'une banlieue bourgeoise.

Perdu dans ma rêveuse vénération du cul glorieux, j'en oubliais d'avancer. Je devrais m'asseoir, maintenant, attendre et écouter, maintenant que me voici à quelques centaines de mètres du nid. C'était presque toujours par hasard que j'avais eu l'occasion d'observer des animaux sauvages. Le hasard et la fatigue. Épuisé par la marche, je m'asseyais, somnolais ou rêvais éveillé pour reprendre mon souffle, et souvent, une heure plus tard, un cerf, seul ou précédé de sa troupe, apparaissait. J'avais pu ainsi regarder un renard jouer avec une souris, la lancer en l'air, la reprendre dans ses griffes. Et un lynx s'approcher de l'eau pendant ma pause du déjeuner, un jour où je pêchais la truite. Quatre sandwiches et autant de gorgées de brandy par une fraîche journée, puis je m'étais réveillé pour apercevoir ce gros chat laper l'eau doucement à cent mètres de moi. J'avais allumé une cigarette et regardé attentivement mes mains. Elles étaient encore noires de résine de pin mêlée à de la poussière et sentaient le gin, seule forme d'alcool que je méprise. Tout ça parce que j'en avais vidé une bouteille et m'étais lavé les mains avec du savon à la résine de pin après avoir vomi plutôt violemment sur l'image que la glace me renvoyait de moi. Quand je commande une vodka au citron vert ou une vodka-martini et qu'on me sert du gin à la place, je souffre momentanément de nausée. Reprenez ça, s'il vous plaît, et servez-moi vite ce que je vous ai demandé, très vite.

Si le balbuzard est là, je m'inclinerai devant Dieu et ferai part de ma trouvaille aux autorités. Peu de leurs œufs résistent. Le D.D.T. a agi sur leur cycle de reproduction, et les coquilles sont trop fines pour supporter le poids du parent qui les couve. Il aurait fallu y penser avant de mettre le D.D.T. en vente. Bientôt, peut-être, des enfants humains au squelette trop fin tomberont raides morts sous l'impact d'une boule de guimauve crachée par un de leurs copains ou d'une balle de tennis perdue. De préférence des enfants d'actionnaires en bourse, mais on n'a pas toujours le choix. J'éteignis soigneusement ma cigarette dans l'humide humus, sous les feuilles. Je crus reconnaître le cri d'un geai bleu, mais c'était un geai canadien, je ne tardai pas à m'en rendre compte. Ils servent de sirène d'alarme dans les bois. Quelques écureuils roux folâtraient autour de moi, ayant de toute évidence décidé que j'étais inoffensif. Je ne m'étais jamais senti aussi inoffensif de ma vie. Pour une fois, je n'étais pas en train de me tuer consciencieusement à coups d'alcool. Si seulement j'avais eu du hash, histoire d'arrêter le temps de l'attente. Ou deux petits boutons de peyotl pour me souvenir des yeux veinés du balbuzard, ou le transformer en ptérodactyle. Même un peu d'herbe m'aurait suffi. J'aurais flotté au-dessus des brindilles, feuilles et broussailles qui bruissaient sous moi et fait un guet totalement silencieux et parfait, tout au moins dans mon imagination. Mais merde aux drogues et à l'alcool. Ce cerveau élargira seul son champ de conscience et voit suffisamment de fantômes comme ça. Depuis des années maintenant, la terre me paraît hantée. Des bêtes étrangères à toutes classifications zoologiques sévissent en d'indéfinissables configurations. On les appelle gouvernements. Blessures inguérissables faites sur toute la surface de la terre et que recouvre le tissu cicatriciel de notre présence vivante.

Le problème de fond : je ne veux pas vivre dans ce monde, mais je veux vivre.

J'étais bourré avant la fin de la matinée. J'avais fait le tour de Cheyenne et tourné écœuré mon pouce d'auto-stoppeur vers le sol. Vu dans un bar les trois cow-boys avec qui j'étais arrivé, mais ils avaient les yeux très vitreux et ne me reconnurent pas. Le chanteur chantait toujours sa ravissante petite chanson. Au Silver Boot, je soutins une longue conversation avec un rancher rougeaud de Greeley, Colorado, puis allai faire un tour avec lui au terrain de rodéo. Un type complètement démoli, qui haïssait le gouvernement, la religion, la guerre, sa femme et même son bétail. Pourtant il aimait les chevaux et parlait interminablement de sa jument Coup de soleil. Quand je lui demandai pourquoi elle s'appelait comme ça, il répondit : « C'est une longue histoire. » Mystère. Devant le terrain de rodéo, nous nous sommes éloignés l'un de l'autre parce que nous commencions à ne plus éprouver que de l'ennui à parler ensemble. Je me dirigeai vers les toboggans et regardai le bétail qu'on déchargeait. Ils avaient garé un semi-remorque l'arrière contre le paddock et en faisaient descendre des taureaux Brahma, antiques créatures dotées d'une grosse bosse entre les épaules. Pour un gentil million de dollars, oui, j'en chevaucherais bien un. Les yeux rouges, écumant de colère. Dans un autre enclos, un cow-boy dont la chemise en jean partait en lambeaux sélectionnait des chevaux sauvages. Ils galopaient sous son regard en bottant, les oreilles baissées. Son bras droit armé d'un fouet se repliait de temps à autre avec une force nerveuse. Un bras qui semblait capable d'étrangler un lion ou un gorille. Les cow-boys n'ont pas besoin de faire de la musculation pour développer leurs biceps. Ils travaillent dur, c'est tout. Cher voyageur qui traverses le Montana, le Wyoming ou le Colorado, et vois ces immenses meules de foin, arrête-toi un instant et comprends que le foin ne s'est pas entassé là tout seul. Un bon nombre de ces chevaux avaient sur leurs flancs de larges blessures ouvertes, marque des éperons qui s'étaient enfoncés trop profondément dans leur cuir, des entailles larges comme la main, crevasses à vif couvertes de mouches. Pour leur apprendre à garder les pieds au sol. J'ai toujours préféré les petits rodéos locaux où les bêtes sont plus fraîches. Je repartis vers l'autoroute, décidé à atteindre Salt Lake City avant le lendemain matin.

Point de balbuzard. Pourtant le nid semblait récent, utilisé peu de temps auparavant. De derrière mon écran de feuilles, à quelque cinquante mètres dans le bois, je crus distinguer sur son bord des plumes et le bout d'une queue de poisson. Rapace piscivore. J'en avais vu un un jour, qui planait au-dessus d'une mare, replier soudain ses ailes et foncer en chute libre, puis freiner au dernier moment, les serres tendues. Une gerbe d'eau et un brocheton de trente centimètres de long avaient couronné ses efforts.

Ma position accroupie était inconfortable. J'arrachai un gros paquet de fougères et rampai caché derrière leurs feuilles. Pas de serpents, s'il vous plaît. Un moustique entra dans mon oreille, je l'écrasai du doigt. D'après ce que j'ai compris, le cérumen sert à empêcher les insectes de pénétrer à l'intérieur. Je donnai environ une heure au balbuzard pour se montrer, ensuite je retournerais à l'embouchure de la rivière et essayerais d'attraper une ou deux truites. J'ai toujours aimé les rapaces, même le faucon ordinaire à queue rouge, bien que mon oiseau préféré soit encore le plongeon. C'est sa voix que j'aime, son long gémissement qui s'enroule, circulaire. Quelque chose entre le rire et la folie. Il y avait eu, quand j'étais jeune, tant de soirées au bord du lac où je les avais entendus, et, à l'aube, quand je me levais pour aller pêcher, j'arrivais souvent à les voir. De loin, car ils se tenaient toujours à distance. Nous avions un petit chalet que mon père et mes oncles avaient construit, sans électricité ni eau courante, et le puits était si profond qu'il fallait au moins deux cents coups de pompe pour faire monter l'eau. Un travail terrible. Mon frère et moi, chacun notre tour, ce qui nous valait de fréquentes bagarres, coups et roulades dans la poussière. Nous passions une bonne partie de notre temps à tuer. Grenouilles, escargots et tortues. Nous n'avions pas droit aux carabines, et il fallait tout faire à la main. Nous attrapions des serpents d'eau sur la rive, les assommions contre un arbre ou en fouettions l'air pour leur briser le cou. Nous mangions des quantités prodigieuses de cuisses de grenouilles. A l'âge de six ans, ma petite sœur était reconnue comme la championne de la pêche à la grenouille, avec un record de plus de cent en une journée. Elle passait des heures à les nettoyer et les dépiauter, puis ma mère les faisait frire et ma sœur et ses amies dévoraient le tout. C'était toujours difficile pour moi de repenser à elle; elle était morte à dix-neuf ans, avec mon père, dans un accident de voiture. Les deux actes de décès attribuaient la mort à une « macération du cerveau ». Ils étaient en route vers le nord où ils allaient chasser le cerf, une chasse qu'ils pratiquaient en se fiant presque totalement au hasard, et plus parce qu'ils aimaient marcher que tuer. C'est rare pour un père et une fille de chasser ensemble. Dans le bureau du notaire, j'ai vu par erreur les photos de l'accident qu'avait prises la police, la voiture renversée, le moteur enfoncé jusqu'au coffre par le choc. Impossible de dire qui conduisait. Je l'ai entrevue, un coup d'œil d'une fraction de seconde. Elle avait la tête en bas, l'irrégulière ligne noire d'un filet de sang barrait son front. Une autre voiture leur était rentrée dedans de plein fouet à cent vingt. Comme tout le monde était mort, personne ne saurait jamais vraiment ce qui s'était passé. Fou de rage, j'avais voulu partir là-bas pour tirer une balle dans la tête de ce chauffard, et peu m'importait qu'il fût déjà mort. Lorsque la police nous avait rendu le portefeuille de mon père et, allez savoir pourquoi, ses fausses dents cassées, j'étais allé jeter en cachette ces morceaux de porcelaine blanche dans le marécage où nous avions planté, des années plus tôt, des rosiers multiflores pour que le gibier s'y abrite. Pendant un an, ensuite, j'avais dormi les mains si serrées contre ma poitrine que je me réveillais le matin les épaules et les bras tout douloureux.

Je regardais toujours le nid, mais mes yeux n'y voyaient pas. Je pensais à ma sœur. J'espérais qu'elle avait fait l'amour avant d'être tuée. J'ai toujours pensé qu'on aurait dû appeler les hommes de cinquante ans en premier sous les drapeaux, puis ceux de la tranche d'âge immédiatement inférieure et ainsi de suite. Laisser aux jeunes la chance de pouvoir vivre un peu, de goûter les choses, avant d'aller se faire descendre au fin fond de la jungle. Et on devrait aussi systématiquement recruter au moins 25 % du Congrès. Leur faire tirer à la courte paille les missions en premières lignes. N'importe quel type de cinquante ans capable de faire un parcours de golf de dix-huit trous peut certainement utiliser son index atrophié pour appuyer sur une gâchette et ses jambes flageolantes pour avancer au milieu des rizières. Je devrais écrire aux autorités pour le leur expliquer. Personne ne serait exempté, pas même les présidents des chambres de commerce de nos charmantes petites villes. Je parie qu'ils se sentiraient alors considérablement moins américains. S'ils ont tellement envie d'agiter des drapeaux, qu'ils le fassent là où ça compte, sous le nez de l'ennemi. Cris et gémissements : mais je suis agent de change, pharmacien, dentiste, mes mains sortent à peine de la bouche d'un patient. Justement. Donnez aux jeunes le temps de manger, baiser, boire, aimer, voyager et avoir des enfants. Si ces ventres bedonnants ne sont pas efficaces, nous leur enverrons en renfort d'autres ventres bedonnants. Je parle évidemment du point de vue confortable d'un réformé, ayant eu un œil pratiquement arraché de son orbite par un cul de vase brisé, derrière un hôpital, quand j'avais cinq ans. L'œuvre d'une petite fille. Depuis, mon iris gauche tend vers le bord externe de la paupière supérieure, faisant à mon insu un clin d'œil permanent. Presque aveugle, il ne bouge que dans la lumière la plus violente et ne voit clairement que la pleine lune. Quand une fille me demandait comment c'était arrivé, je prétendais souvent avoir pris un coup de bouteille brisée au cours d'une bagarre qui s'était déroulée dans le quartier Est de Saint-Louis. J'étais alors correctement materné. Seins qui pointent, s'amollissent, repointent sous les caresses, et histoires tristes, solitaires. Les étudiantes se font souvent avoir avec le coup du sang indien. Mon teint mat et mes traits lapons petit patapon m'ont beaucoup servi. Comment ne me croiraient-elles pas? Je varie les tribus d'origine, allant des Cheyennes aux Cherokees en passant par les Apaches. Mais en ce qui concerne l'auto-stop, c'est plutôt un handicap. Les minorités sont toujours de sales minorités. On m'a posé la question mille fois : sang indien, ou mexicain? Les deux et ni l'un ni l'autre. Quel plaisir en Angleterre d'expliquer à un joueur de cricket baraqué que mes ancêtres les Vikings s'étaient follement amusés à terrifier les marins nains des Iles britanniques. Je me suis demandé pourquoi il prenait cet air vexé et je lui ai rappelé que la Grande-Bretagne avait conquis les si puissantes Indes et leurs millions d'habitants à moitié morts de faim, pathétiques et pacifistes, et que ce n'était pas un mince exploit. Vlan! D'ailleurs qui a donné au monde le pudding aux rognons? Et les fish and chips dans du papier journal? Et le cricket? Je m'étais fait un ami. Il y a toujours un petit malin d'Anglais pour venir nous expliquer que nous sommes minables, et en plus horriblement vulgaires. Je suis d'accord. Mais eux ont révélé il y a longtemps leurs instincts nazis : lors de la famine de la pomme de terre en Irlande.

Deux heures d'attente à l'échangeur. Toutes les voitures allaient dans l'autre sens, vers le rodéo. J'avais traversé la route pour aller boire un Coca dans une station Shell où je demandai une carte de la région. Le caissier me fit payer dix cents pour la carte. Il ne savait pas que, quelques années plus tard, je laisserais une ardoise de deux cent quatre-vingt-trois dollars sur une carte de crédit Shell et leur échapperais totalement jusqu'à ce que ma mère paie bêtement un de leurs représentants qui se présenta à sa porte un matin de bonne heure, armé d'un soi-disant document juridique. Hum hum. J'ai toujours rêvé d'avoir une de ces cartes de crédit vraiment bonnardes qui couvrent n'importe quelle dépense, youpi, ça c'est la vie! Mais on ne m'en a jamais accordé. Un pick-up conduit par un vieil homme s'arrêta enfin.

– Tu vas où? me demanda-t-il.

– En Californie.

– Ça fait loin.

En fait, il ne dit pas « loin », mais « un long morceau », comme seul quelqu'un dénué de toute instruction peut encore parler. Les gens instruits restent entre eux et parlent la langue des initiés dont personne d'autre ne possède les arcanes. Un sourcil relevé peut apporter d'infinies nuances. C'est pour ça que j'ai toujours préféré fumer de l'herbe tout seul, je ne supporte pas les mines affectées des tenants du culte, leurs gloussements, leurs regards entendus, leurs « ouahouou » et transferts d'énergie par onomatopées. Nous planons là-haut, tout là-haut, et sommes tous des gens bien. Non, pas spécialement.

Le vieil homme poussa son pick-up à cent vingt. Le Wyoming est plein de chauffeurs fous furieux. J'avais lu dans le journal l'histoire de ce type qui avait foncé dans un troupeau d'antilopes au moment où elles traversaient la route et en avait tué seize. Dans ces cas-là, la viande est généralement immangeable parce que réduite en charpie. La radio donnait les prix du bétail. Premier choix à trente-deux dollars le quintal, réclame et bas morceaux à vingt-quatre dollars. La bourse du fermier. Le foin était à vingt-deux dollars la tonne.

– Vous allez où? lui demandai-je.

– Creston, cinquante bornes après Rawlins.

Probablement une petite ville. Pas d'embouteillages, mais des voitures fonçant partout à toute blinde. Il m'y déposa deux heures plus tard, en plein milieu de l'après-midi, sans que nous ayons pratiquement échangé un mot de plus. Il m'avait expliqué qu'il était devenu partiellement sourd pendant la Première Guerre mondiale. J'avais un jour porté des livres dans un hôpital pour vétérans américains et j'avais eu droit à une rapide visite guidée au milieu des épaves. Anciens soldats enfermés là pour dix, vingt, trente ans, et quelquefois seulement atteints de peur incurable. Un de mes amis n'avait pas duré plus de quelques secondes en Corée. Il disait qu'à la première balle tirée dans sa direction il avait plongé sous un camion et s'était mis à hurler, pissant et chiant dans son froc de terreur. Après s'être assurés qu'il ne jouait pas la comédie, ils avaient fini par le démobiliser pour raisons médicales. Deux heures après la fin de l'escarmouche, un sous-lieutenant avait essayé de le persuader de sortir de sous le camion. Il m'avait raconté qu'il réclamait en sanglotant sa maman, son papa et les bons vieux U.S.A. Il avait dit au psy qu'il avait peur du noir, des chiens, des serpents, des appareils électriques et des femmes, et à part les femmes, c'était vrai. Le psy lui avait alors demandé s'il se masturbait, à quoi il avait répondu : « Souvent et sans résultat. » Puis il avait ajouté que depuis sa plus tendre enfance il rêvait d'épouser un footballeur professionnel, et le psy lui avait dit qu'il n'était qu'un lâche menteur mais ils l'avaient quand même démobilisé et il était rentré en un seul morceau. Il était maintenant agent d'assurances et parlait des expériences de guerre qu'il s'était inventées. Quand nous nous rencontrions par hasard, il détournait les yeux, mais, mû par la courtoisie de tout bon agent d'assurances, me proposait quand même d'aller boire un café avec lui. Non, s'il vous plaît.

J'entrai dans une cafétéria de Creston et mangeai un sandwich au rôti de porc chaud arrosé de sauce. Au-dessus de la caisse, un panneau disait : « En cas d'attaque atomique, prière de payer l'addition avant de prendre ses jambes à son cou. » Très drôle. Je mis un disque, la musique du film *Picnic*, et réfléchis à la vie tragique des voyageurs. En voyant le film, j'étais tombé amoureux de Susan Strasberg. Peut-être un jour quelque part ressemblerai-je à William Holden, alors une belle fille m'emmènera au bord de la rivière pour m'y offrir de partager ses victuailles.

Je n'étais de retour sur l'autoroute que depuis

quelques instants quand une voiture immatriculée à New York s'arrêta à ma hauteur. Deux étudiants qui parlaient de la fac. Ils allaient voir un ami à Salt Lake City puis continueraient vers la Californie.

– Cow-boy? me demanda celui qui conduisait.

– Ouais, répondis-je en baissant mon chapeau sur mes yeux.

Et je m'endormis.

Le rapace était dans son nid. Je me maudis d'avoir raté son arrivée. Il regarda autour de lui, sa tête tournait sur son cou à courts mouvements saccadés, puis il sembla s'assoupir, comme je venais de le faire pendant qu'il descendait. Il y a quelque chose de plus qu'un peu minable dans mon amour de la nature; presque chaque fois que je pars en randonnée, j'embarque d'encombrantes bouteilles de bourbon, tellement lourdes, mais tellement indispensables. Toujours obligé de me rationner pour ne pas me trouver à court et ne pas devoir quitter les bois plus tôt que prévu. Il ne faudrait pas boire du tout, à la chasse. Pourtant, je tète souvent en cachette une petite fiasque en aluminium. Assis à l'affût de canards, nous avions un jour avec un ami vidé une bouteille de scotch. A notre réveil, il faisait nuit. Il nous avait fallu aller retrouver la voiture dans le noir, un trajet pénible, plein d'embûches. Nous grelottions de froid, heurtions de plein fouet des arbres invisibles. Dans la taverne où nous nous étions arrêtés pour un rince-cochon, nous avions discuté de notre non-chasse. Les canards étaient-ils arrivés pendant que nous dormions d'un sommeil comateux? Peut-être. Nous avions joué au billard pendant des heures, puis nous nous étions serré la main en nous promettant de ne pas boire lors de notre prochaine chasse aux canards. On aurait pu se blesser, tu sais. D'aussi près, un calibre seize avec des magnums numéro quatre couperait un homme en deux. Et si, s'agitant dans son sommeil, l'un de nous avait fait sauter un cran de sûreté, appuyé par erreur sur la gâchette? Bang. Ou Bang bang bang, en cas de semi-automatique. Chasseur massacré dans accident de chasse.

J'observai l'oiseau pendant une demi-heure, puis il dut me sentir bouger. Il s'envola, un mètre cinquante d'envergure, ailes battant l'air, survolant l'intrus en cercles de plus en plus larges, de plus en plus hauts. Presque aussi grand que ces aigles qui volent souvent la proie du balbuzard, meilleur chasseur. Vu de près, un aigle royal est absolument terrifiant. Il y a au Texas un club de fermiers pilotes qui, de leurs avions, descendent des milliers d'aigles royaux en vol. Pour protéger leurs moutons. Ils ont remarqué, comme c'est bizarre, que ces grands oiseaux n'apparaissent plus aussi nombreux à la saison de la migration. J'aimerais être le Robin des Bois des aigles et débarrasser le ciel de leurs saloperies de Cessnas.

Salt Lake City à l'aube, quand les amants ronflent dans leurs oreillers et attendent que sonne le réveil. Les Mormons ont conquis cette vallée il y a des milliers de lunes, et y ont prospéré grâce aux coquines inconstances des Mordmonnœuds et au dur labeur des labours de la terre indienne que les Indiens n'avaient jamais cultivée. Puis une grande crise bouleversa la vallée terrifiée par un nuage de sauterelles qui obscurcit le ciel en plein jour. Alors ils prièrent l'ange Crétinus et bien sûr des mouettes foncèrent en formation d'attaque, un million de Messerschmitts oiseaux gobeurs. La vallée fut sauvée et les Mormons jurèrent de renoncer au café, au thé, aux cigarettes et à l'alcool. Ce n'est peut-être pas exactement comme ça que ça s'est passé, mais c'est à l'essence même de l'histoire que je veux m'attacher, aux grandes artères plutôt qu'aux insignifiantes cellules individuelles. A la vérité, ou d'après ce que nous savons maintenant de la vérité, chaque oiseau goba exactement cent sauterelles puis repartit. De nombreuses grâces furent rendues le lendemain matin devant des bols de café fumant, un café qui de toute façon coûtait trop cher, car il venait de Saint Louis et les frais de transport atteignaient à eux seuls environ trois dollars la livre. Pour remercier le ciel de l'arrivée des mouettes, les Mormons renoncèrent à tout vice ou stimulant coûteux, un sacrifice qui semble absurde, puisque les mouettes ne fument ni ne boivent. Puis ils élevèrent au milieu de la ville un grand tabernacle et décidèrent que nul n'y pénétrerait, que les élus. Vous pouvez entrer dans le bâtiment adjacent, y visiter un musée plein de vieux objets ayant appartenu aux pionniers ou y écouter un chœur chanter *L'Hymne de la bataille*, mais n'essayez jamais de vous introduire dans le temple. Il est gardé par des mouettes géantes dressées comme des faucons de chasse, équivalence blanche des corbeaux éternels de la tour de Londres. Des bruits courent selon lesquels les nègres ne pourraient pas devenir prêtres parce qu'ils sont les enfants du Porc, et pas du jarret de porc aux lentilles. Non, le Porc de l'Ancien Testament, celui que le peuple élu ne mangeait pas, bien que certains de ses membres l'aient apprécié en secret et s'en soient régalés la nuit. Ils furent découverts et, plutôt que de renoncer à leurs recettes préférées, partirent de Judée vers le sud jusqu'en Afrique où des années de soleil équatorial assombrirent leur peau. Voilà pourquoi ils ne peuvent être prêtres maintenant. Curieusement, les Mormons sont de nos jours de grands mangeurs de porc, mais les temps changent. Il est difficile de dire du mal de gens aussi sains, j'en ai eu quelques-uns pour amis et j'ai vu leurs yeux cligner douloureusement lorsque je buvais du café, que ce soit noir ou au lait, sucré ou non. Si quiconque, même répondant à un nom aussi banal que Smith *, Jones ou Brown, retrouve de nouvelles tables de la loi, il nous faudra y mettre le holà avant que la machine ne s'emballe. Le problème du déca est nul et non avenu.

J'avais bu rapidement un café puis demandé à la serveuse où se trouvait l'embranchement de la route 40-80 qui me mènerait à Reno après la longue et sinistre traversée du Nevada. Elle m'avait dit que, bien qu'ayant vécu là toute sa vie, elle n'avait jamais réussi à reconnaître les routes les unes des autres, à l'exception de celles de Provo et Heber, mais ce n'était pas ma direction. Son cerveau de serveuse baignait dans le caca de mouette et le beurre de sauterelle.

– Jolie ville que la vôtre, lui avais-je lancé.

– Nous en sommes fiers, avait-elle répondu.

Elle souriait sans découvrir ses dents, qu'elle avait vaguement vertes. Manque de calcium?

Je marchai au hasard jusqu'au moment où je rencontrai un policier poli à qui je demandai mon chemin. Il me regarda comme si j'avais caché des mitraillettes et des serpents venimeux dans mon barda, mais m'indiqua ma route avec une courtoisie peu commune dans les villes de l'Ouest. Des gens sains que ceux-ci, pensai-je une fois de plus. Ni vol, ni inceste, ni drogue, ni pornographie, des cuisines propres comme des sous neufs, de fraîches jeunes filles sachant préparer elles-mêmes la sauce du rôti. Il me fallut au moins deux heures pour arriver à l'échangeur, mais cette promenade devant d'humides pelouses vert émeraude et de confortables bungalows se révéla très agréable, malgré une échauffourée avec un chien plus matinal

---

* Fondateur de l'Église des Mormons.

que les autres. Le cran d'arrêt caché au creux de la main, je reculai devant la bête qui grognait, aboyait. Un bâtard de lévrier et de terrier à l'allure étrange. S'il sautait, je serais obligé d'enfoncer ma lame d'un coup sec dans sa gorge velue. En fait, il aurait chopé mon bras avant que j'aie le temps de sortir ma lame. Ils sont rapides, ces salauds. Et si je me mettais à marcher le couteau tendu à bout de bras, les mamans de la rue, déjà debout pour préparer le petit déjeuner familial, appelleraient la police, or mon cran d'arrêt napolitain à manche en os est tenu comme suspect par la loi.

J'entrai dans un routier près de l'autoroute, pris un café et regardai les chauffeurs d'un air suppliant. Je savais pourtant qu'ils ne pouvaient me prendre à cause des assurances. Tous les pare-brise des poids-lourds portaient la mention « pas de passagers ». Je m'assis à côté d'un type genre beatnik plus très jeune qui me jeta un coup d'œil de derrière ses lunettes noires à rabats.

– Tu m'emmènes?

– Tu as de quoi payer l'essence?

– Bien sûr.

Voilà comment j'avais traversé le Nevada dans un Dodge délabré conduit par un musicien au chomâge. Je n'avais commencé à me sentir à l'aise qu'après avoir passé le Grand lac Salé et Wendover et qu'on était entré dans le Nevada, qui arrive en deuxième position juste après le Texas sur la liste des États les plus hostiles de ce pays. Quand nous nous étions arrêtés à Elko pour casser une petite croûte, nous avions déjà parlé de jazz pendant quatre heures et étions totalement défoncés à quelque chose qu'il appelait Yucatan Gold. Plus que vingt-quatre heures de route. Demain nous traverserons le Bay Bridge de San Francisco. A condition que la voiture tienne le coup sous les quarante degrés à l'ombre du Nevada.

J'abandonnai ma planque dans les fougères vers ce que j'estimai être le milieu de l'après-midi, sous un soleil encore chaud et voilé, tandis qu'une légère brise écartait les moustiques. Le lac se ridait et l'eau poussée par le vent se brisait en petites vagues sur l'autre rive. Je me sentais joyeux, sans aucune raison précise – en dépit de tout ce qui existait sur cette terre. La forêt dans laquelle je me trouvais aurait aussi bien pu être une lointaine province chinoise quatre mille ans plus tôt. Pas la moindre trace d'avion à réaction pour souiller le ciel, les oiseaux muets dans leur silence de l'après-midi et un vautour solitaire, si haut qu'à peine visible. Peut-être vais-je me mettre à parler tout seul en chinois et à regarder si le F.B.I. n'a pas infiltré les marais. J'envisageai de contourner le lac pour découvrir un nouveau territoire, mais préférai aller pêcher à l'embouchure de la rivière ou dans l'étang des castors. Je voulais attraper de quoi me gaver à l'heure du dîner. Alors le sommeil viendrait facilement, sans fantasmes de whisky.

L'eau, plutôt turbulente près de l'embouchure de la rivière, avait perdu sa transparence limpide du matin. Ceux qui écrivent dans les magazines américains de « nature » font toujours allusion à de l'eau « claire comme du gin ». Pour moi, remplacez, s'il vous plaît, le gin par la vodka. Mais de toute façon, la grande majorité de ces écrivassiers sont des cerveaux boiteux qui ne connaissent véritablement de la proie dont ils parlent rien d'autre que la façon de l'attraper ou de la tuer. Je remontai lentement vers l'étang des castors, attentif à éviter tout bruit. J'entendis le « flap » avertisseur avant de voir quoi que ce soit. Papa castor veillait et les voilà maintenant réfugiés dans leur hutte en se demandant qui vient les déranger dans leur intimité. Ce son ressemble à celui d'une rame quand elle frappe l'eau de côté. Rame doucement, disait mon père, ou tu vas effrayer les perches. Un éclair de chaleur m'effraya, j'oubliai son avertissement. Il poussa son juron préféré, qu'il ne prononçait qu'en compagnie exclusivement masculine : « Nom de Dieu de putain de pneu à plat. » Je le repris plus tard à mon compte, provoquant des regards ahuris. J'ai commencé à jurer à cinq ans et ni la désapprobation maternelle ni les menaces d'applications de savon sur la bouche n'ont réussi à m'en décourager. Une fille s'était étonnée : « Mon papa ne dit jamais ça. » Je ne suis pas ton père, autrement je ne me serais pas violemment cogné le genou contre la portière d'une Buick Dynaflow. « Le sexe peut être si ennuyeux », avait-elle murmuré une autre fois dans le salon de thé russe. Peut-être, dans un asile de vieillards, ou avec un carcinome du côlon. Je creusai près d'une souche à la recherche d'une larve, d'un ver ou d'un mille-pattes. Je n'aime pas beaucoup toucher les mille-pattes ou les chenilles, mais ce sont de bon appâts pour petit hameçon. Tromper pour manger. Je piégerai le poisson et mangerai sa chair. Attendre dans le marais jusqu'à ce qu'une perdrix sorte en courant, lui faire sauter la tête d'un coup de carabine, l'enfiler sur une baguette de saule après l'avoir plumée, puis la faire rôtir. Nous finissions toujours par la manger à moitié crue, tant nous étions impatients. Déchirions la peau noircie comme nous imaginions que les sauvages le faisaient autrefois, à l'endroit même où nous étions assis. Cette drôle de sensation quand on trouve une tête de flèche dans un champ labouré, un fossé ou une ravine où le sol est érodé. Jeune, vous considérez les bois tout entiers comme votre « terrain de chasse », et, devant une tête de flèche, preuve que d'autres chasseurs vous ont précédé, vous restez frappé de stupeur. C'est maintenant presque une malédiction que d'avoir lu enfant Seton, Curwood, Jack London, tout Zane Grey, Kenneth Roberts, Walter Edmonds. Et je ne suis même pas « écolo ». Mon père consacra sa vie à la terre et ne retira de ses efforts que peu de joies. Ma lamentable sensibilité radicale s'oriente vers la dynamite et les explosifs en général. Mais je n'ai aucune envie de faire du mal à des êtres humains, à vrai dire cette idée me répugne. Les explosifs peuvent avoir des conséquences trop dramatiques. Je veux dire par là que si je pouvais faire sauter quelque usine de produits chimiques, sans que personne ne se retrouve ni blessé ni au chômage, je le ferais peut-être. Pas de cadeaux devant l'arbre de Noël, un salaud a fait sauter l'usine de papa et nous n'avons plus d'argent. Dîner de haricots au saindoux des surplus militaires. Teint brouillé. Ou, en chemin vers ces usines, je m'arrêterais dans un bar et boirais quelques doubles en écoutant Buck Owens chanter *Le temps des larmes est revenu, tu vas me quitter,* avec une boule dans la gorge. Je ne peux toujours pas écouter *Petrouchka* de Stravinski, le disque préféré de ma sœur. Avant mon premier départ pour New York, nous allumions une bougie rouge et l'écoutions ensemble. Et nous lisions Walt Whitman et Hart Crane. J'avais dix-huit ans, elle treize. Quand on a lu tous ces romans de Zane Grey et d'autres auteurs cités plus haut, il est tout bonnement impossible d'accepter le temps présent. Où est le champ extérieur? Vous ne pouvez manifester ni pour protéger votre ancien terrain, ni pour apporter la paix sur la terre. Je n'ai jamais ressenti de solidarité, sauf en faisant l'amour, ou face à un arbre ou un animal, ou absolument seul sur une rivière, dans un marais ou dans les bois. Je ne présente pas cela comme une vertu, mais comme un fait élémentaire. Un magazine libéral a un jour utilisé le mot « parasite » pour décrire cet état d'esprit. J'ai cru aimer Kropotkine, pendant un moment. Mes ancêtres, dans la mesure où ils savaient lire et écrire, étaient populistes. Il n'y a rien de romantique dans le fait d'être seul.

San Francisco. Voici la ville où je vais faire fortune, me disais-je plein d'espoir. Regarde les gens qui se bousculent à midi sur le trottoir de Geary Street. Habillés de laine, comme nous l'apprend le guide touristique, et très élégants. Probablement pas mon quartier. En me déposant, le musicien m'avait dit qu'on lui avait promis un engagement au Blackhawk. Passe me voir, avait-il ajouté. Mais l'endroit ne semblait pas à la portée de ma bourse. Ma seule cravate servait de corde pour attacher mon barda que j'avais déposé dans un placard de consigne à la gare routière. Si tu perds la clé, tu en es pour les dix-sept dollars que valent tes affaires. Il y a des jolies filles partout, j'espère que je vais m'en trouver une. Je remonte Polk, passe Sacramento, remonte Grant, avec son péril jaune, jusqu'à Green, près de la plage. En traversant Colombus je me fais presque renverser par un taxi. Je tape à une porte, là où devrait habiter un de mes vieux amis et où je pourrais m'allonger. Un homme avec des cheveux de fille répond à mes questions d'un air soupçonneux. Mon ami est parti pour Vancouver il y a un mois. Que faire, maintenant? Une seule solution, acheter le journal et chercher une chambre.

J'avais marché jusqu'à n'avoir plus qu'une envie, me débarrasser de mes bottes. Je sentais le liquide qui coulait de mes ampoules dans mes chaussettes. Ces bottes sont faites pour monter à cheval et rien d'autre. Non loin de l'Opéra, j'avais enfin trouvé une chambre, sous un pont d'autoroute dans Gough Street. Ce n'était pas cher, même en tenant compte du vacarme que faisaient camions et voitures au-dessus de nos têtes. J'avais été reprendre mon barda à la consigne et payé deux semaines d'avance, ce qui me laissait sept dollars pour vivre jusqu'à la fin des temps. Je bus à longues goulées au goulot d'une bouteille de sauternes, mon somnifère, et me mis au lit. Quand je me réveillai, vers minuit, mon portefeuille avait disparu de la commode et la porte était légèrement entrouverte. Quel imbécile. Il suffisait d'une petite règle en plastique pour pousser le pêne. Soixante-six cents de menue monnaie, et plus aucun papier qui me permette de dire qui je suis.

J'attrapai des tas de petites truites dans l'étang des castors, et regrettai de ne pas avoir ma canne à lancer. Où sont les parents de ces enfants poissons? Je les empaquetai dans de l'herbe et des fougères et repris le chemin du campement. Si j'étais un corbeau, j'y arriverais en une minute ou deux.

Il y avait des traces de pattes autour de la tente, mais tout était intact. J'avais pendu mes provisions de façon à ce qu'un animal ne puisse ni les atteindre directement ni comprendre ma ruse. Seul un singe aurait peut-être pigé le coup de la corde. Ça serait sympa d'importer des singes blancs du Japon, ils deviendraient fous furieux, ici. Je plongeai mon visage dans le ruisseau et bus, puis me lavai. Je fis frire les poissons jusqu'à ce que leur peau brunisse et les mangeai avec du sel, du miel et du pain. Je décidai ensuite de vérifier la carabine, essuyai l'humidité du canon avec mon foulard et appuyai rapidement sur la gâchette pour voir sauter les cartouches vides. Mange le plomb de la mort, coco, dis-je en visant le feu qui couvait sous ses cendres. Contrôlons les armes et arrêtons de tirer sur des héros. Ne laissons armés que policiers et soldats, comme ça ils pourront tirer à loisir sur qui ils voudront. La cavalerie tirant avec des Springfields sur des Indiens armés de haches, d'arcs et de flèches. J'avais essayé un jour un Sharps, modèle de chasse. Parfait pour les rhinocéros, avec sa cartouche lourde comme un bouton de porte. Je ne vais tuer ni président ni autre politicien, s'il vous plaît, est-ce que je peux garder mes fusils? Mais il faut interdire tous les pistolets. Saloperies d'engins. A Detroit, tout le monde en porte depuis les émeutes. Si seulement ils pouvaient se faire sauter les doigts de pieds! De toute façon, à moins d'avoir un sacré entraînement, un pistolet ne sert à rien. Il y a maintenant dix ans que je n'ai pas tiré sur un mammifère. J'ai envisagé la chasse à l'arc, mais c'est finalement aussi injuste. Un expert peut tuer n'importe quoi, même un éléphant – en tirant dans le foie avec une flèche lestée. Il y a tant de cerfs, maintenant que tous leurs prédateurs ont été tués, qu'il faut désormais leur faire la chasse. Quand on pend un cerf pour l'écorcher, il a quelque chose d'un peu trop humain à mon goût; dans cette position, ses pieds antérieurs ressemblent à des bras atrophiés dont on aurait arraché la peau, découvrant muscles striés, tendons, ligaments et un peu de graisse jaune. Le cœur est gros et chaud. Quand vous plongez la main dans l'entaille que vous avez faite sur son ventre et coupez l'œsophage, vous tirez vers le bas et les tripes sortent en paquet. Ensuite, vous découpez soigneusement le pourtour de l'anus, en évitant la vessie et le côlon, et votre cerf est alors prêt pour la boucherie. Les tripes disparaissent toujours dans la nuit. Un renard, peut-être deux, s'en sont régalés. Le foie est délicieux, s'il s'agit d'une bête assez jeune, mais c'est encore l'échine grillée que je préfère. J'ai déjà mangé du cœur frit, mais sa ressemblance avec mon cœur d'humain me gâche une partie du plaisir. Il y aurait, je crois, plus de végétariens, si chacun devait abattre la viande qu'il consomme. Anglais et Français mangent du cheval, mais, quand on parle avec eux, cela s'explique de soi-même assez subtilement. Un de mes amis du Montana a perdu un cheval qu'il avait entravé près d'une rivière; pendant la nuit, le cheval a trébuché, il est tombé sur la rive et s'est brisé le cou sur les rochers. C'était une bête magnifique, et mon ami en a été déprimé pendant des semaines. Quand il est revenu le lendemain, le cheval avait disparu. Un grizzly l'avait traîné sur plusieurs centaines de mètres en amont à travers les buissons et l'avait entièrement dévoré, ne laissant que la panse. Quelle force, et quel appétit! Il y avait aussi des traces de pattes laissées par deux oursons, mais un ourson de deux ans pèse plus de cent kilos. Ça a peut-être l'air bêtement sentimental, pourtant j'aimerais mieux tirer sur un humain que sur un grizzly ou un loup. Un choix qui ne se poserait de toute façon pour moi qu'en cas d'attaque, et malgré les mensonges répandus à leur sujet, les loups n'attaquent jamais les hommes. On sait que les grizzlys le font de temps à autre, et les hommes constamment. Je ne parle pas des guerres, mais de la vie de la rue, de tous les jours. Le directeur montre les dents et mord son associé à la gorge. Vous avez du sang sur votre cravate Dior, monsieur Bob, dit la secrétaire. Bagarre. Hold-up. Bataille de gangs. Birmingham. Detroit. Chicago. Coups de poing dans les bars. Épouse découragée gifle mari. Mari écrase son poing sur le nez de sa femme. Augmentation du nombre des enfants battus.

Assis dans mon lit, je me sentais vraiment stupide, désespéré, affolé : j'aurais voulu être à la maison dans le Michigan, là-haut dans ma chambre, la couverture militaire de laine kaki remontée jusqu'au menton. Mais mon père m'avait fait une réflexion plutôt sarcastique, quoique pleine d'humour, quand j'étais parti : « Tu peux rester jusqu'à ce que les merdaillons t'emportent par le trou de la serrure! » Humour campagnard, couleur locale. Cette ville est probablement pleine de voleurs. Des « monte-en-l'air », comme on les appelait avant. Je pouvais m'estimer heureux de ne pas avoir pris comme Marlowe un coup de lame dans l'œil pendant mon innocent sommeil. J'espère que mon voleur boira ces sept dollars, puis qu'il tombera sous un tram et que son corps sera découpé en trois. Une vieille femme de ma ville natale s'était suicidée en s'allongeant le cou sur des rails de chemin de fer. Sa tête avait rebondi comme un ballon de basket-ball jusqu'au point d'aiguillage, à une centaine de mètres du reste de son corps. Un incident dont on avait beaucoup parlé. Le mot d'adieu qu'elle avait laissé derrière elle était écrit tout en consonnes, et après s'être demandé si elle avait utilisé un code, le coroner avait décidé qu'elle était tout simplement folle. Ce matin-là, quand j'avais vu pour la première fois le pont du Golden Gate, j'avais pensé à toutes ces malheureuses créatures qui avaient enjambé son garde-fou. De cette hauteur, l'eau est dure comme du ciment, et, si vous sautez trop près d'un pilier, il s'agit carrément de ciment. (Fauché, des idées de suicide dans la tête, perdu loin de chez moi, je finis le sauternes.) Le problème, c'est que ça ferait mal. Au foot, pendant l'entraînement, je m'étais cassé l'arête du nez. Fracture multiple, os saillants, sang giclant comme un geyser. J'avais porté un étrange plâtre en forme de T pendant le reste de la saison. Il faudrait faire face à ce problème la tête la première.

J'étais sorti de la pension et m'étais dirigé vers

Market Street où j'avais l'intention de claquer mon pactole de soixante-six cents en crêpes, la façon la plus économique de remplir un estomac vide. Amidon. Manioc et tortillas, haricots rouges, patates, pâtes qui gonflent l'estomac pour pratiquement pas un rond. Je veux un jambon fumé entier comme celui que grand-père pendait dans sa cave. Et ces grosses tranches de bacon, pommes de terre et chou dans l'autre cave, plus fraîche, plus profonde. Couper la tête du poulet et le regarder courir en rond silencieusement puis, comme un boomerang, revenir s'abattre à mes pieds, et le manger frit quelques heures plus tard. J'étais passé devant l'Opéra et la place ornée de magnifiques parterres de fleurs. Je n'arriverai jamais ici au fond d'une limousine avec Wanda la débutante pour entendre le complexe *Lo Pigo* de Lambasta. Remplissez une demande d'emploi. Je chanterai la tyrolienne, monsieur, juste pour être nourri. J'avais commandé mes crêpes dans une cafétéria, et salivé en les regardant cuire sur une plaque douteuse. Triple dose de sirop d'érable pour l'énergie et tasse de café clair allongé de chicorée. Ils devaient filtrer et refiltrer le marc. Dans un coin, des chicanos rigolaient. Des journaliers prêts à aller au boulot. Après avoir fini mon ignoble repas, je m'étais approché d'eux. Quand je leur avais demandé où je pouvais trouver du travail, ils s'étaient tus. Ils me regardaient fixement, sans rien dire. Mais juste au moment où j'allais me retourner pour m'éloigner, l'un d'eux m'avait souri et dit que les camions de ramassage partaient tous les jours de Hosmer Street, en face de l'église, à quatre heures du matin. Il y avait là un bureau d'embauche, merci l'État de Californie. J'étais allé repérer l'endroit trois heures à l'avance, puis j'avais descendu Market Street, histoire de tuer le temps.

J'ai toujours aimé l'atmosphère qui règne dans les grandes villes après minuit, Times Square, Rush Street, Pershing Square et, là, Market Street. Ces infirmes qui ne sortent que quand le soleil se couche. Croiseurs en croisière. Prostituées cherchant clients – je ne fais l'objet que de brefs coups d'œil, il ne leur en faut pas plus pour évaluer mon peu d'intérêt. Sortie des cinémas et les bons citoyens se précipitent vers leurs voitures pour quitter le plus vite possible ce quartier. Et ils n'ont pas tort. Emmène-moi chez toi, je tondrai ta pelouse demain matin. Salut, cowboy, gazouille un pédé à mon intention, et je regrette de n'avoir pas laissé ce foutu chapeau dans ma chambre, mais je risque d'en avoir besoin dans la journée. Je voulais épouser la grande aventure, c'est raté. Être dans la Sierra, au sommet d'une montagne, pour embrasser l'aurore sur les lèvres. Air frais et pas d'accordéoniste aveugle jouant *Dance, ballerina, dance.* Je devrais lui dire que c'est un morceau réservé à Vaughn Monroe, tout au moins en ce qui me concerne.

De retour devant le bureau d'embauche, avec encore une heure d'avance. Des gens commencent à arriver. Des ivrognes, pour la plupart. Et des femmes et des hommes noirs, avec leur déjeuner dans une gamelle. Qu'est-ce que je vais manger? Une de mes mains? Le camion des journaliers est là, un semi-remorque bâché. Puis un car délabré se gare à côté de lui. Nous sommes au moins cinquante, maintenant, qui murmurons dans le demi-jour. L'église catholique d'en face est en stuc rose et les premières lueurs de l'aube éclairent son beffroi où des dizaines de pigeons roucoulent et caquettent. Le contremaître, un Noir superbaraqué, me dit de monter dans le camion, après s'être assuré que je ne suis pas bourré. Il a déjà refusé trois poivrots qui se tiennent à l'écart en jurant. Il fait si sombre, à l'intérieur, que je ne distingue que des bouts rougeoyants de cigarettes. Le camion démarre, s'éloigne. Je regarde les rues s'enfuir en me demandant où je vais, ce que je vais aller cueillir et dans quel champ. Je pose la question au type qui est assis à côté de moi, et il répond dans un jargon du ghetto que je comprends à peine qu'on ne sait jamais, mais qu'on est toujours de retour à Frisco dans la soirée.

Au milieu de la nuit, après avoir entendu ce que je pris pour des bruits de pas dans les buissons, je me levai et allumai un feu. Du bois sec, facilement arraché à une vieille souche de sapin, qui brûlait vite, avec un sourd grondement. Combien de temps y avait-il qu'on avait coupé cet arbre? Mon esprit sombrait dans une petite boule noire. Sans projets, comment voyagerai-je jamais en première? Je veux retourner un jour à San Francisco et descendre au Palace, au Fairmont, au Mary Hopkins ou au San Francis. Merde aux entreponts de troisième classe et au mépris général. Avais été arrêté pour vagabondage à Fraser dans le Colorado, parce qu'il me manquait deux dollars pour avoir la somme qui fait de quelqu'un un citoyen ordinaire. Et interpellé dans une petite ville près de Topeka par un adjoint du shérif dont la vieille guimbarde portait la mention « adjoint du shérif » peinte à la main sur la portière. Il s'ennuyait et avait envie de parler à quelqu'un. Puis vint la question que posent toujours les pédés qui veulent vous draguer : « Tu as une petite amie? » Oui, bien sûr et un énorme braquemart, mais t'auras même pas droit à y mettre la patte. En uniforme ou non, ils sont uniformément gentils quand ils vous draguent. Un autre, à Walthman, avec son saint Christophe sur le tableau de bord. Une statuette à laquelle il aurait fallu bander les yeux, pour qu'elle ne soit pas obligée de regarder les pipes que l'autre se faisait faire. Un peu de respect pour les saints! Et les propositions de cet ancien combattant qui devait parler dans un haut-parleur à batterie maintenu contre sa gorge. Un bruit de magnétophone mal réglé, sa question obscène comme un quarante-cinq tours passé en trente-trois. Ça aurait été plus intéressant si la machine avait accéléré sa voix en un charabia fébrile et aigu de chipmunk. Mon cerveau se rétrécissait perceptiblement. Tout en regardant le feu dans la nuit et en me demandant si j'étais destiné à faire partie de ces fragiles individus qui se réduisent sous l'effet de la douleur à quelques grains de poussière et sont balayés dans les asiles de fous, je me sentis pris d'une espèce de nausée tourbillonnante. Je ne suis pas un Heathcliff, il n'y a autour de moi ni vastes landes, ni chiens de chasse. Où est « celle » qui me sauvera, qui me sortira de cette énigme qui ne fait que mener à une autre? J'ai perdu ma foi en ce que je croyais être « comprendre les choses », en ces diverses langues qui, sous mon crâne, parlaient quotidiennement d'alternatives, résistance, divisions, instructions, directions. Toutes les sensuosités intérieures du langage et du style. Et je vis la vie d'un animal et transmute mes enfances, enfances au pluriel parce que je répète toujours, ne conquiers jamais, vie en forme de cercle plutôt que serpentin ou spirale. Je me suis dit : « Va dans les bois, là-bas », mais trouverai-je à mon retour une langue commune? En avons-nous besoin? Une telle langue a-t-elle jamais existé en ce monde? Je le crois. Avant une mise à mort par pendaison ou guillotine, les acclamations suivaient le même arc sonore, venaient d'une seule immense gorge. Seuls les rois ont besoin de porte-parole. Quelque part dans l'ombre un loup dit à un autre ses instincts limités. J'imagine qu'il sait qu'il reste peu de ses semblables. Sur l'île Royale, ils contrôlent seuls leur population. Je parlerai à Villon ou à Marlowe, ce soir quand le feu s'éteindra. Je n'ai fait que flotter.

Les jours suivants on m'avait emmené à Stockton, Modesto, San José, dans ces champs de haricots qui s'étendent à l'infini. Je cueillais très lentement, épuisé par la chaleur, me grattant sans arrêt à cause de la poussière des haricots et des pesticides. Pour chaque panier de quinze kilos, on nous remettait soixante cents, ou on nous poinçonnait un ticket. Le contremaître préférait le système du ticket, qui lui permettait de garder les journaliers avec lui. Le premier jour, je n'avais rapporté que quatre dollars vingt. Puis j'avais fini par oublier l'ennui et la fatigue et étais arrivé par la suite à une moyenne quotidienne de sept dollars. Les chicanos se faisaient souvent quinze dollars par jour, parce qu'ils avaient de l'expérience, mais était-ce vraiment un avantage? Le contremaître me houspillait perpétuellement, je lui répondais par un sourire idiot. Plus tard, quand j'étais devenu chef d'équipe dans le Michigan, j'avais agi comme lui, je tournais autour de ceux qui lambinaient, les insultais. La cueillette des pommes est la seule forme civilisée de ce genre de boulot, elle a lieu à l'automne, lorsqu'il fait plus frais et n'exige pas qu'on soit courbé en deux toute la journée. Le concombre vient en bas de la liste de mes préférences.

Le quatrième jour, je n'étais pas rentré avec le camion. J'avais fait à pied les quelque dix kilomètres qui nous séparaient de San José et, arrivé aux abords de la ville, j'avais acheté trois pamplemousses que j'avais mangés en marchant. Il y avait dans le fossé un bruissement perpétuel qui s'arrêtait quand je m'arrêtais. Des petits lézards à qui j'avais lancé des pierres. Aucune voiture ne s'était arrêtée pour me prendre, mais des jeunes, qui semblaient bien se marrer, avaient jeté en passant un pétard qui avait manqué ma tête de peu. Je les avais regardés s'éloigner en me disant que je les retrouverais à San José et qu'alors je pourrais foutre une trempe à quelqu'un. Les pamplemousses étaient délicieux, le jus dégoulinait sur ma chemise, ma meilleure chemise blanche, que j'avais laissée toute la journée accrochée à un poteau pendant que je ramassais les haricots. Il y avait un bal ce soir-là et je voulais me faire beau. Je me sentais riche avec mon billet de vingt dollars dans ma chaussette droite et quelques petites coupures dans ma poche. Un camion diesel était passé si près de moi que j'avais vacillé sous le coup de vent. Le salaud avait peut-être fait exprès. Je m'étais alors senti très proche de tous les gens de ce pays qui avaient la peau couleur chocolat. Travaille dur et joue le jeu. Honte à celui qui n'économise rien sur son maigre salaire et ne vit pas comme monsieur tout le monde en Amérique profonde. Je pensais à un de mes oncles qui vivait au fond des bois et préférait la compagnie de ses chiens bourrés de tiques à celle des gens. Sa ravissante femme, ma tante, était morte d'un cancer et leur fils aîné dans un accident de voiture. Le coup du lapin, aucune blessure apparente, rien qu'une fracture interne. Le jour de l'enterrement, je l'avais regardé de près et j'avais décidé qu'il n'était pas mort. En revanche, quand ma tante poussa son dernier soupir, personne ne pouvait avoir le moindre doute : elle était passée de cinquante-neuf à trente kilos et s'était éteinte chez elle sur un divan, au milieu de ses autres enfants qui jouaient à la pinocle. Ils avaient eu le temps de l'embrasser et de lui dire adieu.

J'avais trouvé une chambre vraiment pas chère, mais non sans m'être fait d'abord jeter sans raison de deux autres hôtels. J'avais pris un bain et m'étais regardé dans la glace. Peau couleur café et chemise tachée de jus de pamplemousse. Puis j'avais marché jusqu'à un jardin où je m'étais assis sur un banc à l'ombre d'un palmier pour lire *Life*. Une famille de chicanos avec qui je ramassais les haricots m'avait salué en passant, et ça m'avait fait plaisir : je connaissais des gens dans l'Ouest, ma Terre Promise. La lecture de *Life* me donnait la sensation que j'étais en train de rater pas mal de bonnes occases; c'était un numéro spécial sur les starlettes de l'année, et il y en avait une vraiment très belle. Depuis, elle avait disparu. Où vont toutes les starlettes qui disparaissent? A Las Vegas et Manhattan, où elles prennent cinq cents dollars la nuit aux amateurs de gymnastique perverse avec appareillage électrique et décor de velours mauve. Quand je serai président-directeur général, je rencontrerai une ex-starlette, elle aura vingt-sept ans, et je lui ferai une proposition vraiment ignoble, quelque chose qui lui fera sortir les yeux de la tête, comme ceux de Satchmo. Il faudrait qu'il y ait une histoire de vache poussée du haut d'un gratte-ciel. Un monsieur à cheveux gris, en pantalon de toile tout éclaboussé de sperme, s'assit à côté de moi. Fous le camp ou j'appelle la brigade des mœurs, lui dis-je. Et tous ces films qui m'ont rendu amoureux fou de stars, en ordre chronologique, Ingrid Bergman, Deborah Kerr (dans *Quo vadis,* quand elle se fait presque encorner par le taureau), Ava Gardner, Lee Remick, Carol Lynley, et, des années plus tard, Lauren Hutton qui est mannequin et comparativement inconnue. Si seulement elles savaient comme on est bien en ma compagnie. Uta Hagen, Shelley Winters et Jeanne Moreau me font peur. Quant à Catherine Deneuve, elle est trop agressivement dépravée dans un certain film de Buñuel.

Je m'étais réveillé le lendemain vers midi avec une incroyable gueule de bois. Le bal avait été un échec relatif; la fille que j'avais repérée dans les champs et soigneusement entretenue de polis bavardages avait un petit ami. La musique mexicaine était trop triste et j'avais passé presque toute la soirée et dépensé presque tout mon argent au bar. Je buvais de la tequila, passais de la musique country au juke-box et parlais avec un journalier philippin assez bourré qui prétendait que les chicanos en avaient après lui. J'étais ensuite allé manger un énorme plat combiné dans un restaurant mexicain, après quoi j'avais eu du mal à retrouver mon hôtel. Quand j'avais appuyé sur l'interrupteur, dix mille cafards exactement avaient plongé à couvert. Une chance que je n'aie pas peur des insectes, même pas des araignées. Avant de m'endormir, j'avais entendu le bruit sec qu'ils faisaient en tombant du plafond sur le lit. J'avais crié « chut », mais ça ne leur avait fait aucun effet. Dans le car qui me ramena en ville, je me glissai habilement à côté d'une fille qui refusa de me parler. Oui, ma petite, je suis psychopathe, violeur et maniaque du doigt dans le cul. De retour dans ma chambre de Gough Street, j'avais longuement regardé passer taxis, camions et messagers du Seigneur en motos à guidon haut. Mon barda était toujours dans le placard, j'avais encore une semaine de loyer d'avance et de nouveau sept dollars à claquer dans les plaisirs de la ville. Le lendemain matin de bonne heure, j'achetai un plan et partis me promener.

Il y a un constant besoin à réordonner les souvenirs, à écarter tout événement qui tombe entre la joie et le dégoût absolu. Certains choisissent même de laisser de côté le dégoût. Je repense pourtant souvent à des gestes de gentillesse ordinaire. Une serveuse qui me laissa dormir sur la table dans l'arrière-salle d'un restaurant près de Heber, Utah. Un trajet à l'arrière d'un pick-up avec les enfants d'un fermier, et ce dernier qui me passait sa bouteille tout en conduisant plein pot à travers les monts Uinta et Wasatch. Ou un vieil ami du lycée qui m'envoya cinquante dollars parce que « si tu choisis l'art, tu auras peut-être des moments difficiles ». Il venait de voir un film qui racontait la vie de Vincent Van Gogh. Ou encore cette femme que j'avais rencontrée près de Sather Gate à Berkeley alors que j'errais dans le coin avec l'espoir qu'on me laisserait entrer dans la bibliothèque. Personne ne me posa de question. Elle était bibliothécaire adjointe et passa des heures à faire pour moi des recherches sur les poètes provençaux. Non qu'ils m'aient jamais intéressé, mais je m'étais dit que ça ferait bien. Un jour où nous nous promenions dans le jardin à l'heure du déjeuner, je l'invitai à dîner. Nous nous étions assis sur l'herbe et, au bout d'un moment, elle avait dit non, que, de toute façon, je ne pouvais probablement pas me permettre d'inviter qui que ce soit à dîner. Je lui répondis que j'arrivais à économiser sur le loyer car je vivais dans un immeuble abandonné de Green Street avec huit ou neuf autres paumés pour la plupart assez jeunes et presque continuellement défoncés. Elle faisait un peu bobonne, mais n'en était pas moins charmante. Après le travail, elle m'emmena chez elle. Je restai au moins une heure sous la douche, puis mis un pyjama de son mari, pendant qu'elle lavait mes vêtements. Ils étaient séparés, en train de divorcer. Elle avait environ trente-cinq ans, et était un peu trop grassouillette à mon goût mais fut, à mon grand étonnement, la meilleure amante que j'avais jamais eue. Très directe, ne faisant aucune de ces difficultés dont sont coutumières les jeunes filles. Quand je la quittai, une semaine plus tard, je n'eus pas particulièrement la sensation d'une perte, parce qu'au fond elle ne m'avait jamais vraiment attiré. Je me montrai très adulte, l'embrassai gentiment et montai dans le bus qui me ramena de l'autre côté de la baie. J'avais grossi d'au moins trois kilos et je sentais bon le savon. Assez.

Un truc curieux, à propos des femmes plus âgées, je veux dire de plus de trente-cinq ans. C'est agréable de se sentir apprécié et de ne pas être obligé de supplier pendant des heures le nez devant la tabatière. Il n'y a là aucune condescendance, ce n'est qu'une simple constatation que j'ai pu faire à l'âge de vingt et un ans. Fini les interminables séances de pelotage et les retours où l'on peut à peine marcher tellement on a mal aux roustons. Les valseuses désespérément enflées. Cela arrive probablement moins souvent de nos jours, avec la culture vison qui marche à fond. Je me souviens être resté deux heures à lire *Lolita* dans une librairie, puis être ressorti dans la rue les yeux fixes, un vrai satyre. Ce qu'est le pouvoir de la littérature... Que dit Earwicker dans *Finnegan*, déjà? Ah oui : « J'ai appris toutes les règles du plus vieux des jeux de ma vieille Norvégienne Ada. » Nous savons tous combien sont délicieux les jeunes corps fermes, bruns ou roses immaculés, crêpes suzette ou pêches melba. Mais ils nous entraînent dans des carrières de Don Juan où trop de temps se perd, et il y a quelque chose de douteux à toujours vouloir fourrer l'infourré. Bob disait : « J'étais le premier, j'étais le premier j'étais le premier », comme s'il avait découvert un nouveau pays ou un vaccin. Instinct d'archéologue. Besoin de se glisser plutôt que de plonger carrément. Et comment voulez-vous être moins qu'acceptable, si vous êtes un des premiers à monter la génisse? Je me souvins être remonté en car de Barstow un soir de l'année précédente. Il était plus de minuit, nous traversions sans la voir la verte vallée de San Joaquim et j'étais assis à côté d'une fille qui venait droit de Vegas, une semi-pro en robe de satin blanc et hauts talons de plastique transparent. Ses longues jambes brunes. Nous avions bavardé pendant une heure et quand nous avions commencé à nous peloter, elle avait dit : « Je ne sais pas pourquoi je fais ça. » Je m'étais brûlé les doigts avec ma cigarette qui se consumait pendant que nous nous embrassions à bouche que veux-tu. Je ne pouvais quand même pas laisser tomber mon mégot sur sa robe. Difficile d'opérer dans un car, et même impossible d'arriver à autre chose que ses expertes caresses. Autour de nous, dans le noir, des retraités grincheux. Trois de mes doigts dans son humidité qui soignait ma brûlure, un remède révolutionnaire : à l'aube, elle était cicatrisée.

Quand j'étais rentré aux Jardins Suspendus, on m'avait volé mon barda. J'étais alors descendu faire la manche au croisement de Broadway et Colombus avec un ami d'Albuquerque et nous avions ramassé de quoi nous acheter de l'herbe, à manger et un gallon de vin. Nous avions volé du vin la semaine précédente mais cela nous avait valu une course effrénée à travers Chinatown et mon pote avait perdu une de ses sandales. Nous avions caché le reste de nos provisions et étions partis faire un petit pique-nique dans les buissons de Coit Tower avec un paquet de gâteaux roulés, l'herbe et le vin. Épouvantablement bourrés et défoncés, nous regardions un énorme navire de la Matson Line sortir du port. Un jour tout ça sera à toi, Mary Lou. Tout ça. En voyant deux policiers s'avancer vers nous à travers les buissons, Walter avait avalé la fin du joint. Qu'est-ce que vous faites là, les gars? On admire notre belle ville, monsieur l'agent. Sûr que la vue est magnifique, ici. Il vaut toujours mieux se montrer avenant avec les flics, en général, ça leur coupe la chique. Même ceux qui ont été des marines se souviennent encore des parties de rigolade sous la tente au bon vieux temps des scouts. Walter les manœuvrait merveilleusement. Alors qu'ils se baladaient à la recherche d'éventuels contrevenants à la loi, précisément ce que nous étions, il leur avait proposé de réciter un de ses poèmes intitulé « Les hommes en bleu. » Ils nous avaient dit de lever le camp, car nous risquions de nous faire attaquer. Mon Dieu que cette ville est dangereuse! m'étais-je exclamé.

Nous étions descendus jusqu'à la boulangerie de la Coexistence où un journaliste anglais nous avait offert une bière et une salade de macaronis pour savoir toute la vérité sur cette fameuse Renaissance de San Francisco dont on parlait tant depuis quelque temps. Walter avait répondu que c'était à Kansas City que la vraie Renaissance se passait et conseillé à notre bienfaiteur de se rendre là-bas pendant qu'il était encore temps. Ce genre de phénomène disparaissait souvent très vite. A propos de disparition, craignant celle de notre bienfaiteur, j'avais vite commandé une autre portion de macaronis. Un homme assis à la table d'à côté, vêtu d'un costume, se cachait derrière son journal. Nous avions expliqué au journaliste que c'était un agent de la brigade des stups et qu'un citoyen anglais dont l'attaché-case contenait un kilo de dope pouvait se faire expulser vite fait bien fait. Une fois dehors, nous étions restés plusieurs heures au coin de la rue, juste devant la devanture de la Bagel Shop, à bavarder avec des gens dont nous ne connaissions souvent même pas les noms. Là-dessus était arrivé Billy le mac, qui nous payait souvent à manger pour ne pas être seul à table. Il vivait maritalement avec une femme qui faisait des passes à cinquante dollars dans les conventions et me donnait de temps en temps un billet de vingt, en me rappelant que c'était de l'argent durement gagné. Il avait aussi deux étudiantes qu'il avait « mises au vert » dans des bordels secrets de Chinatown où on les garderait, disait-il, pendant au moins deux ans. Alors, il pourrait compter sur elles, car il serait le seul Blanc qu'elles auraient jamais vu. Il prétendait se faire cinq cents dollars par jour, ce que je croyais sans mal, car il en dépensait cent en héroïne et était toujours magnifiquement habillé. J'avais dîné un soir avec sa femme et lui et nous avions bavardé presque toute la nuit en nous enfilant des amphés. Billy maintenait que, tant que sa femme se faisait bourrer pour l'argent, il n'y avait pas de problème, mais que si jamais elle allait au pieu avec un autre sans le faire payer ça deviendrait de l'adultère, et il serait obligé de la punir. Ce raisonnement confondait mon esprit protestant. De vrais dépravés, ces gens avec qui je suis assis dans cette pièce et à qui je parle. Elle avait ri et raconté des histoires à propos des « michetons », m'expliquant que, la plupart du temps, ces ventripotents politicards n'arrivaient même pas à bander mais ce qu'ils voulaient surtout, c'était que leurs amis les prennent pour des baiseurs insatiables. Du travail facile, et ils la suppliaient de ne rien dire. A qui j'irais dire quoi que ce soit? me demanda-t-elle. J'étais parti avant de me mettre en colère à propos des deux jeunes prisonnières. Billy disait qu'elles s'étaient habituées et attendaient avec impatience ses visites hebdomadaires, mais si elles s'évadaient, il les tailladerait – un coup de rasoir ou de couteau le long du nez puis en travers des lèvres. Une blessure difficile à arranger correctement; le traitement habituel des putes récalcitrantes. J'étais écœuré comme je ne pensais encore jamais l'avoir été. Ces pauvres filles livrées aux

Chinois. Haleine de mange-tout. A la suite de cette soirée, j'avais évité Billy.

Appuyés contre une voiture, nous parlions de la Mission Saint-Antoine où un repas gratuit était distribué tous les jours à midi. Certains clodos y apportaient des pots de confiture vides pour ramener la nourriture que leurs estomacs pourris ne pouvaient ingurgiter. J'y avais mangé plusieurs fois avec Walter et quelques autres mécontents de North Beach, et chaque fois j'avais eu beaucoup de plaisir à parler aux moines. On avait aussi droit à des vitamines et souvent à de la glace pour dessert. Mais après quelques mois, la vie de la rue commençait à me lasser. A Fillmore, pendant une fête qui avait duré trois jours, j'avais assisté à une partouze assez ignoble. La fille était trop jeune et complètement raide, bien que ravissante. Bongos, gin et tout le tralala. J'avais regardé dans la chambre, vu ses cheveux blonds étalés humides sur l'oreiller, ses yeux fermés, ses paupières serrées de douleur. Il en restait cinq ou six qui n'avaient pas encore été servis. J'étais parti vers trois heures du matin et j'avais pris le car des journaliers afin de gagner de l'argent propre et pouvoir de nouveau louer une chambre. Peut-être allais-je retourner à Berkeley et me remettre avec la bibliothécaire. Ou économiser de quoi retourner dans le Michigan.

J'avais travaillé pendant quatre longues journées avec un groupe d'ouvriers migrateurs qui habitaient Oakland, de l'autre côté de la baie, et n'étaient pas en Californie depuis assez longtemps pour avoir droit aux allocations. Ils me rappelaient ces visages entrevus en traversant en car Atlanta, tard un soir, des visages d'une pâleur extrême, encadrés de longs favoris, avec ces bouches si minces. Le plus vieux de tous les Américains. Debout devant un caboulot, fumant, des musiciens avec, en guise de cravate, un lacet noué sous le col faisaient la pause. Mais j'aime la musique et si on pliait le pays en deux par le milieu, horizontalement, on s'apercevrait que les gens des campagnes du Nord reflètent leurs homologues du Sud. Pauvres. Souvent salauds avec les étrangers. Méprisant la loi. Tenant le coup les uns grâce à l'alcool, les autres grâce à cette religion fondamentaliste « d'autrefois ». Pourtant, il y en avait certains que j'aimais bien, une vague forme d'identification lorsque nous parlions de chasse et de pêche à l'heure du déjeuner. Ils admettaient sans mal haïr Oakland, mais malheureusement il n'y avait pas de boulot chez eux, et ils avaient été obligés de venir dans l'Ouest. Ce vieux chariot qui avance sur les pistes. Ils sont comme les Joads venus il y a trente ans et qui depuis se sont habitués au chrome et au néon, oubliant leurs champs de coton abandonnés. L'ignorance ne fait que s'accroître graduellement, elle s'épaissit comme les sédiments qui s'entassent à l'embouchure d'une rivière. Les pauvres sont instinctivement soupçonneux mais les riches aussi, et la classe moyenne l'est encore plus qu'eux tous.

Cette nuit-là, assis devant mon feu, j'entendis hurler loin vers l'ouest, peut-être à plusieurs kilomètres. Un loup, sûr et certain. Je n'étais jusque-là parti en randonnée qu'en direction du lac, à l'est, ou de ma voiture, au sud-ouest. Le lendemain, je me dirigerais vers les collines au nord et à l'ouest du campement. Ils prétendent que les Indiens extrayaient du cuivre dans cette région il y a quatre ou cinq mille ans, avant que Jésus n'entre à dos d'âne dans Jérusalem pour sa dernière confrontation politique. Tout radicalisme en moi trouve son origine dans la lecture de la Bible. Devenir adulte dans le ras-le-bol Eisenhowerien a attisé ce feu. Ce sombre hiatus dans les énergies qui se créent chez ceux dont la vie n'a été qu'une succession d'injustices. Il y eut cette période soi-disant éclairée et de calme relatif où les puissants de la nation jouaient au golf et ramassaient des milliards. Le Congrès se mettait collectivement les doigts dans le nez, grognait des grotesqueries et se vautrait paresseusement dans la boue. La nation a continué à chier dans sa boîte de sciure et ne s'en est aperçu que récemment. Et cela longtemps après que toute avidité apparente eut été bannie et simplement appelée « faire des affaires ». Les affaires des affaires sont les affaires. Vendre du vent. Difficile de comprendre comment une nation qui est née d'un vol et s'est développée grâce au meurtre peut ainsi perdurer. Mais la malédiction au sens de l'Ancien Testament n'existe pas : la malédiction est contemporaine et méritée chaque jour. Derrière le masque des apparences, se cache un crâne en plastique. Automne cheyenne. Et dans les cales des navires des millions d'esclaves dont les esprits pourrissent jusqu'à accepter la servitude. Partant d'une base aussi douteuse, comment concevoir une nation en paix? Il y a une semaine, j'ai vu dans le journal une photo du président et du vice-président en train de faire du sport. Les tétons pendouillant légèrement sous leur chemise de golf, ils ressemblaient à des coiffeurs en pique-nique du dimanche. Et derrière eux un caddy superchargé pour accompagner ces éminences de trou en trou. Le monde entier en guerre, l'océan couvert de pétrole et les baleines presque toutes mortes. Ses prophètes gémissent et jouent ron-ron-petit-patapon. Martin Luther King mort après avoir vu la face de Dieu, émerveillé par sa Gloire. L'apocalyptisme désespéré des jeunes nourris de hard-rock et d'amphétamines. J'ai à peine plus de trente ans, pourtant c'est du XIXe siècle que je viens, d'un monde coiffé d'un couvercle. Je me sens destiné à ne rien faire à propos de rien. Peut-être ressusciterai-je quelques animaux dont je volerai les peaux sur des manteaux accrochés au vestiaire ou oubliés par terre. Je les entasserai en un énorme monticule, jusqu'à ce qu'il y en ait assez pour des funérailles dignes de ce nom. Les arroserai de kérosène. Y mettrai le feu avec une flèche enflammée, bien entendu, et m'assiérai avec mes chiens pour regarder la conflagration et, si j'ai assez bu avant, j'enlèverai tous mes vêtements et je danserai autour de ce feu monstrueux, chantant et hurlant avec mes chiens jusqu'à ce que toutes ces bêtes reviennent à la vie ou que je voie leurs âmes et leurs fantômes s'élever en flottant dans les tourbillons de fumée. Alors je me roulerai dans les cendres, la pluie commencera à tomber et ne s'arrêtera plus jamais.

Je regardai ma carte froissée et organisai ma randonnée du lendemain, choisissant dans quelle direction je marcherai et jusqu'où, repérant des points d'eau et des endroits où pêcher. Un jour, je ferai tout le tour du lac Supérieur. Ou je marcherai droit vers le pôle, ou jusqu'au fond d'une grotte dont je refuserai de sortir jusqu'à ce que ses parois reflètent une terre vivable ou la lueur orange fluo de l'explosion finale.

Je jetai une autre bûche sur le feu qui faiblissait et descendis au ruisseau me préparer pour la nuit. J'y bus longuement et, tout en me lavant avec le petit bout de savon qu'il me restait, me moquai intérieurement de mon propre romantisme et me demandai si mon cerveau serait jamais capable de dépasser un jour ces formes détournées de narcissisme que je pratiquais quotidiennement. Ressentais-je profondément autre chose qu'un simple instinct de survie? Oui. L'envie de manger, de boire, de baiser, et de me retrouver dans une forêt inhabitée. En y recevant la visite hebdomadaire d'une belle jeune fille qui arriverait vers moi vêtue de gaze, flottant sur un radeau de joncs liés de cheveux humains. Elle ressemblerait étrangement à l'image que je me fais d'Ophélie et nous ferions l'amour jusqu'à ce que, bien sûr, le sang se mette à couler de nos yeux et des pores de notre peau. Divers animaux s'assiéraient en rond autour de nous et nous regarderaient : ratons laveurs, opossums, coyotes, renards, cerfs, loups, et des tas de sortes de serpents et d'insectes. Après avoir fait l'amour, nous nous baignerions dans l'eau du ruisseau, alors que poindraient les premières lueurs de l'aube, et elle s'allongerait sur son radeau puis disparaîtrait de mon champ de vision, emportée au gré des flots. Alors je remplirais un énorme bol d'or de lait auquel toutes les créatures citées plus haut viendraient boire dans une parfaite harmonie. Si une inepte vipère ou souris y tombait, un renard l'en sortirait doucement. Je dormirais ensuite trois jours et trois nuits et roulerais le rocher vers le haut de la colline jusqu'à ce qu'elle revienne.

J'étais arrivé à économiser quarante dollars en une semaine, au prix d'un travail inouï et étais retourné à Frisco en stop pour ramasser mes affaires et dire au revoir deux jours durant à des présences inanimées. Devant le Golden Gate, je m'étais dit c'est ici que tout finit. En marchant au milieu de ces folles faunes et flores étrangères, j'entendais le Pacifique, là-bas. Dans une rue au bord de la plage, une bande de « SKULLS » m'avait dépassé. « Têtes de mort », leur nom inscrit sur leurs blousons de cuir sans manches et bandeaux sous lesquels les cheveux flottaient au vent, une Gestapo junior de seconde division. J'étais revenu au cœur des tropiques en suivant une musique qui résonnait dans le lointain et étais arrivé à un kiosque à musique éclairé par la lumière du soleil, où se donnait un concert de Strauss. J'avais fait quelques pas de valse et des petits vieux assis sur un banc m'avaient adressé en souriant un signe de la main. Je m'étais incliné devant la vieille dame qui s'était levée et nous avions tourné à lents pas glissants autour du banc où son mari applaudissait. Je haïssais en fait cette musique, mais elle me semblait appropriée à cette journée. Plus loin, je m'étais assis sur l'herbe et j'avais regardé les jambes d'une jolie fille. Petite culotte blanche à quatre-vingt-dix-neuf cents imprimée de sucettes. Ô chérie, si seulement. Cuisses légèrement disjointes et yeux fermés sous le charme extatique de la musique. Je devrais ramper jusque-là en aboyant et monter sur elle. Au musée DeYoung j'avais longuement regardé la statue de Medicis. Le pouvoir, voilà ce que je voulais. Homme de pouvoir, je serais rentré chez moi en avion, pas en auto-stop. Il y avait pourtant une petite chance pour que je n'eusse pas été prince pendant la Renaissance, mais pauvre diable vivant dans une cabane en bois enfumée au bord de la Baltique. Arrivé au bout du parc, j'avais contemplé le Pacifique en le saluant avec un soupir. De l'autre côté, là-bas en Orient, les Orientaux vivaient en Orientaux. De grosses déferlantes se brisaient sur le rivage. Deux filles couraient le long de la plage, loin au-dessous de moi. Le continent s'étend tout en entier derrière moi, pensai-je, puis je me retournai et partis.

Arrivé à Green Street, je n'avais trouvé aucun de mes compagnons interlopes à qui dire au revoir. Les Jardins Suspendus étaient vides – quelqu'un avait dû se faire arrêter et tout le monde avait fui. J'avais descendu Grant Street jusqu'à Geary Street puis refait le même chemin à travers le jardin, saluant au passage l'Opéra d'un geste cavalier. Merde à l'Opéra. Qui intéresse-t-il, d'ailleurs? *La Bohême,* mon cul. Garnie de pâté à la dinde à mastiquer pendant des heures.

Puis j'avais acheté une valise métallique en me disant qu'on me prendrait plus facilement avec ça qu'avec un sac à dos qui puait.

Un homme d'affaires m'avait emmené jusqu'à Sacramento. A cause de la valise, il croyait que j'étais dans l'aviation, peut-être en permission. Quand je l'avais détrompé, il m'avait accusé de publicité mensongère. Il avait été sous les drapeaux pendant la Seconde Guerre mondiale et disait qu'il s'arrêtait toujours quand il voyait un de nos jeunes braves faire de l'auto-stop. Je lui avais alors raconté que mon père avait été tué pendant les combats de Bataan, et son attitude avait changé. Il m'avait tapoté le bras en disant que la route de la Birmanie avait coûté beaucoup de vies. Grâce à un mensonge gratuit, j'étais devenu un type bien. Les Japs, eux, étaient vraiment une sale bande d'ignobles Jaunes. Et il avait continué sur ce ton. Moi pendant ce temps je somnolais. Arrivé à Sacramento, je commençai à avoir mal au cœur, probablement un léger empoisonnement alimentaire. Il était tard et je traversai discrètement la pelouse du State Capitol pour aller vomir dans les buissons. Quand ce fut fini, je me roulai en boule sur l'herbe et dormis en me réveillant souvent, me demandant à chaque fois si je n'allais pas me faire virer de là par un flic.

En ressortant des buissons, tôt le lendemain, je me dis que c'était vraiment l'endroit rêvé pour vomir, et malgré quelques légères crampes d'estomac, je réussis à sourire. Tous les bâtiments publics devraient être changés en vomitorium, leurs activités pourraient alors reprendre dans un endroit qui n'aurait aucun poids en lui-même. Par exemple un vaste champ où, pour voter, les législateurs ramperaient à quatre pattes, nus, et crieraient oui ou non. Une nouvelle façon de voir les choses. L'humilité indispensable à ceux qui se soucient du bien de millions d'impuissants citoyens. Si vous êtes déjà allé à Washington, vous comprendrez peut-être ce que je veux dire : comment quoi que ce soit de pas tout à fait pompeux, vain et futile pourrait-il sortir de ce géant amas de marbre et de monuments? Les bâtiments se donnent à eux-mêmes une importance dangereuse. Je propose que tout y soit rasé à l'exception du Lincoln Monument et de la promenade et de l'étang qui lui font face. Et qu'un habile sculpteur allonge Martin Luther King sur les genoux de Lincoln à la manière de *La Pietà.* Mais avec un gros trou dans la tête. Nous sommes mortels, ô Seigneur. Les doigts sur la gâchette me démangent et appuient, me démangent et appuient.

Aux premières lueurs du jour je bus trois tasses de thé dans un café ouvert toute la nuit et je lus le journal du dimanche en entier, lecture qui ne me laissa aucun souvenir, si ce n'est celui d'un mannequin en bikini qui disait avec une moue parfaite : « VIENS AUX BERMUDES ». Quand tu veux, chérie. Ô île dans le soleil, choubidoubidou-a. Je traversai la Sierra avec un chauffeur de taxi de Frisco qui prenait deux jours de vacances et allait à Reno ruiner le Harold's Club grâce à une nouvelle martingale. Comme je lui promis de ne le dire à personne, il m'expliqua la douteuse mathématique du chemin de fer en engloutissant cent cinquante bornes de beau paysage. Il me montra du doigt la passe où les membres de la bande à Donner avaient fini par mourir en se mangeant les uns les autres. Littéralement. Reprends donc une tranche du foie de maman, Brad. On pouvait se promener ici tranquillement autrefois, mais maintenant les gens s'y piétinent les uns les autres et se disputent les emplacements pour camper. Dans le parc national des Montagnes Rocheuses, alors que j'étais monté vers « les hauteurs solitaires » pour dormir près d'un glacier, j'avais soudain entendu les accords de *You are My Sunshine.* Une charmante famille avec tourne-disque marchant sur piles. Originaires de Scarsdale, voyez-vous ça. J'avais seize ans alors, et vraiment pas froid aux yeux. Je leur avais dit que s'ils n'éteignaient pas leur sale petite machine je la mettrais en pièces. Quand j'étais sorti des bois, on m'avait arrêté au poste de garde et demandé de remplir un questionnaire concernant la qualité des services et agréments offerts par le parc. J'avais répondu en hurlant : « Allez vous faire foutre », et campeurs et gardes m'avaient regardé comme on regarde un chien enragé, avec l'espoir de ne plus le revoir. L'hôtel où je travaillais m'avait récemment viré puis repris après qu'ait avorté ma tentative de syndicalisation de la main-d'œuvre en salle. Nous nous étions tous mis à faire trois pauses durant le service et le directeur de l'hôtel m'avait offert trois cents dollars pour mettre fin à ce débrayage. C'était ça ou un rapide voyage forcé à Denver en compagnie d'un flic. J'avais interrompu le débrayage mais refusé l'argent, alors qu'à l'époque cette somme représentait pour moi une fortune. Un geste grand et généreux, je baignais dans la fierté. Non, ils ne corrompront pas Reuther junior, bon Dieu. J'espérais que, du paradis ouvrier, Steffens et Herbert Croly me regardaient. Bien entendu je n'étais qu'un dégonflé, j'aurais dû accepter le voyage à Denver. Mais le flic aurait pu me faire mal. Et j'avais rendu la monnaie de sa pièce à la direction : j'organisais des chapardages, je débranchais la glacière et servais des œufs crus quand c'était moi qui montais les plateaux dans les chambres. Je n'eus honte qu'une fois, quand j'avais trahi ainsi une vieille dame qui m'avait bien traité dans le passé. Je lui avais servi deux œufs absolument crus et étais redescendu en courant dans la cuisine afin de répondre à ses réclamations. Il semblait que son mari, que j'avais entendu se doucher, n'aimait pas les œufs crus. Pouvais-je en apporter deux autres, merci. Oui, bien entendu, avais-je répondu en déguisant ma voix avant de sortir du frigidaire deux œufs durs et de les faire monter par un autre serveur. J'allais les réduire au désespoir, mais des journées de quinze heures ne correspondaient pas non plus à l'idée que je me faisais des conditions de travail correctes. J'avais battu mes records de courage en laissant délibérément tomber un plateau chargé d'argenterie pendant cette heure délicieuse où le silence régnait dans la salle à manger tandis que le soleil couchant illuminait Longs Peak. Bruit horrifiant, têtes de clients se retournant en sursaut. Un truc à se faire le coup du lapin. Je ramassai l'argenterie lentement, tandis que le maître d'hôtel et le chef serveur juraient à mi-voix.

Dans la tente, jambes croisées, regardant la carte à la lumière de plus en plus faible de ma torche. Je prévoyais de parcourir un cercle d'une dizaine de miles en partant vers l'ouest pour obliquer au nord, puis à l'est et au sud, pour retrouver le campement. Une chouette promenade, à condition que je parte à l'aube et ne me perde pas. J'éteignis la torche et m'allongeai sur le sac de couchage. J'avais l'impression de peser moins lourd que d'habitude, mais c'était peut-être simplement parce que je n'étais pas imbibé de bibine. Je passai ma main sur ma poitrine et mon estomac, effleurant la couche de graisse qui s'y était lentement accumulée avec les années. Avec le recul que je pouvais avoir alors – on était en 1970 –, il me semblait que je n'avais pas fait un pas en avant depuis 1958, que je m'étais seulement enrobé de couches protectrices. J'avais publié trois recueils de poèmes, si minces qu'ils prenaient environ deux centimètres à eux trois sur une étagère de bibliothèque. Fait les unes à la suite des autres des dépressions nerveuses pas très intéressantes. Lu peut-être quelques milliers de livres sans en avoir retiré la moindre sagesse. Je ne me baladais plus avec un livre sous le bras, bouée de sauvetage, banque de sang ambulante, purgatif pour gros chagrin. A avaler aux premiers symptômes. A prendre quand on se sent perdu et, s'il pleut, bergère viendra dans ta chaumière avec ses blancs moutons. Entendu parler d'un type dont les trajets dans le métro traçaient des mandalas. Je doutais du passé au point qu'il ne m'intéressait plus. Et l'avenir me paraissait encore plus douteux. Non que je fusse particulièrement outré ou triste des perspectives qu'il nous offrait. J'avais un jour projeté de faire à pied le tour des États-Unis, mais prévu aussi un voyage dans le Transsibérien, l'Orient-Express, et je voulais également retracer le chemin de Rimbaud en Afrique. L'enfer est pavé de bonnes intentions. J'avais à nouveau douze ans, je taillais des flèches dans ma chambre quand en bas, quelqu'un dit que Ike allait nous sortir de Corée. Où était et pourquoi y avait-il ce truc appelé la Corée? De l'autre côté de la plate étendue bleue de l'océan sur la carte, de l'autre côté de la fosse des Mariannes. Arrêt à Hawaii pour nombrils nus. Je savais que je mourais jour après jour. Un peu plus à chacune des vingt-quatre heures qui s'écoulaient quotidiennement. Si j'allais à Jérusalem voir la terre que Jésus a foulée? Je me dis alors que j'étais toujours un chrétien orthodoxe qui croyait au Second Avènement. Lion de la tribu de Juda. Je lisais encore avec effroi le dernier livre de la Bible, le livre de la Révélation. J'avais perdu mon envie de converser avec Gandhi ou Râmakrisna. Seuls Shakespeare ou Apollinaire feraient l'affaire, et les informations échangées resteraient insignifiantes, lâchées avec un élastique. Ils s'intéresseraient à la télé en couleurs et aux surgelés, puisque tous les grands artistes semblent friands de détails. Si je trouve des traces de loup demain, que j'en repère simplement un ou que je trouve sa tanière introuvable, cela ne changera pas grand-chose au fait que la première fille que j'ai aimée m'a trahi. Mes véritables souffrances concernaient les morts et la perspective d'un avenir désastreux. Mon goût de la vie dans les bois s'expliquait facilement. Les arbres ne posent aucun problème et même s'il ne reste aucune terre véritablement sauvage, je choisirai une centaine d'acres où je pourrai me cacher et que je défendrai en poussant des hurlements mis au point grâce à des cours de chant. Je roulerai mes cigarettes et me ferai ermite. On parachutera au-dessus de mes avant-postes des starlettes à ensemencer – les pauvres filles erreront perdues pendant quelques heures sans comprendre ce qui leur arrive, et je les suivrai comme Rima l'homme-oiseau, les attraperai par les hanches. Sexe qui pénètre. S'accoupler non pas une fois, mais des milliers de fois. Et finalement une fois suffit, si vous êtes capable de vous donner tout entier à elle, si vous êtes capable de vous donner tout entier à quoi que ce soit. Un besoin atavique qui ne semble pas pouvoir s'effacer pendant plus d'un jour de suite, sauf quand on est malade, puis le joli ver frétille de nouveau sans but précis. Je m'assis pour écouter un nouveau bruit, presque un aboiement, mais guttural. Probablement un ours monté sur un arbre à miel et que les abeilles avaient piqué sur le museau et la bouche. J'avais coupé un arbre à miel, un hiver, alors que les abeilles étaient engourdies, presque endormies. Elles étaient tombées sur le sol, à une température proche de zéro, et avaient gelé immédiatement. J'avais taillé le bois à la hache pour dégager leur provision de miel, tout ce qui leur restait pour se nourrir, puis enlevé un de mes gants et m'étais servi. Pas terrible, presque rance, avec un goût de farine de blé noir. J'avais remis mes doigts gluants dans le gant et m'étais éloigné sur mes raquettes. Vous repérez un arbre à miel pendant l'été et revenez quand il fait suffisamment froid pour ne pas vous faire piquer. Rabelais disait que le con d'une femme est un pot de miel, mais sans abeilles évidemment. Ce tambourinement essoufflé dans votre poitrine, la première fois que vous y pénétrez. Penser à la sexualité, tant qu'elle n'est pas encore totalement atrophiée par le progrès. Ceux qui dans le passé étaient occupés à construire une civilisation nous regarderont peut-être avec un drôle d'air. Comment faire des briques sans paille, dirent-ils en Égypte au Pharaon avant de partir pour leur longue marche vers le nord. Je passai la main contre le canon de la carabine et pensai à son impitoyable mécanique.

L'anthropologue britannique Leakey sauta un jour sur un cerf et le poignarda avec un couteau de pierre pour montrer qu'on pouvait le faire. Le dernier sport consistera à lancer des pierres aux étoiles, un truc très astucieux quand il y aura cinquante milliards d'habitants sur cette planète et qu'en retombant les pierres tueront de façon anonyme et non sélective. Je me retournai, incapable de m'endormir et je tendis la main vers une bouteille imaginaire. Jésus veut de moi comme rayon de soleil. Même la terre est féminine. Des millions de gens l'ont embrassée tous les jours jusqu'à ce qu'il vienne à l'esprit de Raskolnikov qu'il s'agissait d'un acte de pénitence. La vraie herbe pousse encore. Cette fille que tu as connue en 1956 a tenu un an à l'héroïne jusqu'au jour où on l'a trouvée dans l'East River, la tête presque séparée du corps. Pas de condamnations. Infortuné accident qui risque d'arriver à tous ceux qui se prostituent pour leur dope, quelle qu'elle soit, comme mon cerveau se rétrécissait quand je passais d'un bureau aux murs pastel à un autre bureau aux murs pastel d'une ville ou d'une autre. J'aurais aimé qu'en reliant ces différents points sur une carte on obtienne au moins un mot, mais je suis certain qu'il n'en serait rien. Il y a quelqu'un dehors, une souris ou un écureuil. Je vous ai dit, mon Dieu, que je ne voulais pas de pleine lune, ou alors voilée par les nuages. J'ai lu que dans les Brooks Range, ces montagnes d'Alaska maintenant dégoulinantes de pétrole et couvertes de tonneaux et de tours de forage, une femme avait entendu les loups répondre à ses hurlements. Lumière argentée passant par le devant de la tente. Je m'accroupis et charge la carabine, puis me glisse dehors. Pas un nuage, pas la moindre brise. La mort-aux-loups qui fleurit dans les Carpates. Je vise la lune, ôte le cran de sûreté de la carabine pointée vers la région tachetée de gris qui se dessine à la surface de notre satellite. Si j'appuie, toute la nuit je verrai cette flamme bleue, toute la nuit j'entendrai cette détonation. Lentement, je desserrai mes doigts, remis le cran de sûreté et ajoutai une bûche sur le feu. Vêtu seulement de mon short, j'ai froid maintenant. Peut-on se suicider avec une arme aussi longue? Je relevai le canon jusqu'à ce que son bout glacé touche mon front, et j'eus encore plus froid. Je pensai à Hemingway, sortant, dans cette impensable souffrance physique et mentale, le fusil du placard ce matin-là. Et intérieurement je souris. Comme j'étais loin de m'enlever la vie, dans ces bois nimbés de lumière. La bûche commençait à prendre, une flamme jaillit du lit de braise. Je me recroquevillai près du feu, puis me levai pour enlever mon short et me recroquevillai de nouveau, aussi près de la flamme que je pouvais le supporter. Je baissai les yeux et regardai étonné – ce truc que tu mets dans les filles, comme ça, en passant. Et c'est si bon. Et si je hurlais? Il y a peu de chances, mais je peux toujours espérer qu'un loup me répondra, seulement je suis sûr et certain que mes propres hurlements m'effraieront. Je me souviens d'une bagarre avec un copain. C'était après l'entraînement de foot, on s'était disputés. J'avais fini par l'immobiliser en l'étranglant, et tenu ma prise jusqu'à ce que son visage change de couleur. Alors j'avais eu peur, et ma colère s'était apaisée d'un seul coup. Quand nous nous étions relevés, il m'avait regardé d'un air bizarre, et nous ne nous étions pratiquement jamais plus parlé. Quelque chose bougea au milieu des buissons et des arbres près du ruisseau et je regrettai de ne pas avoir apporté mon sifflet à prédateurs. C'est un petit objet de bois, qui, si on souffle dedans comme il faut, imite le gémissement d'un lapin en train de mourir. Un horrible bruit étranglé, un peu comme un pleur d'enfant très aigu. Un porc-épic mortellement blessé fait à peu près le même bruit quand il tombe de son arbre. Ils sont beaucoup trop nombreux, et ce parce que leur prédateur, la fouine, a été exterminé pour sa merveilleuse fourrure. C'est difficile d'en approcher un. J'ai souvent enlevé des piquants de porc-épic de la bouche de nos chiens. Il faut couper le bout pour faire entrer de l'air dans le tuyau puis le bouger et tirer par à-coups. Enfin le piquant barbelé sort, accompagné d'un caillot de sang. Une opération très douloureuse pour le chien, mais ils ont l'air de savoir qu'elle est nécessaire. Je veux tirer des fausses conclusions de tout et ce ne sont pas des faits scientifiques évidents qui feront changer mon faible esprit et son continuel ronronnant monologue contre lui-même. Je sortis du cercle de lumière que le feu projetait et marchai lentement vers le ruisseau pour découvrir qui faisait ce bruit. Rien. La bête avait dû partir quand je m'étais levé.

Si je vivais ici suffisamment longtemps, beaucoup de ces animaux finiraient par s'habituer à mon inoffensive présence. Tant de grenouilles tout au long du ruisseau, et les ratons laveurs les mangent. Et se nettoient tout le temps comme le fait le faucon pour éviter les puces. Je retournai à la tente et me glissai dans le sac de couchage, qui ne m'avait pas coûté cher et me rendait bien service, mais était totalement inefficace quand le temps se rafraîchissait. Dormi dans les Absarokas sur le sol, le sac entortillé comme les bandelettes d'une momie, avec la peur qu'un grizzly ne m'arrache le visage pendant la nuit, comme c'était arrivé à ces deux filles au parc des Glaciers. Dormi sur des tables de pique-nique à Hastings, Nebraska, et près de Brainerd, Minnesota. Mieux, avec cette fille qui n'arrivait plus à dormir et qui s'était glissée dans ma chambre le matin alors que j'étais l'invité de ses parents. Elle avait quatorze ans et je ne l'avais pas pénétrée, mais j'aurais aussi bien fait quand elle m'a apporté du jus d'orange et du café. Moi, le drap entortillé autour de mes pieds, un oreiller sur la tête. C'était la fille d'un type que j'avais connu quand je lisais mes poèmes dans le Wisconsin à un ramassis d'idiots, de défoncés à l'acide et aux speeds et d'étudiants hébétés. Elle regarde mon phare en gloussant. Quel âge as-tu? On joue, on se pelote. Elle le serre trop. Et si tes parents. Je ne leur raconte jamais rien, de toute façon, ils sont débiles. Sa robe si courte que je remonte encore pour enterrer mon visage puis lui enlève sa petite culotte. Elle rit parce que ça chatouille. Bien sûr, que ça chatouille et toi tu as trop de dents et moi je n'arrive à rien attraper. Je vais suffoquer maintenant qu'elle ne dit plus rien et qu'elle se tortille comme toutes ses grandes sœurs du monde entier, et, quand j'ai fini, elle est à quatre pattes, et se tortille encore. Ensuite je me lave et reviens dans la chambre, elle est allongée sur le dos, la jupe toujours relevée, elle regarde les photos dans mon portefeuille, la culotte autour d'une cheville, me sourit. « C'était chouette. J'adore les caresses. » Peut-être que je n'étais pas le premier, je ne le lui ai pas demandé. On disait pour une de dix-sept, tu en prends vingt, cela voulait dire que violer une mineure n'était pas très bien vu, mais comment prouver le viol de nos jours? Elle le met là un instant et le frotte d'avant en arrière très fort avec ses jambes, tandis que nous mêlons nos bouches et j'entre presque dans le lieu infernal pour conclure. Moi, effrayé, mais elle pas du tout, disant simplement : « Ton café est froid maintenant, je vais aller t'en chercher d'autre. » Évidemment, je t'aime, ai-je pensé, et je reviendrai quand tu auras moins l'âge d'être ma fille, ou la moitié du mien. Et une toison plus fournie. Tu seras souillée, c'est moi qui t'aurai souillée. Jean Cauvin, dit Calvin, de retour dans ma tête, et depuis j'ai sué de culpabilité une bonne dizaine de fois. Je me promène avec une petite photo d'elle, boucles Empire qui encadrent son visage et cheveux châtain clair. Douce, bronzée, forte, elle jouait au tennis toute la journée, mais ses fesses étaient si blanches. Je devrais me confesser à ses parents, l'emmener en Virginie où à cet âge ce n'est pas si rare, et la baiser jusqu'à saturation, jusqu'à ce que mon cerveau ne soit plus qu'une bouffée de chèvrefeuille, son parfum. La forêt prend ses couleurs de l'aube, ce n'est plus la peine de dormir si je veux parcourir mon grand cercle.

Reno, Fallon, Austin, Ely. Merde, je me suis trompé de route, j'en ai maintenant pour une semaine à rejoindre Salt Lake City. Je comprends pourquoi c'est dans cet état qu'ils font leurs essais atomiques – s'ils ne le faisaient pas, je m'en chargerais, et pas dans les coins perdus, mais dans les villes. Reno, le relais des divorcés. J'étais arrivé à midi avec trois dollars en poche et, à une heure, il ne me restait plus que cinquante cents rendus en petite monnaie par les machines à sous, un sandwich au rosbif aluminium arrosé de Tabasco pour faire un sandwich au rosbif aluminium et Tabasco, et un thé glacé dans un verre en plastique taché de rouge à lèvres. Qui était-elle, celle qui portait ce rouge à lèvres, qui l'embrasse maintenant, et où exactement? Dehors, dans une voiture de patrouille avec air climatisé garée sur l'asphalte brûlant, en plein virage, un flic me regarde. Je me colle derrière une famille de touristes qui admire dans les vitrines les chapeaux de cow-boy, mocassins brodés de perles et amulettes en turquoise. Par la porte d'un club, je vois une femme qui joue sur deux machines à la fois avec une pile de dollars en argent. Elle vient probablement de Dayton, Ohio, pour divorcer parce que quinze ans de mariage n'ont ni assuré son bonheur ni ouvert ses horizons. Quand je me retourne, je m'aperçois que la voiture de patrouille est de l'autre côté de la rue, et je suis maintenant sûr que ce flic me surveille. Son petit visage et ses énormes lunettes de soleil me rappellent un agrandissement photographique d'une tête de mouche. Bzz-bzz, bourdonnent les bourres. Il y a une marchande ambulante un peu plus loin, au coin d'un terrain vague. Odeur de barbe à papa, de pop-corn et de hot dogs. Je demande un verre d'eau à la fille en uniforme blanc et elle répond, Coca, ginger ale, orange, Pepsi, Seven-Up, soda à la cerise.

– Je prendrai un verre d'eau.

– Y'a pas d'eau, dit-elle en regardant à dix centimètres au-dessus de ma tête.

– Un Coca sans glace.

Je le bois en trois gorgées et lui tends le verre.

Sans un mot, elle montre du doigt une poubelle à ma gauche.

– De l'eau, lui dis-je.

Elle remplit le gobelet d'eau glacée.

– Nous ne gagnons rien sur l'eau.

– Merci.

Je commence à m'éloigner et j'entends : « Eh toi, là-bas! » Le flic, évidemment. Pendant qu'il fouille mon portefeuille, je reste assis au frais dans la voiture de patrouille. Je lui raconte comment je me suis fait tirer mon fric et mes papiers en arrivant à Frisco. La radio grésille. Il lance mon nom dans le micro et nous attendons environ un quart d'heure que je sois lavé de tout soupçon.

– Bon je t'accompagne un bout de chemin, il dit.

– C'est vraiment gentil de votre part.

– Fais pas le malin.

Quand nous passons devant elle, je salue d'un signe de tête la marchande ambulante. Elle agite la main en souriant.

– On va où? dis-je au flic.

Pas de réponse. Il conduit de la main gauche et garde la droite sur son holster. Toujours le premier à dégainer, probablement. Matt Dillon et Robert Mitchum dans un sac de soixante kilos de haricots secs. Si j'avais le goût du martyre, ce serait un délice de sortir tranquillement un Beretta de ma poche et de lui envoyer six pruneaux dans le bide, là où son badge de flic ne risque pas de faire ricocher les balles. Il est probablement méthodiste et bedeau à l'église, fait partie de tous les clubs, Aigles, Élans, Lions, a une maison avec une femme et des aiglons qui adorent son ostentatoire bravoure. A la sortie de la ville, il me dit de descendre et de marcher, l'auto-stop étant interdit par la loi. Je reste là, pendant qu'il fait demi-tour, soulevant un nuage de poussière et de gravier, arrachant sur plusieurs mètres la gomme de ses pneus. Ô, un bazooka. Ou une grenade que j'aurais dégoupillée en descendant et, au moment où il passerait la seconde, voir et entendre la voiture se désintégrer en une explosion orange. Je me remets à marcher. Quarante cents en poche, quarante degrés, la bouche déjà aussi sèche que la chaussée. A trois mille kilomètres de chez moi.

Vraiment pas malin de ma part d'avoir pris la 50 au lieu de la 40-95 vers Winnemuca et Elco en arrivant à l'embranchement. Des jeunes m'avaient emmené jusqu'à Fallon où j'étais allé leur acheter de la bière. Je n'avais pas plus vingt et un ans qu'eux, mais moi je les paraissais. Deux caisses, et ils m'avaient refilé un dollar pour ma peine. J'avais fait le tour de Fallon et, de l'autre côté, j'avais trouvé une voiture qui m'avait conduit jusqu'à l'entrée d'une base aérienne secrète devant laquelle se tenaient deux gardes en casques blancs scintillants debout dans la chaleur écrasante. J'étais allé me poster quelques mètres plus loin et avais commencé à attendre. Autour de moi, le désert semblait immense, hostile, une nature en guerre totale avec elle-même, et la route, une fine raie de civilité à travers cette étendue infinie de sable et de roche brûlée. On m'avait dit qu'il y avait la vie et tous ses mystères dans le désert, mais les mystères de cette vie-là ne sont pas pour moi, j'ai besoin de verdure. J'étais resté là douze heures jusqu'à ce que ma lèvre inférieure se craquelle et que la tête me tourne, de faim, de soif et de chaleur, car même une fois le soir venu l'air ne se rafraîchissait pas. Douze heures pendant lesquelles n'étaient passées que trois ou quatre voitures. Douze heures à respirer dans la fournaise. Ma parole, il y a dans ce coin des trous qui descendent jusqu'au centre de la terre. Quand j'avais traversé la route pour retourner à Fallon, je ne sentais presque plus mes dents ni ma langue ni mes mains qui se balançaient le long de mon corps. Au bout de quelques kilomètres, j'avais entendu une voiture arriver derrière moi, mais je doutai de mes sens – les quelques voitures que j'avais vues ce jour-là m'avaient semblé flotter sur un coussin d'air, une vague de chaleur. Pourtant ils s'étaient arrêtés. Un homme et sa femme, qui, quand j'étais monté, s'était écriée : « Oh! mon Dieu! » L'homme m'avait tendu une canette de bière tiède que je vidai en quelques gorgées, puis une autre. « Ça suffit, m'avait-elle dit, il vous faut de l'eau maintenant, regardez-vous. » Je m'étais approché du rétroviseur, mes lèvres étaient noires et fendues en trois endroits, j'avais les yeux tout injectés de sang. Littéralement grillé. Ils m'avaient laissé devant un café qui faisait aussi club de jeu. J'étais entré, j'avais commandé un café et bu de l'eau jusqu'à ce que mon ventre soit gonflé comme une outre. Il n'y avait personne. Pendant que la serveuse remplissait la machine de café frais, un homme s'était approché de moi. Il voulait savoir si j'étais resté coincé sur la route, je lui avais dit oui. Puis il m'avait expliqué que la route du Nord était meilleure et je lui avais répondu que je l'avais compris trop tard. Je lui avais demandé ensuite à quelle heure ouvrait le bureau des télégrammes le lendemain matin et j'avais téléphoné en P.C.V. à un vieil ami du Michigan. Inutile d'appeler mon père, il avait généralement encore moins d'argent que moi. J'avais expliqué à mon pote que j'étais bloqué à Fallon, Nevada, et, pour ajouter un peu de piment à mon histoire, que les flics, le flingue pointé vers moi, m'avaient ordonné de quitter la ville juste après l'aube. Or il ne me restait que trente cents. Il s'était marré, m'avait demandé s'il y avait des bordels à Fallon, et je lui avais dit oui, mais pas d'argent, pas d'amour. Il avait promis de m'envoyer immédiatement deux cents tickets, j'avais répondu cent cinquante, ça ira. Puis j'étais retourné au comptoir où j'avais encore bu de l'eau et discuté avec la serveuse et le patron. Quand elle avait posé un hamburger devant moi, je leur avais expliqué que je n'avais pas de quoi le payer. La patron avait levé la main d'un geste négligent, il m'avait entendu au téléphone, et, comme le car ne partait pas avant dix heures le lendemain matin, j'aurais le temps de lui donner ce que je lui devrais après avoir reçu mon mandat. Trois Indiens paiutes étaient entrés, ils avaient acheté du vin et étaient ressortis. Ils étaient presque en haillons, mais l'un d'eux portait un Stetson. Après les avoir servis, le patron m'avait raconté comment, à son retour de la guerre, alors qu'il rentrait chez lui en stop, deux flics l'avaient arrêté à côté de Topeka. Ils lui avaient flanqué une telle dérouillée que le médecin de l'hôpital avait dû lui rafistoler les mâchoires avec du fil de fer. Tout ça, alors qu'il avait pris part au débarquement en Normandie et été un des premiers à entrer dans Paris. Il disait qu'il avait toujours eu envie de retourner à Paris où il avait bu comme un trou et baisé tant de Françaises reconnaissantes qu'il avait perdu cinq kilos. Puis il m'avait expliqué qu'il avait aussi projeté de prendre son fusil de chasse, un Weatherby 270, de retourner à Topeka et de choper les deux flics en plein milieu de la cible de sa lunette. Il les aurait tués d'une balle dans la tête. Seulement voilà, il ne s'était jamais décidé. J'avais quitté son café après qu'il m'eut conseillé d'aller dormir dans le parc. Si les flics se pointaient, je n'avais qu'à dire que je venais de la part de Bob. Il reste encore quelques braves gens sur cette terre, un lien entre les voyageurs de toutes les époques. Marrant comme ce sont souvent des gens plutôt musclés et couverts de tatouages qui vous prennent en stop. Ils n'ont pas peur. Je me souviens comment, avec quelques amis, nous avions terrifié des étudiants dans un bar. C'était l'été et je chiquais pour arrêter de fumer. Les étudiants venaient s'encanailler dans notre quartier et nous avaient battus au billard. Mon copain s'était placé derrière celui qui la ramenait le plus, je l'avais poussé en arrière et lui avais craché une giclée de tabac à la gueule tandis que mon pote lui enfonçait la pointe de ses bottes dans les côtes. Ils avaient pris la fuite et nous avions eu honte. Mauvais perdants et, bien qu'à mi-temps, étudiants nous aussi, mais nous haïssions l'être. Après quelques autres verres, mon copain avait dit qu'il n'avait pas voulu lui donner un coup de pied, mais juste lui arracher son badge de fraternité.

J'avais regardé les gens sortir du cinéma à la fin de la deuxième séance, en particulier une fille aux longs cheveux blonds qui portait un Levi's incroyablement serré. Emmène-moi chez toi. Les néons de l'affiche s'étaient éteints et un pick-up avait dévalé la rue en vrombissant, manquant de peu quelques amateurs de cinéma. J'avais marché jusqu'au parc. Il y faisait bon, une petite brise soufflait entre les bosquets de peupliers. J'entends des grillons et des voitures qui accélèrent en s'éloignant de la ville qui luit dans un brouillard orange. Une nuit sans lune. Il y a un réverbère à l'entrée du parc et le sol est jonché de boîtes de bière. Je m'allonge sur une table de pique-nique, mais suis réveillé dans mon premier sommeil par des chiens qui grognent. Je sors mon couteau. Le plus grand, à mon avis bâtard de colley et de berger, s'approche en grondant. Viens, mon gros, viens, lui dis-je d'une voix douce, et il se met à se tortiller en agitant la queue. Il y en a maintenant quatre autour de la table qui se disputent mes caresses. A ce moment-là, une voiture entre dans le parc et les chiens s'éloignent au galop. Musique country à la radio, deux couples qui boivent, et moi, en plein dans la lumière de leurs phares. Un type m'appelle : « Eh, p'tit, qu'est-ce tu fais là? » Je dors. Ils rient et me disent de filer, parce qu'ils préfèrent s'amuser entre eux. Je me lève et sors du parc en marchant le plus loin possible de leur voiture. S'il vous plaît, ne me cherchez pas de crosses. Je suis si fatigué que, si quelqu'un levait la main sur moi, je lui enfoncerais ma lame dans le bide jusqu'à la garde. Je longe quelques pâtés de maisons, jusqu'à une école et traverse la pelouse en direction des buissons qui l'entourent. Je rampe sous les branchages, m'installe en regardant les mêmes chiens que tout à l'heure qui courent maintenant au milieu de la rue. Mes amis. Hébétement des journées de classe. La fille du cinéma en Levi's serré à côté de moi, ici ou sous des lilas dans une contrée plus verdoyante. Fous le camp d'ici et dors tout au long du chemin sur la banquette arrière du car, bercé par le bruit de son moteur diesel. J'ai l'impression de sentir l'odeur de la craie et du désinfectant pour chiottes. Toutes les écoles dégagent la même odeur, vous ne trouvez pas? J'espère qu'il n'y a pas en ville de serpents à sonnette comme celui que j'ai vu sur la route, écrasé et couvert de mouches. Gros, avec une tête large. Je coupe les cascabelles puantes, les mets dans ma poche. Parfum de concombre pourri. Ne pas les faire sonner maintenant ou ses frères et sœurs du désert risquent d'entendre et de venir me rendre visite. Comme ce serait étrange de se réveiller sous une couverture de crotales. Ou avec pour oreiller un gros tas de ces serpents à sonnette en hibernation, emmêlés les uns aux autres comme ils s'emmêlent pour hiberner dans les trous de chiens de prairie. Ça ferait peur aux gens, si je les apportais pour le petit déjeuner. Si peu dormi depuis quatre jours que mes glandes surrénales sont grosses comme une tête de bébé. La fille en Levi's me rejoint, mais impossible de lui enlever son jean et ça se passe entre ses seins, comme avec la bibliothécaire de Berkeley le matin et je pouvais regarder chaque giclée involontairement indifférente. Je veux des œufs au plat ou un steak. Je me retourne, face à la rue, m'endors avec mon œil aveugle ouvert à la lumière du réverbère au coin de la rue.

Je mangeai une boîte de bœuf argentin et jetai de la poussière sur les braises. Smokey the Bear vous surveille. La gourde pleine et juste un paquet de raisins secs et de cacahuètes dans ma poche, avec ma ligne. J'essayais encore bêtement de suivre les indications de la boussole. Peut-être n'arriverais-je jamais à refermer mon cercle et passerais-je la nuit perdu à deux cents mètres de la tente. A midi, j'étais perdu au milieu d'un marécage impénétrable, les habits couverts de vase, quand j'entendis une voiture passer sur une route que je ne voyais pas alors qu'elle n'était qu'à quelques mètres de moi. Et quelle importance, si je ne retrouvais pas la tente? C'était l'été, je pouvais trouver de quoi manger dans les bois et me construire un abri en branches de cèdre ou de bouleau. Non, je n'étais pas perdu. Être vraiment perdu signifie qu'il existe un lieu lointain que l'on n'arrive pas à retrouver, un lieu accueillant, avec une porte ouverte sur un rideau de coton pour tenir les mouches à l'écart, une cuisine jaune où une femme s'active devant la cuisinière. Mère, sœur, épouse ou maîtresse, on ne le sait que quand elle se retourne. Ou quelque dame brune que vous ne connaissez pas et qui vous entraînera vers une autre vie, encore plus mauvaise. Quand je mis le cap vers les collines que l'on devinait à peine, à l'ouest, j'eus le pressentiment que je ne rejoindrais pas la tente ce soir-là. J'eus un moment de colère contre les loups – je savais qu'ils étaient là, et conscients de ma présence, mais avaient appris génération après génération à ne jamais se montrer à ceux qui marchent sur leurs pattes de derrière. Puis j'ai senti la paix revenir en moi à la pensée de ce loup de l'Arctique qui pesait cent quatre-vingt-dix livres, exactement comme moi. Comme il serait agréable de l'avoir pour compagnon de route. Il marcherait à mon côté, son dos plus haut que ma taille, sa tête et ses dents frottant et caressant mon épaule. On peut vaguement les domestiquer, mais selon leurs propres termes et, de toute façon, on devrait les laisser chez eux. Évidemment, on n'a su combien il pesait qu'après l'avoir tué. La chaleur qui me monte à la tête, maintenant une fine ligne rouge de colère encercle ma vision des bois devant moi. Je pourrais faire pire de ma vie qu'aller en Alaska tirer sur les avions d'où ils tuent les loups. Je crois avoir trouvé là une juste cause, une guerre sainte à laquelle je pourrais m'adapter – je suppose que cela aurait moins de sens que de participer aux autres horreurs, mais c'est une chose que je pourrais faire correctement.

4

NEW YORK CITY

Minuit maintenant. Je n'écarterai mes blessures de la lumière que pour toi, Lucia. Sous la pluie, à moitié endormi. Puis de la colline, dans les premières lueurs laiteuses, je voyais les voitures s'éloigner. Tous les marins étaient partis et il n'y avait que deux cabines de péage ouvertes de chaque côté de l'autoroute. Un fin brouillard me transperçait de ses milliers d'aiguilles, il avait plu sporadiquement toute la nuit, avec au loin des coups de tonnerre et des éclairs qui atténuaient la lumière des flammes des aciéries, des phares des camions, des rampes électriques du péage, et redonnaient de la couleur à l'herbe et aux feuilles de l'orme sous lequel j'étais couché en chien de fusil, tout mouillé. Il y avait trop d'auto-stoppeurs, la veille au soir, et pour la plupart des marins, aussi étais-je reparti à pied sur la bretelle de Pittsburgh, et, un ou deux kilomètres plus loin, je m'étais acheté un hamburger et une pinte de whisky. Puis j'étais remonté sur les collines où je m'étais assis sous les premières gouttes de pluie en espérant que cette nuit de mai resterait tiède, et j'avais bu mon whisky à petites gorgées en me disant que, pour un dollar de plus, j'aurais pu m'en offrir un qui aurait moins brûlé et serait descendu plus facilement le long de ma gorge.

A l'avenir tout liquide ambré serait soyeux et servi pour moi dans une carafe en cristal par Annabel Lee. Une fois le whisky fini, je m'étais endormi puis je m'étais réveillé en pensant que les marins étaient peut-être partis, mais il en restait encore cinq, et je m'étais rendormi bercé par le chant des grillons, le sifflement des lampes à arc sous la pluie, le chant d'un engoulevent solitaire quelque part dans les collines derrière moi et le bruit de ces énormes moteurs diesels embrayant au moins une douzaine de fois avant d'atteindre leur vitesse de croisière.

Elle m'avait demandé de venir dans une lettre d'un seul paragraphe écrit sur du papier vieux rose qui sentait la capucine ou l'ellébore. Je suppose que le fabricant devait plutôt viser la violette. J'avais pensé à elle pendant plusieurs jours puis balancé mes livres de classe par-dessus un pont – j'étudiais alors l'histoire de l'art et travaillais à mi-temps comme charpentier. J'avais choisi l'histoire de l'art pour rester assis dans la grande salle noire à regarder des diapos de tableaux et de monuments que je verrais un jour en vrai. Deux ans plus tôt, j'avais économisé mille dollars pour aller en France, mais je m'en étais servi pour payer une délicate opération de l'œil. Il m'avait fallu trois ans pour mettre cette somme de côté, et un charmant chirurgien se l'était, lui, mise dans la poche en trois heures pour quelques coups de bistouri incroyablement peu efficaces. Pas mal, de gagner trois cent trente-trois dollars de l'heure pour tout savoir sur le globe oculaire. Il me trouvait injustement hostile : après tout, il ne m'avait jamais promis que ça marcherait. J'étais parti un vendredi après avoir ramassé ma paye, qui était mince parce que la pluie nous avait empêchés de travailler pendant plusieurs jours. J'avais essayé d'emprunter de quoi me payer le car ou le train, mais mes quelques amis étaient fauchés et le banquier m'avait demandé ce que j'avais à lui offrir comme garantie. En sortant de son bureau, j'avais repensé aux projets de hold-up que nous avions faits avec un ami certains soirs de folie. Un jour, je reviendrais ramasser la monnaie. Vous vous souvenez de moi? Vous m'avez refusé un prêt. Pan-pan-pan-pan-pan-pan, salaud de capitaliste. Peut-être n'aurais-je tiré qu'à ses pieds. Je ne voulais faire mal à personne. Et puis jusque-là le voyage avait été agréable, je n'avais jamais longtemps attendu de voiture. La campagne verdoyante de l'Ohio m'avait plu, avec ses meules de foin qui exhalaient leur odeur de luzerne. Une odeur verte, chaude. Même Pittsburgh semblait accueillante, pour une fois, car une forte brise emportait au loin ses saletés. Mais maintenant j'étais bloqué, parce que les gens embarquaient toujours les soldats et les marins d'abord. L'Amérique d'abord, ou DÉMISSION DU JUGE WARREN, comme le disaient les affiches à l'entrée de Kalamazoo – Kalamazoo signifie en indien « éternuer » et « salaud ».

Enfin les combattants avaient débarrassé le plancher. J'étais descendu de la colline, j'avais sauté par-dessus la rambarde, chose qui m'est désormais impossible, comme il m'est impossible de tordre les manettes des parcmètres ou de faire cent pompes de suite sur un seul bras. Mon Dieu, ces corps qui se calcifient puis pourrissent. Quelques instants plus tard, j'étais pris par un ingénieur chimiste qui m'avait interrogé très méthodiquement. Où était ma valise? Volée. Bonne réponse. Qu'est-ce que je faisais dans la vie? Je travaillais pour une société de démolition qui rasait les vieux immeubles. C'était dur? Oui, une masse de six kilos finit par peser lourd au bout des bras. Et ça payait bien? Oui, quatre dollars de l'heure. Les syndicats vont trop loin, avait-il dit, vraiment trop loin. Et vous, combien gagnez-vous? Ça ne vous regarde pas. Ah bon. Et en quoi les syndicats vont-ils trop loin? avais-je demandé. S'il y avait la radio dans la voiture, avait-il dit alors, nous pourrions écouter de la musique ou suivre un match, mais c'est une voiture de société. Vous devriez vous syndiquer et exiger des radios, avais-je lancé. Petit malin. Puis il avait commencé à me raconter sa vie, comme si c'était obligatoire. Il avait grimpé les échelons de la direction dans une usine de savon de Cincinnati, était père de trois enfants et filait tout son pognon aux impôts sur le revenu et la propriété. Il m'avait aussi raconté une convention à laquelle il avait assisté à San Francisco, une super fête, vraiment super, avec des putes magnifiques, le gratin du métier, très chères. Vous ne vous en faites pas, vous les riches, lui avais-je dit, vous voyagez et vous vous envoyez en l'air. Super. Mais nous on travaille dur et de temps en temps il faut relâcher la vapeur, et quand on s'en tient aux faits, le savon, c'est important. Surtout commode pour se laver, pensai-je intérieurement. Il avait soupiré et m'avait demandé si j'avais beaucoup de petites amies. Je lui avais dit, une seule et nous voulons rester vierges jusqu'à notre mariage. Je n'avais pas envie de le laisser m'entraîner dans une inutile conversation sur la baise. Je m'étais mis à somnoler, réchauffé par les rayons du soleil qui séchaient mes vêtements à travers la vitre. Je pensais à elle et des images étranges me venaient à l'esprit. Elle ressemblait à un oiseau et devenait un oiseau, qui secouait nerveusement la tête, allongeait son cou en avant tout en parlant. Sa petite culotte semblait alourdie des plumes qu'elle cachait et sa poitrine était gonflée en un seul sein couvert de doux duvet. Puis le roi de la savonnette a parlé du temps et de sport et ensuite nous avons eu une longue discussion sur l'inégalité dans la condition agricole. Je pensais encore à elle, et me demandais qui je verrais en premier et si je demanderais à Barbara si l'enfant était de moi, à moins que je décide de ne pas aller la voir du tout. Les filles du Mississippi et de la Louisiane plongent sans réfléchir dans la promiscuité sexuelle lorsqu'elles arrivent à New York. Probablement par besoin de chaleur humaine, car elles ont laissé derrière elles la sécurité d'un foyer, de bonnes écoles, et l'argent, c'est tout ce qui leur reste dans la métropole, l'argent, leur charme naturel et leur manque d'ambition. Il me dépose à Harrisburg, bien que je sache qu'il continue plus loin. Encore un de ces branleurs d'hommes d'affaires, et moi qui aimerais être aussi sûr de moi. Il avait voulu savoir si je prenais de la « dope ». Évidemment, des tonnes de dope. Moi qui suis chimiste, dit-il, je peux vous dire que c'est un vrai fléau. Joli mot que fléau, je réponds, mais je croyais que vous vous occupiez de savon, pas des stups. Je suis à la direction, avait-il dit, je travaille dans le centre, l'usine est en banlieue. A Harrisburg, je n'avais attendu qu'une demi-heure avant d'être pris par un jeune type qui avait un aigle tatoué sur l'avant-bras et coinçait son paquet de Lucky dans la manche de son tee-shirt. Sa radio marchait à fond, trop fort pour qu'on puisse échanger plus de quelques mots. Il ne parlait que toutes les heures, pendant les informations. Il sortait de la marine et me raconta que toutes les femmes de Norfolk, Virginie, avaient la chtouille, mais qu'en allant à Richmond, pour une perm d'un week-end, on pouvait s'envoyer une chouette fille de la campagne. Je n'avais jamais été à Richmond, pourtant, plus il parlait, plus j'avais l'impression que je connaissais. J'abondai dans son sens et rajoutai même quelques détails croustillants à son récit. Plus tard ce soir-là, en arrivant à Staten Island, j'avais rêvé d'aller un jour à Richmond et d'y rencontrer ces fraîches filles de la campagne si différentes des gonorrhéiques trumeaux de Norfolk.

J'avais traversé Staten Island en bus et marché jusqu'au port après avoir bu quelques verres. Le barman m'avait demandé si c'était en Floride que j'avais bronzé comme ça et je lui avais dit, non, j'ai travaillé dehors, et y'a toujours plus de soleil dehors que dedans. Il avait opiné du bonnet d'un air entendu. J'avais attendu le ferry à peu près une heure dans une salle d'attente sinistre, gardant un œil sur un groupe de nègres terriblement soûls mais qui riaient tout le temps, et deux jeunes types livides et maussades qui fixaient les gens les uns après les autres avec leurs petits yeux enfoncés comme des olives dans leurs visages en pâte à pizza. Une fois à bord, j'étais monté immédiatement sur le pont, d'abord à l'arrière, d'où j'avais regardé s'éloigner l'île à peine éclairée, puis à l'avant, d'où j'avais regardé Manhattan se rapprocher lentement. L'eau noire, si noire, en dessous de nous. Je n'ai qu'une confiance limitée dans la capacité à flotter des bateaux. Capitaine, quel âge a ce bateau que j'ai pris tant de fois avec telle ou telle de mes amies? La première fois, c'était une fille avec qui je vivais et je lui avais raconté que j'avais vu un vrai écrivain ce jour-là à l'heure du déjeuner : Aldous Huxley, debout au coin de la Cinquième Avenue et de la 57ᵉ Rue, grand, hagard, les yeux dans le vague, tenant une jeune fille par la main. Elle était très jolie, cette jeune fille, et je les avais suivis jusqu'à la 53ᵉ qu'ils avaient prise pour aller au musée d'art moderne, dont je n'avais pas de quoi payer l'entrée. J'aurais voulu entendre leur conversation, pour voir s'il disait des choses aussi intelligentes que dans *Jaune de chrome* et *Contrepoint* et tous ces autres livres où les jeunes gens de mon âge avaient une âme qu'il qualifiait « d'imperceptible membrane ». Lors de ma dernière année de lycée, je m'étais fabriqué un personnage calqué sur ces jeunes gens, en ajoutant à ce modèle une large dose de Stephen Dedalus en guise de *bouquet garni.* Je serais devenu un petit merdeux prétentieux, si je ne m'étais ensuite plongé corps et âme dans Whitman, Faulkner, Dostoïevski, Rimbaud puis Henry Miller qui fut une transfusion continue, une nourriture contre la mélancolie. A dix-huit ou dix-neuf ans, c'est plus une certaine force que le plaisir que l'on recherche dans la lecture. Sur une ficelle tendue en travers de ma minuscule chambre, j'avais accroché deux portraits, l'un de Rimbaud, l'autre un dessin jauni de Dostoïevski, avec son grand front bombé qui semblait contenir tous les maux et les joies jamais connus par l'homme, jubilation et malédiction simultanées. Mais les réalités de la vie l'emportent toujours, et pour un garçon de salle ou un journalier qui sarcle les patates ou ramasse le foin, le labeur pèse plus lourd que les grandes idées. Pour un p'tit gars fauché des Midlands, le premier sandwich chaud au pastrami chez un traiteur est une incroyable merveille. Pourquoi n'avons-nous pas ça chez nous? Les lions devant la bibliothèque semblaient magnifiques, tout comme l'idée que je pouvais me balader à mon gré parmi ces rayons de livres, où je vis un jour un manuscrit de Keats. La cité des mille et une merveilles, pensais-je. Et la splendeur de mon premier joint d'herbe, dans un coin sombre du Five Spot où Pepper Adams jouait avec Elvin Jones qui faisait ses solos de batterie d'une demi-heure, grognant et transpirant continuellement dans son costume bleu qui finissait par virer au noir. A dix-huit ans, j'étais mal préparé à absorber quoi que ce fût, et j'errais dans une hébétude rêveuse au milieu de la ville.

Maintenant, deux ans plus tard, sur le ferry qui se rapprochait de Battery Park, la ville paraissait plate, petite, une décalcomanie sur l'horizon, suppurante de saleté et de mal glacé. Pas de promesse d'avenir en elle.

J'entrerais et sortirais avec promptitude après deux courtes visites. Ou je serais heureux de la voir rasée par une vague géante due à une comète qui serait tombée dans l'Atlantique à quelques kilomètres au large et aurait bouché le port de cadavres de calmars. L'eau au-dessous de nous me semblait glauque et puante. Je vais prendre le métro vers le centre et marcher jusqu'à l'aube. Curieusement, je ne me suis jamais senti en danger dans New York. Peut-être était-ce dû à mon innocence, quand je m'étais promené les premières fois dans Harlem, Spanish Harlem et le Lower East Side, et évidemment mes vêtements minables, anonymes, faisaient de moi une proie inintéressante. Je m'étais même senti tout à fait tranquille, assis sur un banc dans ce que j'appris par la suite être Needle Park. Je bavardais, à l'aise, avec les putes et les junkies, curieux de savoir comment ils vivaient, ce qu'ils pensaient. Un de mes amis m'avait dit que je n'avais jamais été importuné parce que mon œil torve me donnait un air menaçant et hostile. Combien de fois me suis-je adressé à des gens dans la rue uniquement pour les voir sursauter et regarder derrière eux si je ne parlais pas à quelqu'un d'autre. Quoi qu'il en soit, je me sentais en sécurité. Et je n'avais jamais hésité à aller où je voulais. En trois séjours à New York, je n'avais été mêlé que deux fois à des incidents qu'on pouvait qualifier de violents. La première fois, nous allions à une fête à Far Rockaway et une fois, dans Brooklyn, des petits cons qui lacéraient au couteau les sièges du métro avaient forcé l'ouverture de la porte pour ramasser de la neige sur le quai. Nous étions cinq, trois filles de Barnard et un de mes amis qui fabriquaient des sandales dans le

Village. Sa petite amie avait dit à un de ces minables de ne pas lui lancer de neige ce qu'il avait immédiatement fait, juste au moment où nous arrivions à la station. Nous les avions virés du wagon et pourchassés sur le quai où mon copain en avait attrapé un par les cheveux tandis que je coinçais l'autre au bout du quai en criant : Va te faire électrocuter, connard! Il avait traversé les voies en courant et grimpé la grille de l'autre côté. Quand j'étais revenu, le conducteur retenait la rame et l'autre crapule sanglotait comme un bébé, assis par terre. Mon ami m'attendait là, avec dans la main une mèche de cheveux. Il m'avait raconté qu'il lui avait filé quelques baffes, mais sans plus. La fille avec qui j'étais m'avait dit de ne plus jamais faire ça si je ne voulais pas me prendre un coup de couteau dans le ventre. Mais j'avais vu en quelques mois trop d'actes de violence se dérouler dans le métro sans que ni le conducteur ni aucun autre employé intervienne. Le second de ces incidents fut d'autant plus désagréable qu'entièrement de ma faute. J'étais avec des gens dans un bar fréquenté par des peintres. Quand j'étais allé aux toilettes, un homme bien habillé, en train de se peigner debout contre l'urinoir m'avait dit : « Vous aimez vraiment ce bar, vous autres pédés. » Je l'avais frappé de toutes mes forces, en plein sur l'oreille, puis encore une ou deux fois au visage et enfin au creux du plexus, alors qu'il s'écroulait déjà. Ses lunettes étaient tombées, je les avais piétinées. Assis là, il m'avait regardé d'un air idiot puis avait tendu la main en disant que j'étais vraiment une tante, alors je lui avais enfoncé la tête dans la cuvette des chiottes qui n'était pas vide. Puis j'étais retourné à ma table. Mais il était sorti à son tour et allé se plaindre au barman qui vint me dire : Vous n'auriez pas dû faire ça à un de nos bons clients. Un des peintres intervint, expliqua que ce type « prenait son pied » en se faisant foutre des raclées dans les chiottes. J'étais terriblement gêné, mais ils se remirent à parler de De Kooning comme si de rien n'était. J'ai toujours détesté toute forme de violence, à tel point qu'assister à une bagarre me laisse souvent vaguement tremblant et nauséeux.

Après avoir marché quelques heures plus ou moins vers l'ouest, je compris qu'il allait faire très chaud. Les monts Huron sont à peu près à la même latitude que la ville de Québec mais, quand le vent qui souffle du lac Supérieur s'arrête, l'été devient presque insupportablement lourd. L'année précédente, quand j'avais campé dans les landes de Yellow Dog, j'avais passé le plus clair de mon temps à faire trempette dans l'eau fraîche de la rivière. La chaleur était si intense et la forêt si sèche, si grillée, qu'une seule allumette aurait suffi à déclencher un terrible incendie, un Dresde des bêtes sauvages, le feu bondissant en avant par vagues orange à trois cents kilomètres à l'heure, la vitesse d'une avalanche. Comparaison dont quelqu'un devrait tirer des tas de fausses conclusions. Ne jamais oublier que l'ontogénie récapitule la phylogénie. Et vice versa. Courge, dans son grand veuvage, crée quotidiennement des mondes mathématiquement similaires. Un sillon labouré ressemble à un vagin ouvert et ainsi de suite. Un pétard est un faux braquemart et un braquemart un faux pétard, inutile si les Japonais envahissent la Californie. Je n'ai appris que la semaine dernière que nous vivions des temps apocalyptiques. Peut-être « les derniers jours ». Oui, bien sûr que je me fabrique une amulette contre le mauvais sort, un collier avec un pendentif en crottin de cheval recouvert de chocolat. Le problème à résoudre est plus celui de notre lente suffocation par ersatz que d'une apocalypse. Trop de rats dans le tonneau à grain et beaucoup d'entre eux s'enfièvrent et meurent d'angoisse, la mort de l'esprit vient d'abord, celle du corps est plus lente. Je gravis poussivement une colline, passant à travers un bois chablis de peupliers et de trembles, et m'assis au sommet sur un rocher couvert de mousse. De la verdure à l'infini, je suis encerclé par la forêt, aucun signe d'une présence humaine, pourtant ils étaient là il n'y a pas longtemps pour couper les arbres dont la pulpe nourrit les usines à papier. Ou pour abattre les cèdres et les débiter en planches avec lesquelles seront construits les baraquements des ouvriers de l'automobile de Detroit, à bien mille kilomètres d'ici. Au bout d'un moment, j'avais retrouvé mon souffle et je redescendis en direction du nord vers un petit lac que j'avais repéré à environ cinq kilomètres. J'y piquerais une tête et repartirais vers l'est. Je remarquai que j'avais oublié de fumer depuis plusieurs heures et jetai un coup d'œil aux taches de nicotine sur mes doigts, pensant à la façon dont mes poumons retrécis pompaient l'air pour en retirer l'oxygène que réclamait mon cœur. Une crise de folie et je piétine un demi-paquet de cigarettes, l'écrase dans les feuilles mortes. Laid, ce paquet, très laid. Je m'agenouille et creuse un trou dans le sol en sachant que je vais regretter ce geste avant d'être arrivé au lac. Je me sens de nouveau complètement vidé de mes forces et je me mets à courir à travers les bois aussi vite que je peux. Ma colère nourrie par la pensée de cette fille qui essayait de deviner mon signe. Au cul, les horoscopes. Je me souviens pourtant d'avoir rêvé que je courais à travers un marécage comme un centaure, puis que je plongeais dans une rivière pour y laver la boue de mes flancs. Et aussi d'avoir pris mon arc sur mon épaule et tiré une flèche vers un arbre, sans raison. Mais l'insupportable, c'est la connerie des prévisions quotidiennes, l'astrologie triomphante. Les alchimistes avaient suffisamment de bon sens pour se cacher, de même que les véritables tenants du culte de Satan restent anonymes et réalisent leurs exploits en privé. Je lui avais dit que j'étais un espion, révélant ainsi que je n'en étais pas un malgré mon Luger et mon Burberry. La magie noire et l'astrologie exigent un long apprentissage et de sérieuses études. Puis le novice découvre qu'il n'y a ni secrets ni véritables mystères, mais un Secret, pas de livres saints mais un savoir non écrit enfoui au centre de la terre. La face cachée de la lune est simplement cachée dans l'ombre glaciale, et Jupiter et Saturne sont des particules de cerveau lancées dans l'espace avant que le temps n'existe. Je perdis le contrôle de mes pieds, glissai le long de la pente sur les fougères et heurtai de plein fouet le tronc d'un mélèze. Assommé, je restai allongé le souffle court, trempé de sueur, proie rêvée sur laquelle foncèrent immédiatement mouches et moustiques. Es-tu Poissons? demande-t-elle. Non, dis-je en la giflant avec un hareng gras que je tiens négligemment par la queue. Je peux te lécher le minou, Balance? T'enfiler par-derrière, Scorpion? Enfoncer Popaul dans ta gorge profonde, Taureau? Je me retournai, cherchant automatiquement mes cigarettes là où elles n'étaient plus. Peut-être pourrais-je remonter en haut de la colline et retrouver leur tombe. En sauver au moins une. Ça m'apprendra. Le soleil pointait à peine au-dessus des fougères, entre les troncs droits, fins. Marie-Jeanne et Sniff la souris descendent dans le trou d'une souche. Miniaturisation par poudre magique. Personne ne met jamais la main dans le trou sombre d'une souche. Le naturaliste imbécile qui tenterait de le faire mériterait d'être mordu. Je pensai au chasseur de pumas que j'avais rencontré près de Duchesne, Utah. Longs cheveux gras qui tombaient sur ses épaules, chemise de daim tachée. Tandis que nous roulions dans son antique Plymouth, il se plaignait de ce qu'aucune Mormone ne voulait baiser avec lui parce que ces gens-là restent entre eux. Quand le puma ne payait pas assez, il attrapait deux ou trois grands sacs de serpents à sonnette qu'il vendait à la recherche médicale. Cinq dollars pièce. La voiture avait refusé d'arriver jusqu'en haut d'une pente, mais un routier nous avait poussés avec son camion. Il m'avait aussi raconté qu'il habitait avec son frère qui travaillait dans un ranch près de Roosevelt, mais qu'il préférait dormir à la belle étoile. Il partait à cheval vers le nord, dans le Wyoming, parcourait jusqu'à cent kilomètres sans rencontrer âme qui vive. Ou plus encore vers le sud, le long de la Green River jusqu'au plateau des Tavaputs. Il m'avait donné l'adresse d'une fille de Vernal, qui pourrait peut-être se montrer « gentille » avec moi. Mais j'avais été pris ensuite par un prêtre catholique qui, à Vernal, m'avait fait attendre dans sa voiture pendant qu'il allait manger. Il avait assez confiance en moi pour me laisser dans sa voiture, dont il avait soigneusement mis les clés dans sa poche, mais ne m'aurait pas payé à bouffer. Il avait la voix nasillarde d'un canard de dessin animé et son sermon avait fini par résonner à mes oreilles comme une longue tirade de Donald. Ensuite, pourtant, nous avions fait ami-ami, il m'avait même offert à dîner et je lui avais raconté les mensonges que les baptistes répandaient à propos des catholiques – une histoire de tunnel entre le couvent et le monastère, tunnel dont le sol était jonché de squelettes de bébés. Il avait pris ça très au sérieux et m'avait dit que nous devions prier pour eux. Allongé dans les fougères, j'étais heureux qu'il n'y eût pas de serpents venimeux si loin au Nord. Je n'aurais pu alors me rouler par terre dans les feuilles aussi impunément. Quand ma sueur commença à sécher, je me levai, mangeai quelques raisins secs et bus une gorgée d'eau. Que n'aurais-je pas donné pour une cigarette. Énervé par une mèche de cheveux qui me tombait sur les yeux, je sortis mon couteau et la coupai à ras, puis attachai mon mouchoir rouge en bandeau autour du front. Joli Baba veut son tabac. Et une taverne et une bouteille de château-margaux et un cheval pour retourner au campement tout ramasser et repartir jusqu'à l'endroit où est garée sa voiture et où il abandonnera le cheval pour rouler droit sur New York jusqu'à l'Algonquin ou le Plaza d'où il enverra un larbin à la Boutique Bill Blass de chez Bonwit lui acheter de quoi se vêtir dignement de l'outrageuse gloutonnerie alimentaire et sexuelle de la haute. Épuisant. Épuisants, ces endroits chics et les salles à manger edwardiennes où, si l'on arrive pour prendre son petit déjeuner sans cravate, un serveur se précipite sur vous pour vous en nouer une autour du cou avant que vous ayez eu le temps de péter ou de siffler. Les riches n'oublient jamais leur cravate et, jusqu'à dix-neuf ans, c'est toujours mon père qui m'a fait mes nœuds de cravate, tout simplement parce que je n'arrivais pas à piger le truc. Je marchais maintenant sur un terrain en contrebas, plus mou. Le lac ne devait plus être loin. J'essayai de contourner le marécage mais finis par m'y enfoncer, désespérant de trouver un chemin sec. Je repérai une butte et grimpai sur un bouleau d'où je vis l'eau, droit devant et pas très loin. Le bouleau avait un tronc trop épais pour plier sous mon poids et me déposer doucement près du sol, sport dangereux car, si l'arbre est trop gros, vous vous retrouvez suspendu par les mains bien trop haut au-dessus du sol et vous n'avez plus qu'à sauter. Ce serait malin de me casser une jambe ici et d'avoir à ramper pendant des jours et des jours pour rejoindre la voiture. Jim Bridger, le héros de mon enfance, ne se serait jamais laissé surprendre dans une telle situation, mais il ne serait pas non plus entré au Plaza sans cravate, sauf peut-être pour y mettre le feu ou y casser la figure à quelqu'un. Il reste encore quelques hommes de sa trempe. Près de Timmins, Ontario, un de mes amis avait vu un métis transporter deux cents kilos de viande d'élan sur son dos. J'atteignis le lac et repérai près du rivage, sur ma gauche, un banc de sable où je pourrais laisser mes vêtements quand j'irais nager.

J'étais entré dans un bar près de Battery Park où j'avais mangé mon sandwich au pastrami et bu cinq doubles bourbons, histoire de me refaire une santé. Cette nuit passée sous la pluie m'avait glacé le sang. Il n'y avait là que quelques vieux indéfinissables qui radotaient tout seuls – New York a la plus grande concentration mondiale de radoteurs au mètre carré. Une Bulova pour avoir travaillé jusqu'à soixante-cinq ans pour la Ville et le radotage commence. Chemises mouchetées de postillons. Le barman regardait avec une attention soutenue le show télévisé de Jack Paar où une célébrité dénonçait la frime de Hollywood. Miam, miam, mignonne et maligne. Je veux aller là-bas un jour, prendre une chambre, me balader et défier Esther Williams à une course de natation : cinq mille mètres dans le Pacifique avec pour enjeu le destin du monde. Mille films m'ont empoisonné l'esprit. James Dean, ô James Dean, où es-tu maintenant? A trois mètres sous terre en Indiana. Je ne suis pas comme Robert Mitchum dans *Thunder Road*. Nous n'avons jamais eu la télé avant que je sois sur le point de quitter la maison, à dix-huit ans. Je n'aime d'ailleurs toujours pas la télé, son écran est si petit et on ne sait jamais, on pourrait s'apercevoir en allant dans les studios qu'en réalité tous ceux qu'on y voit sont effectivement minuscules. J'avais demandé un verre d'eau et avalé trois amphètes. C'était parti mon kiki. De nouveau dans la rue, marchant vers le métro et ça commençait à accélérer.

J'étais descendu à Sheridan Square et j'avais pris Grove Street pour jeter un coup d'œil à l'immeuble où j'avais vécu l'année précédente. Des larmes de bêtise envahirent mes paupières. Comme pendant l'hymne national avant un match de foot. Je regardai la maison et fis demi-tour pour aller prendre un café au Rikers. A côté de moi, une grande folle demandait du sucre en battant des faux cils. Chochotte, va. Je m'étais senti pris d'un élan de sympathie. Qu'est-ce que ça peut nous faire, avec qui ils baisent et pourquoi? Pourquoi légiférer l'amour? Je sais de source sûre qu'il y a plus de travestis et reines du rond flamboyant au Congrès qu'à Laredo, Texas, ou Springfield, Massachusetts ou même Malibu Beach. Un rapport confidentiel classé sous le titre « Chine » dans les archives de l'Institut national des arts et des lettres analyse quelle organisation pourrait vernir un vase Ming avec des bulles. Bien sûr, pris un par un, les membres du Congrès sont du type alpha, mais, en période d'élection, chacun file un petit coup de main à son voisin. Je vidai ma tasse. Trois amphétamines étaient deux amphétamines de trop. Et si j'avance à la vitesse de la lumière, c'est mon problème. Je me dirigeai vers Sullivan Street où elle habitait, dans cette crasse qu'elle adorait et méritait. Si elle n'est pas là, je lécherai mon nom sur sa porte, et, à moins qu'elle ne rentre avant que ma salive ait séché, elle ne saura jamais que je suis venu. Dans la 4e Rue Ouest, avec toutes ces fringues pour exprimer ton vrai moi. Fanas d'opéra mangeant des manicotti, se mettant à chanter la bouche pleine de sauce tomate. Musique qui sort de trous sanguinolents. Si j'étais appelé sous les drapeaux, j'emporterais du ketchup et je ferais le mort jusqu'à ce qu'ils me relâchent. Une fille, devant une boîte aux lettres sur la Sixième Avenue, conduite là par son élégant lévrier afghan. Si belle avec ses longues jambes, ses hanches et ses fesses hautes. Sois à moi, s'il te plaît. Quelqu'un pourrait-il nous présenter immédiatement? Elle s'éloigne, ses globes frottant l'un contre l'autre là où mon nez ou mon nœud aimeraient se fourrer. Si seulement je pouvais renverser la vapeur et revenir sur terre. Je veux rentrer chez moi et clouer des planches et porter ma gamelle vide jusqu'à la voiture et entendre maman me dire comment ça s'est passé aujourd'hui. Mal, très mal. Je me suis tapé deux fois sur le pouce, et très fort. Le premier jour où j'avais travaillé sur un chantier d'irrigation, je m'étais arraché trois ongles. Un cri à travers le champ aride que l'eau a éclaboussé en dispersant mon sang. Enfin Washington Square et sa rue. Des gens qui jouaient aux échecs dans le noir et, au rayon viande, une dizaine d'étalons. Os à ronger pour quelques dollars. J'achetai un sac de pistaches et m'assis sur un banc pour regrouper ce qui restait de mes pensées. Quand je serai riche, je louerai les services d'un Prix Pulitzer qui aura pour seule tâche de casser mes pistaches. Le reste du temps devra être passé à caqueter au poulailler. Mais attention, défense de toucher aux œufs.

Dans l'escalier. L'heure H est arrivée et pas un mot intelligent ne se forme au fond de ma gorge. Peut-être devrais-je faire dans le genre zen : « Je suis ici parce que je suis ici parce que je suis ici. » Puis le maître sortira en courant d'un placard à balais et me fera tomber à terre dans un bruit qui n'est autre que celui d'une claque sèche. Toc-toc. Ça sent la soupe au chou, comme d'habitude. Toc-toc. Et le poisson et le soi-disant Monsieur Propre. Une grosse fille aux yeux bouffis ouvre la porte.

– Vous m'avez réveillée.

– Dommage. Laurie est là?

– De la part de qui?

– Swanson.

– Elle finit à trois heures et demie.

Elle commence à refermer la porte.

– Une minute.

Je me force un passage dans l'étroite entrée puis dans le living genre artiste. Il y a un canapé contre le mur du fond, je m'y laisse tomber et m'y allonge.

La grosse fille hausse les épaules sous sa robe de chambre et part dans une autre pièce. J'essaye de fermer les yeux mais ils piquent. Il y a des livres, des magazines et des disques éparpillés par terre et des programmes de théâtre punaisés aux murs. Et une toile de Moses Soyer représentant une fille dont les cuisses partent de travers là où elles se glissent sous sa robe rouge. Imprimé par Larry Rivers. Une copie d'un Chaim Gross sur un guéridon. Laurie travaille au comptoir chez un gros traiteur de l'East Side qui nourrit la riche foule du Temple Emanu-El. Je l'ai rencontrée la première fois que je suis venu dans l'Est, quand je voulais aller travailler à Washington, j'avais même une lettre de recommandation signée de la main d'un important homme d'affaires. Mais j'avais pris un mauvais aiguillage à Philadelphie, mis en gage la montre Wittnauer que j'avais reçue pour mon baccalauréat et étais allé à New York. La pièce s'assombrit, mes nerfs meurent un peu, mon corps s'amollit sur les coussins. La grosse met un disque dans la chambre d'à côté – léger, doux, latino, et je vois des Mexicains et je suis de retour à San José, couvert de palmes. Puis debout sur l'asphalte brûlant du parking de la gare routière. Palmiers aux troncs nus, plis de peau d'éléphant et plumets d'ananas. Je mange du ragoût de tripes, *menudo.* J'adore le ragoût de tripes accompagné de bouillie de maïs et de poivrons rouges.

Laurie me réveille. Je sais que je n'ai dormi que peu de temps, mais je sens mon cou douloureux de la mauvaise position dans laquelle je suis resté. Elle est un poil plus mince et ses taches de rousseur ne semblent plus se voir autant. Elle sent la langue de bœuf et le pastrami.

– Qu'est-ce que tu fais là?

Elle parle doucement, sa voix a toujours été celle d'une enfant, une voix de lait de toilette de bébé.

– Je me reposais.

Je la prends par le bras pour la faire asseoir sur le divan à côté de moi.

– Tu t'es marié? me demande-t-elle.

– Je viens d'arriver en stop. Ça m'a pris quatre jours.

– Attends-moi, je vais me changer.

Elle s'avance vers une penderie toute de guingois, en sort un jean et un sweater. J'ai de nouveau sommeil, mais son uniforme glisse à terre. Elle le ramasse. Ô, mon Dieu.

– Viens ici.

Elle se retourne, sourit et marche vers moi en culotte et soutien-gorge. Son ventre si délicieux. Elle s'allonge à côté de moi et nous nous embrassons, nous ne pouvons arrêter de nous embrasser jusqu'à ce qu'il me faille défaire ma ceinture, baisser mon pantalon et sa culotte, enlever son soutien-gorge et arracher ma chemise. Alors mes mains sur ses seins nus. Puis elle s'assied, remue ses hanches en me mettant en elle, me sourit de nouveau puis s'allonge et nous nous embrassons jusqu'à la fin. Je suis submergé d'amour pour elle. Parce que je l'aimais, je ne me suis jamais senti distant après avoir fait l'amour avec elle. Nous parlons inutilement de ce qui faisait que ça n'avait pas marché entre nous. C'est-à-dire moi. Je haïssais New York et un jour je l'avais giflée. Et j'avais rencontré ses parents qui me haïssaient et refusèrent de me parler – je n'étais pas juif, vous comprenez. Je l'embrasse dans le cou et elle se glisse le long de mon ventre, et me refait bander avec sa bouche. J'enlève mes bottes et mon futal, la pénètre une seconde fois en me balançant doucement d'avant en arrière, ses jambes autour de moi, sa bouche contre la mienne. Puis je m'endors.

Assis sur le banc de sable, je fumai une cigarette imaginaire. Il devait faire vingt-cinq degrés, je me levai, me déshabillai, et fis une petite danse en tournant en rond sur le sable. Boum boum boum boum boum, je suis un Indien de trente-deux ans, et mère nature elle-même voit mon fou furieux cul nu et s'en fout. Une brise juste suffisante pour tenir les insectes à l'écart. J'entre dans l'eau froide, frissonne sans le vouloir. Comme quand on pisse dehors lorsqu'il fait vraiment froid. Non seulement un Indien, mais un Cheyenne, parce que les Cheyennes ont eu pour vivre le plus beau des pays pendant des milliers d'années, à savoir le Montana quand il ne s'appelait pas encore le Montana. Je pousse un long cri cheyenne, plonge et nage sous l'eau les yeux ouverts vers le fond trouble. Je ressors, regarde le rivage. Pas mal. A douze ans nous avions fait un jour à l'insu de nos parents deux fois le tour du lac à la nage, ce qui nous avait pris neuf heures. Il lui avait dit : « Nage sur le dos. » Pas bien, pourtant, de mettre le pétard dans la bouche de la grenouille. Où a disparu la grenouille? A droite, à gauche et en petits morceaux.

Je nageais paresseusement au milieu du lac et regardais vers le fond noir en souhaitant que s'y cache un monstre marin contre lequel je pourrais me battre. Quand je revins vers le rivage, une crampe me paralysa la jambe gauche, je continuai en la laissant traîner toute molle derrière moi. Je m'allongeai sur le sable, la tête sur mes vêtements et massai le muscle jusqu'à ce que la crampe disparaisse. Popaul va prendre un coup de soleil. Allongé sur le dos, je m'arc-boute vers le ciel. Où est ma squaw que je la tripatouille un peu. Pocahontas, princesse indienne au char resplendissant. Nouveau débat à la mode : qui s'est fait le plus avoir, les Noirs que nous avons amenés dans ce pays comme esclaves ou les Indiens que nous avons totalement dépossédés? Sand Creek. Harper's Ferry. Ce qui revient à demander qui dans une guerre a été le plus « mortellement » tué. Dites à ceux qui passent dans le coin que je suis couché là, les mâchoires de mon squelette grandes ouvertes, criant une malédiction éternelle, des mots de vérité sans sentimentalité. Pourquoi ne peuvent-ils apprendre à devenir de gentils garçons et de gentilles filles? Couvertures délibérément infectées de microbes varioliques, rapines, expéditions, massacres, avidité et cent millions de peaux envoyées à l'Est. Après m'avoir déposé, les Paiutes avaient tourné à gauche sur une route gravelée qui traversait cinquante kilomètres de désert jusqu'aux baraquements métalliques que l'État leur avait gracieusement offerts. Des piaules qui gardaient la chaleur en été et le froid en hiver. Nous nous étions passé une bouteille en riant d'une chanson que chantait à la radio une chanteuse de cabaret. Voiture crasseuse, chaude odeur de gaz d'échappement et cheveux aile-de-corbeau. Avec une poignée de sable, j'écrivis mon prénom sur mon ventre. Un avion passant à basse altitude le voit, le lit et sonne l'alarme. Le ténébreux prince orphelin erre de nouveau parmi nous. Cachez femmes et enfants. Formez un détachement. A considérer comme armé et extrêmement dangereux, au même titre que Cleaver. Je roulai dans le sable, roulai encore sur moi-même comme une bûche jusqu'à l'eau et en bus un peu. Délicieuse. Un lac alimenté par une source. J'aimerais tant que mon père soit là, qu'il apporte ses cannes à lancer pour voir s'il y a des truites. Il sortirait du bois dans ces vêtements de chasse qu'il portait quand il partit ce matin de novembre. Et ma sœur derrière lui cueillerait des fleurs et ramasserait des champignons pour manger avec les truites. Sept ans déjà. Je ne disais à personne qu'ils étaient encore vivants. Qu'ils marchaient sur l'eau et les cimes des arbres à longues enjambées. Ni que Dolly Parton, ma chanteuse préférée depuis que Patsy Cline était morte avec Cowboy Copas dans le fameux accident d'avion, chante : « Papa vient me chercher. Ce n'est pas ma tête qui s'est brisée, c'est mon cœur. » En fait, elle avait craqué après une histoire d'amour et vivait depuis dans un asile psychiatrique. Meaulnes ne retrouvera jamais la fille de la grande maison et quand Heathcliff déterre Cathy, c'est de la pure nécromancie. J'ai toujours des frissons à la pensée de cette scène, ainsi que de celle où le dogue mord sa ravissante jambe. Je barbotai jusqu'à un bouquet de roseaux et regardai sous l'eau leurs tiges et leurs racines.

Cette fois, je me réveille en tremblant. Tous ces poisons dans mon corps. Laurie entre et me tend une tasse de café. Puis elle se dirige vers le bureau et, très appliquée, roule un joint dans lequel elle met des petits morceaux de hasch, ce qui est d'une certaine façon du gâchis, mais un gâchis bien agréable. Elle l'allume et me le tend.

– C'est pour toi. J'en ai fumé un pendant que tu dormais.

J'aspire à fond et tousse, tout en gardant la fumée aussi longtemps que possible, exhale et aspire encore. Il ne reste qu'un bout de mégot et je mâche le résidu de résine amère. Et c'est de nouveau parti, mais agréablement cette fois. Je me lève, vais dans les chiottes, lave ces mains et ce visage distants qui ne m'appartiennent pas, regarde ces yeux rouges dans la glace. Et ma poitrine – avec ces tétons en yeux de babouin et ce nombril qui traverse tout mon corps comme un tunnel. Quand je reviens, je trouve la grosse fille en train de discuter avec un jeune homme à qui on devrait immédiatement arracher sa barbe jaune coupée en collier. Cureton sorti tout droit de Chaucer. Ils me regardent, je suis nu et disparais. Je jette un coup d'œil à ma bite aussi épuisée qui si elle s'était récemment soûlée à mort. Laurie commence à parler de l'année dernière et je n'entends pas grand-chose de ce qu'elle raconte. Je bois du café dans le verre en plastique sale, le regarde descendre dans le tuyau jusqu'à mon estomac où il fait un petit lac noir.

– Qu'est-ce que tu as fait?

– Quoi?

– Qu'est-ce que tu as fait pendant tous ces mois?

– Rien. Comme d'habitude.

– Oh.

Puis elle s'est mise à me raconter une aventure qu'elle avait eue avec un peintre et comment il lui avait fallu plusieurs semaines pour s'habituer à faire l'amour avec un autre homme. Et aussi qu'un type lui avait sauté dessus dans le métro mais qu'elle avait réussi à le repousser pendant qu'il commençait à baisser son pantalon. Elle avait failli en faire une dépression, et maintenant, pour décourager d'éventuels assaillants, elle se baladait avec une longue épingle à chapeau. Tu te souviens, dans l'appartement de Grove Street, quand on transportait le matelas sur le toit et qu'on se roulait un pétard qu'on fumait en écoutant les bruits de la rue? Et comment on se retrouvait couverts de suie si on restait trop longtemps là-haut? Je me rappelais le toit rugueux sous mes pieds nus. Je sentais encore le frisson, comme quand on marche sur une planche tiédie par le soleil ou qu'un ongle grince sur le tableau noir. Assise à côté de moi, elle pleurait, reniflait et disait d'une voix étranglée que cette fois il fallait que je reste, que ce serait bien mieux qu'avant.

– Tu as quelque chose à manger?

Stupéfiée par l'incongruité de ma question en un tel moment, elle secoua la tête. Je lui dis que j'allais chercher de quoi nous nourrir chez un Chinois, puis je m'habillai à toute vitesse et enfilai mes bottes sans remettre mes chaussettes. Il ne restait plus que trois boutons à ma chemise. Qu'étaient devenus les autres?

– Tu reviens?

– Évidemment, que tu es bête.

Elle me suivit jusqu'à la porte, m'embrassa. Je partis sans me retourner et, une fois dehors, je sus que je ne reviendrais pas. Je cherchai une station de métro pour aller vers Uptown. A un coin de rue, trois jeunes délinquants appuyés contre une boîte aux lettres se donnaient des coups de coude en me regardant. Bien qu'encore assez défoncé, je sentis mon corps se raidir. Je refermai ma main sur mon couteau, au fond de ma poche. Au moment où je passai, l'un d'eux cracha par terre, ratant mes bottes de peu. Je continuai mon chemin l'oreille aux aguets, mais n'entendis aucun bruit de pas derrière moi. Ça aurait été marrant de leur filer un grand coup de lame à tous les trois en même temps. Le problème, c'était que moi aussi, je risquais de me faire taillader. Rien qu'à cette idée, je sentais la douleur brûlante que ferait leur lame en s'enfonçant dans mon flanc.

Je remonte au-delà de la 70e Rue Est, là où tout est tranquille et agréable. La première porte est ouverte, pas la seconde. Je regarde la liste de noms. Numéro 24. J'appuie sur le bouton. Une ville de murs.

– Oui? dit la voix dans le parlophone.

– C'est moi.

Bourdonnement et déclic. Sol et murs de marbre sans odeur précise. Deux tricycles dans un coin pour la promenade quotidienne. J'appuie sur un autre bouton et entends le bruit de l'ascenseur qui descend et des câbles qui grincent les uns contre les autres. L'aube approche maintenant et il n'y a pas beaucoup d'oiseaux qui chantent. Je monte dans la cage aux parois pastel avec un miroir dans un coin pour s'assurer qu'aucun violeur n'est accroupi dans le recoin, la lippe baveuse. Va-t'en, méchant homme. Personne ici ne veut de ton frétillant flageolet. L'ascenseur s'arrête. Debout à la porte de son appartement, elle fume une cigarette. Bien. Nous nous embrassons, mais mes yeux restent ouverts et je vois qu'elle tend le bras pour écarter la fumée. Puis nous nous séparons et entrons. Elle me regarde attentivement.

– Tu es défoncé et tu pues.

– C'est joli, chez toi. Ton virement mensuel a augmenté?

– Oui. Ils ne veulent pas que je rentre là-bas avec le bébé.

– Je peux le voir?

Je la suis dans une petite chambre accolée à la sienne en me disant qu'elle doit payer au moins trois cents dollars de loyer et peut-être plus. Son père versait soixante-six dollars pour sa maison. Il y a un berceau dans le coin et d'autres affaires de bébé. Ça sent cette odeur douceâtre que tous les bébés semblent créer autour d'eux. Je l'entends respirer mais ne le vois pas bien. Je n'arrive qu'à deviner la courbe d'une petite tête.

– Il est de moi?

Elle allume une autre cigarette et nous retournons sans bruit dans le living. Elle a une robe de chambre à magnifiques dessins jaunes, la moquette est épaisse et très douce et je me sens en apesanteur. Nous nous asseyons, nous regardons.

– En fait, je ne sais pas. Mes parents pensent que oui.

– Combien sommes-nous sur la liste?

– Ça ne te regarde pas.

Elle rougit et lève les yeux au ciel. Le temps s'arrête.

– Je boirais bien quelque chose.

Elle me verse un bourbon avec de l'eau plate et pas de glace, comme je le buvais avant. Elle me parle des difficultés qu'elle a à trouver quelqu'un pour garder l'enfant, faire le ménage et la cuisine. Elle a une chambre d'ami, mais personne ne veut venir y vivre. Je l'écoute, attentif et soucieux, et bois mon bourbon en quelques gorgées. Un peu plus de poison et mon corps se déchire en tranches de bœuf séché. Elle regarde toujours le plafond, dit combien elle aime le bébé, raconte la dernière visite de ses parents. Elle va peut-être aller vivre à San Francisco et essayer d'y trouver quelque chose à faire. La robe de chambre s'entrouvre sur ses genoux. Malgré la séance avec Laurie, je sens le désir qui remonte. Je m'approche d'elle, me penche et l'embrasse dans le cou. Sel de bain et parfum.

– Tu devrais dormir.

Elle se lève, m'entraîne vers la chambre d'ami. Tandis que je me déshabille, elle me dit : « Prends une douche, je n'ai pas envie que l'air de cette pièce soit définitivement vicié. » Je manque de m'endormir sous le flot d'eau brûlante. Quand je reviens dans la chambre, elle me regarde m'essuyer puis me mettre au lit où je m'endors instantanément.

En sortant de l'eau, je compris à la longueur des ombres projetées par le soleil que j'étais très en retard sur mon programme. Je n'avais parcouru que la moitié du cercle. Même en faisant le reste au pas de course, j'avais peu de chances de rejoindre mon campement avant la nuit. Je mangeai quelques raisins secs en me disant que ce problème n'avait en fait aucune importance. La nature à l'état sauvage aurait raison de moi en quelques semaines si je commettais de telles erreurs. Seules pouvaient y jouer en ma faveur ma nonchalance et ma relativement bonne santé, mais je n'avais pas la circonspection qui fait le véritable homme des bois. S'il y a un endroit au monde où Dieu n'aime pas les imbéciles et les poivrots, c'est bien ici. Et il se fiche qu'ils finissent en nourriture et fertilisants pour la faune. J'entrevis un animal noir à l'autre bout du lac. Un inoffensif baribal qui n'avait pas flairé ma présence avant d'arriver au bord de l'eau. Je n'avais tout simplement pas l'intelligence fonctionnelle de l'explorateur ou du voyageur, et n'avais rencontré que très peu de gens capables de ne pas perdre la boule une fois lâchés en pleine nature. Il faut un certain nombre de connaissances pour savoir s'y nourrir, s'y abriter, y guetter le gibier, et une grande partie de ces connaissances ne s'obtient que si l'on est assez malin, presque instinctivement ouvert à ce qui nous environne. Dans le Montana, j'avais failli tomber d'une falaise parce que j'étais en train de rêver à l'étrange forme aplatie du cul d'une certaine prostituée. Trop musclée, comme une danseuse. La prochaine fois, j'en choisirai une autre me disais-je au moment où mon pied avança dans le vide. Quelles racines manger? De quoi vivra mon corps une fois qu'aura fondu ce pneu de dix kilos de graisse qui enrobe mon ventre? Je m'imaginais rampant affamé et grondant de rage pour attaquer un vieil opossum malade qui aurait finalement le dessus. Mes mains et mon visage pleins de méchantes morsures. Je lançai alors ma ligne avec l'espoir de ne pas avoir fait fuir les poissons à l'autre bout du lac en nageant tout à l'heure. Puis je retournai dans le marécage où je ramassai autant de bois que possible pour ce que je savais devoir être une longue et inconfortable nuit.

Barbara m'avait réveillé avec un jus de tomate, du café et deux aspirines, dont elle avait à juste titre l'impression qu'elles me seraient utiles. L'après-midi tirait à sa fin et une pointe rouillée s'enfonçait dans chacune de mes tempes.

– Apporte-moi un verre.

– Non, mange d'abord quelque chose.

– Non, de l'eau.

Elle m'apporta un verre d'eau glacée, s'assit au bord du lit. La tête sous l'oreiller, je me mis à gémir. J'avais besoin de drogues.

– Arrête, la femme de ménage est encore là.

Une vieille négresse passa la tête dans l'entrebâillement de la porte en disant que le bébé dormait et qu'elle s'en allait. J'avais le ventre plein de bile et sentais encore au fond de ma gorge un goût amer où le hash se mélangeait au bourbon. Je me levai, me brossai les dents et remarquai que ma peau avait pris une teinte jaunâtre. De retour dans le lit, je souhaitai que ce fût le mien et regardai de dessous l'oreiller pour savoir où j'étais. Ô Seigneur, jamais plus je ne mettrai dans ma bouche autre chose que de l'eau et de la nourriture. Il fait noir et j'ai mal. Quand je fronce les yeux, je vois des étoiles, des points rouges et des petits filaments qui flottent librement dans une humeur vitreuse. Les yeux aveugles voient plus de choses intéressantes quand ils sont fermés, paupières serrées. Ils peuvent alors aussi se retourner et projeter d'autres images sur l'arrière du crâne. J'entendis la porte s'ouvrir et sentis l'oreiller se soulever. Barbara me tendait un porto flip.

– Je vais te prendre un billet d'avion.

– Va te faire foutre.

– Je ne veux pas que tu restes ici. Je ne le supporte pas.

– Je n'en ai pas l'intention. Ça gênerait tes hommes de se sentir observés.

– Tais-toi.

– Tu te répètes.

Elle semblait au bord des larmes, alors je me retournai et lui demandai de me frotter le dos. Elle alla chercher une bouteille de lotion dans la salle de bains et me massa lentement, longuement, des épaules au creux des reins. Avant, nous nous massions souvent, en prétendant que ça n'avait rien de sexuel, jusqu'à ce que le moment arrive où ne ne pouvions plus attendre.

– Tu peux t'asseoir sur ma tête, si tu veux.

– Non.

– Pourquoi?

– Je ne sais pas. Je n'ai pas envie.

– S'il te plaît, fais-le.

– Pourquoi?

– Parce que tu aimes qu'on te lèche.

– Ta bouche est pourrie.

– Alors taille-moi une pipe.

– Tu ne pourrais pas être un peu gentil?

– Si, si tu me tailles une pipe.

Elle se leva, alla à la fenêtre et tira les volets. Heure de sortie des bureaux, bruits de circulation trop dense.

Ils rentraient dans leurs banlieues minables après une longue journée pleine d'ennui et de frustrations. Bob, léchez ces enveloppes et rechargez la cartouche d'encre de la photocopieuse. Oui m'sieur. Elle s'agenouilla à côté du lit et tira sur le drap. Mes orteils vont se recroqueviller dès que je sentirai la moiteur chaude de sa bouche, ses coups de langue, ses dents. Plus loin, s'il te plaît, et comme j'aime ce bruit tiède. Un doigt là où il faut et caresses saccadées du pouce. Viens sur le lit, s'il te plaît, que je m'occupe de toi. Un non étouffé. La vieille plaisanterie : « Dis Patrice Lumumba ou Robert Ruark. » Pas un mot. Je regarde alors comme je peux dans l'ombre qui règne maintenant mais n'arrive pas à me retenir très longtemps. Voir me fait exploser. Elle va dans la salle de bains, j'entends l'eau qui coule. Ma gueule de bois s'est considérablement arrangée et j'enfonce mon visage dans l'oreiller. Noir parfait, si doux. Barbara revient, allume et sourit. Je sens cette douleur que j'ai si souvent ressentie l'année dernière. Elle est si jolie, si séduisante avec son visage grave, alors que son cerveau n'est qu'un fouillis lamentable, inerte. L'argent qu'elle verse chaque semaine à son analyste suffirait à faire vivre quelqu'un agréablement. Et ce n'était pas seulement parce que ma question l'avait heurtée qu'elle ne voulait pas me dire à qui elle donnait son corps, mais parce qu'elle savait que cela irritait quelque chose en moi de vaguement calviniste. Elle disait qu'elle arrêterait si je l'épousais, mais que de toute façon il ne s'agissait pour la plupart que de vieux amis d'Atlanta. Et elle ne pouvait pas leur refuser ça, ils étaient si gentils, elle les connaissait depuis si longtemps. Elle s'approcha du lit et me demanda ce que je voulais pour dîner. J'étais incapable de penser à ça, à mon départ ou à quoi que ce soit d'autre. Quand je l'attrapai par le poignet et l'attirai vers moi, elle résista.

– Non.

– Pourquoi?

Je l'allongeai de force sur le lit, en me disant que je voulais seulement voir son corps une dernière fois, mais je savais que c'était un mensonge. Je ne voulais que me venger d'avoir été cocu, de ces heures épuisantes que j'avais passées consumé par la jalousie.

– S'il te plaît, déshabille-toi.

Elle se leva, enleva très vite sa jupe et son pull, fit un pas vers la lampe. Son slip était bleu pâle.

– Non, n'éteins pas.

Elle s'immobilisa, les mains sur les hanches, se retourna et revint vers le lit, la tête basse. Je savais qu'elle allait se mettre à pleurer. Je me levai, lui enlevai son soutien-gorge très tranquillement, m'agenouillai et fis descendre son slip le long de ses jambes. Elle était terriblement raide, et, comme elle refusait de soulever ses pieds, il fallut que je déchire son slip pour le lui enlever. Les mains sur ses hanches, je l'embrassai. Son sexe avait le goût délicieux du sel de bain à la violette dont elle usait toujours. Puis je l'embrassai et la suçai dans toutes les positions possibles et imaginables pendant je ne sais pas combien de temps. Elle avait fini par se détendre, mais ne disait toujours rien. Elle me faisait penser à une danseuse que j'avais vue dans les *Contes d'Hoffmann.* Je la mis à quatre pattes, la léchai puis la pénétrai avec force en regardant ma queue, ses fesses si douces, mes mains contre leur blancheur et son dos ravissant. Je me retirai alors pour l'enculer, ce qui lui répugnait, je le savais. Elle pleurait et je me mis à débander. Je m'assis sur mes talons, elle s'écroula sur le côté. Nos regards se croisèrent longuement, elle me tendit les bras.

Allongé, j'écoutais les bruits de la salle de bains où elle était retournée, et je me sentais envahi par une mélancolie tellement absolue que je n'arrivais plus à avaler ma salive. Elle traversa la pièce dans sa robe de chambre jaune sans un regard pour moi. Je me levai, m'habillai et allumai une cigarette en regardant la rue par la fenêtre. Il y avait au coin un restaurant français devant lequel des gens se faisaient déposer; un sale endroit où je m'assiérais dans les toilettes tandis que la nourriture tomberait par la chasse d'eau. Nous y avions mangé avec ses parents qui s'étaient montrés gentils avec moi, et sans condescendance. Cela m'avait surpris, étant donné que son père était courtier et n'avait apparemment même plus besoin de travailler. Ils savaient probablement qu'elle avait couché avec des Noirs et je leur paraissais peut-être un net progrès. Ils avaient l'air triste, mais elle était leur seul enfant et je me disais à l'époque que peu importent l'argent et la situation sociale que vous offrez à vos enfants, ils ne vous apporteront que du chagrin, encore et toujours. Mes parents à moi étaient pauvres et je me débrouillais très bien pour les rendre malheureux. Son père m'avait demandé ce que je voulais faire de ma vie. Ou de ma mort, m'étais-je dit intérieurement, probablement parce que nous en étions à notre quatrième bouteille de vin et que nous avions descendu avant le dîner pas mal de dry martinis, histoire de calmer l'anxiété que faisait naître en nous cette réunion. J'avais annoncé que j'envisageais une carrière aux Nations unies. J'avais dit ça comme ça, les mots s'étaient formés sur mes lèvres sans que j'y réfléchisse et ils m'avaient tous les trois regardé d'un drôle d'air. Tandis que je mangeais ma mousse au chocolat avec une fourchette que je mordais incontrôlablement à chaque bouchée, son père avait dit que je pourrais faire aux Nations unies un métier intéressant, quoique peu rémunérateur. J'avais envie de leur raconter que leur fille m'avait acheté la veste de sport que je portais le matin même chez Tripler. Je l'avais attendue dehors. Mais je n'avais même pas le cran de leur dire mon intention d'écrire une parabole épique sur le déclin de l'Occident, en fait de ce putain de monde tout entier. Sa mère était indiciblement élégante et ne laissait rien paraître de la quantité d'alcool qu'elle avait ingurgitée. Nous nous étions séparés courtoisement dans la rue après que Barbara eut organisé une journée de courses avec sa mère le lendemain puis ils étaient rentrés au Pierre tandis que nous étions remontés à l'appartement où je l'avais prise en levrette devant la glace de l'entrée. Alors comme ça, les Nations unies, avait-elle dit avant de me demander de faire un discours pour lui montrer de quoi je serais capable. J'avais fait comme si j'étais un géant et ma bite un micro, et péroré sur le fait que le monde avait besoin avant tout de toilettes non ségrégationnistes. Peu importait que les gens aient à manger ou non, cela viendrait après, tout naturellement.

Je la suivis dans la cuisine où nous mangeâmes des œufs brouillés au bacon en bavardant de choses et d'autres. Je retournai ensuite dans le salon pour prendre ma veste et l'embrassai sur le pas de la porte. Elle me demanda d'accepter soixante dollars pour rentrer en avion. Je jetai un coup d'œil aux billets qu'elle tenait dans la main et l'embrassai encore en sentant une fois de plus cette déchirure qu'elle provoquait en moi. J'avais envie de lui dire que je l'aimais mais c'était sous-entendu et inutile. Elle m'accompagna jusqu'à l'ascenseur dont les portes se refermèrent sur sa robe de chambre jaune, ma dernière image d'elle.

Je réussis à ramasser suffisamment de bois pour alimenter le feu toute la nuit et regrettai de ne pas avoir emporté mon sweat-shirt. En guise de petit bois, j'arrachai d'un pin mort branches et brindilles. Il me restait au moins deux heures de jour, mais je voulais être tout à fait prêt. La lune montait déjà au-dessus des arbres à l'autre bout du lac et je voyais à travers elle comme à travers un disque de papier-calque. Ma ligne frémit et je tirai mais je n'avais rien pris. Je remis un appât et la relançai. De toute évidence, il y avait quelque chose, et pas du menu fretin, espérais-je. Je surveillais la ligne attentivement, atterré à l'idée de rester toute la nuit l'estomac vide. J'avais entendu dire que les racines de nénuphars étaient bonnes à manger, mais il commençait à faire frais et je n'avais pas envie de me remettre à l'eau. J'allais passer la nuit à regarder la lune s'enfoncer dans l'eau en souhaitant être ailleurs, même sur la lune, posé à sa surface dans un engin spatial pendant qu'elle descendait dans le lac. Noyé sur la lune où l'eau n'existe pas. Je posai d'abord du petit bois, puis quelques branches et enfin des souches pourries mais sèches. Quand le feu se mit à ronfler j'y poussai un énorme morceau de bois flottant qui, je le savais, brûlerait jusqu'au matin. Je rêvai de côte de cerf, puis pensai à une selle de cerf que j'avais mangée chez Lüchow. Malheureusement, les musiciens qui envahissaient la salle comme des mouches avaient failli gâcher ce merveilleux repas. J'avais souhaité que l'énorme arbre de Noël leur tombe dessus. La ligne frémit de nouveau. J'avais pris une petite truite de rivière. Il m'en aurait fallu au moins dix pour faire un repas décent, ce qui ne m'empêcha pas d'embrocher mon poisson et de le mettre à griller immédiatement. Très primitif. J'aurais dû emporter du papier d'aluminium, cela m'aurait permis de déguster une chair cuite doucement dans sa vapeur, et pas desséchée par un feu trop vif. Et si j'avais eu du sel, j'aurais mangé ce poisson cru; je l'avais déjà fait plusieurs fois, en l'arrosant aussi de quelques gouttes de vinaigre, comme je l'avais appris dans un restaurant japonais. Après tout, les harengs qu'on nous servait à la maison le samedi et le dimanche étaient crus dans leur saumure. Mon père se faisait des sandwiches avec leurs œufs et de l'oignon haché, et mon grand-père mangeait souvent des harengs frits au petit déjeuner. C'est incroyable qu'il ait vécu jusqu'à quatre-vingt-huit ans en ayant ingurgité tant de porc frit et de bacon salé mais pas fumé. Sans parler de ses joues toujours pleines de tabac et de sa ration quotidienne de whisky bon marché. Un de nos voisins était devenu aveugle soi-disant à cause d'un mauvais mélange fait maison, mais en fait il avait ramené de la Seconde Guerre mondiale une plaque métallique dans la tête. Personne ne le plaignait, nous le soupçonnions d'empoisonner les chiens, de montrer son zizi aux enfants et de baiser ses veaux. Je n'ai jamais été attiré par les animaux, mais j'ai lu que ce n'était pas inhabituel. Ma foi... Une bonne truie. Les cochons sont terriblement hystériques et, même quand il est déjà mort, le verrat frissonne convulsivement en agitant dans tous les sens ses grosses pattes roses. J'aurais bien mangé un morceau de jambon fumé, mâché la viande sans la faire cuire en grondant vers les ténèbres au-delà du feu. Rien que pour moi. *Ma* viande. J'ai toujours aimé le porc et regrette qu'on appelle quelquefois les flics des lardus. J'aimerais mieux moutons, zèbres ou rouges-gorges. Quand apparaissait le premier rouge-gorge, nous savions qu'une tempête de neige allait se déchaîner dans les vingt-quatre heures. Je mangeai mon petit poisson alors qu'il n'était pas tout à fait cuit. Formez une caravane pour aller chercher du sel, s'il vous plaît. Puis je m'écartai du feu, m'allongeai sur le lit de fougères que je m'étais fait pour me protéger de l'humidité du sol. Je veux mon sac de couchage et ma carabine, j'ai peur du noir et la lune est encore presque pleine. Peut-être que le mannequin de *Vogue* va sortir du marécage et me demander d'un ton dégagé le nom de cet étrange endroit. Elle croira que je suis un sauvage basané sorti tout droit d'un incroyable roman et nous jouerons à la nymphe des bois. Je m'assoupis brièvement puis un bruit derrière moi dans les buissons me réveilla. Avant de reprendre pleinement conscience, j'ouvris mon couteau et tendis le bras en avant. Rien, pas le moindre bruit. Il me faudrait un garde du corps. J'ai mal partout, je suis couvert de piqûres d'insectes, j'ai besoin de lotion apaisante, de cigarettes et d'une lampe de chevet. Je me levai, m'étirai et allai voir la ligne. La lune avait parcouru cinq ou six mètres et était de nouveau sous l'eau. Cette fois j'avais pris une belle truite que je fis cuire et dévorai en grande hâte. Une assiette de pâtes avec de l'huile d'olive, de l'ail et du parmesan râpé, s'il vous plaît. Et non de la chair de poisson tiède qui sent la fumée. Je soulevai le gros morceau de bois flottant et glissai une autre bûche en dessous pour laisser passer de l'air. Puis je dansai en rond autour du feu en hurlant aussi fort que je pus. Je hurlai encore et encore, afin d'avertir les bêtes sauvages de ma présence. Un truc que je n'aurais pas pu faire à New York, car les zèbres m'auraient emmené droit à Bellevue. J'étais allé y voir Cindy Black (quelqu'un dont il vaut mieux ici taire l'identité) quand elle s'était overdosée aux tranquillisants. Apparemment elle n'avait plus envie de vivre, ce que je comprenais très bien. Elle était brillante, mais très popote et essayait perpétuellement de changer de mode de vie afin de garder un homme pour de bon.

Je lui avais dit que, quand elle sortirait, je lui ferais l'amour pendant sept jours et sept nuits mais que ce serait un voyage qui ne se répéterait pas. Je suis très sélectif, c'est une Béatrice ou une Juliette qu'il me faut. Avec aussi une Anouk Aimée. Je me recouchai en chien de fusil sur mes fougères, amoureux de la chaleur du feu.

J'avais habité pendant quelques semaines une petite chambre sur Valentine Avenue, dans le Bronx. J'avais dix-huit ans et j'étais venu à New York pour y vivre loin des vulgarités du Middle West. Il ne m'avait fallu que quelques jours pour comprendre que le Bronx n'était pas exactement un grand centre cosmopolite. Si j'avais tenu le coup pendant ces quelques semaines, c'est uniquement parce que je n'étais qu'à quelques blocs de la maison où Edgar Allan Poe avait vécu avec son épouse de treize ans. De toute façon, je n'avais pas un sou et j'étais forcé d'attendre, pour aller ailleurs, qu'arrive un chèque que me devait une société de construction du Michigan. J'avais donc attendu. On était en juillet, il faisait affreusement chaud et j'avais pris la ligne D pour Manhattan plusieurs fois, mais ne sachant rien faire, je ne trouvais personne pour m'embaucher. La chambre mesurait environ deux mètres et demi sur trois et était garnie d'une chaise, d'une commode et d'un lit inconfortable. La fenêtre donnait sur une ruelle et une rangée d'immeubles exactement semblables au mien. Il ne me restait qu'un dollar par jour pour manger et, quand j'avais acheté le quart de Rheingold que je descendais à toute vitesse pour me faire tourner la tête, je n'avais plus que de quoi m'offrir un sandwich. Je maigrissais à vue d'œil, bien que passant la plupart de mon temps au lit ou à me promener dans le jardin botanique. J'avais des fantasmes de sexe et de pouvoir, j'étais le roi du pays, du continent puis du monde entier. Ou simplement un financier, comme celui que j'avais vu passer en limousine dans Wall Street, le téléphone à la main, sans aucun doute en train de donner ses instructions pour la journée avant de retourner dans son duplex baiser une superbe fille terriblement plus jeune que lui. J'avais vendu à Philadelphie le costume et la montre que j'avais eus pour la remise des diplômes de fin d'études. J'avais eu autrefois une correspondante bien-pensante qui vivait à Davenport, en Tasmanie. Nous avions échangé nos photos et elle était jolie. J'aurais aimé qu'elle soit avec moi, à Valentine Avenue, mais nous avions perdu contact depuis des années et la Tasmanie était encore plus loin que la Mongolie où de vieux hommes chassaient les loups avec des aigles royaux pour faucons. Je passais beaucoup de temps les lumières éteintes, à essayer de mater une femme nue dans l'immeuble d'en face mais tous les volets étaient fermés et pratiquement aucune des femmes que j'avais rencontrées dans la rue ne me donnait envie de la voir nue. Je m'inventais des tas de vies qui se dérouleraient en Argentine, à Florence ou, mieux encore à Thessalonique, ville dont je ne savais rien mais dont le nom me fascinait. J'aurais élevé des chèvres ou des moutons, fait pousser des genévriers ou passé dix heures par jour à lancer des filets et à les remonter alourdis des fruits de la mer. Les poissons ne laissent aucune place au doute ou à l'erreur et celui qui passe ses journées à pêcher assure sa santé mentale. Et parce que je ressentais alors la douleur intense que donne le mal du pays, je me disais que j'aurais peut-être même pu vivre dans le nord du Michigan : j'aurais des chiens, des chats et des enfants, et une grande ferme délabrée. Une cour pleine de lauriers, de lilas, de cognassiers et de fleurs, mais, derrière la maison, la terre serait grattée à nu par les poules. J'aurais aussi aimé une grange avec un gros tas de fumier fumant et des vaches et, près du tas de fumier, l'herbe serait plus épaisse et d'un vert plus foncé. Le bois de certaines planches de la grange aurait pourri et la peinture rouge s'écaillerait en petits éclats écarlates dès qu'on l'effleurerait. Il y aurait un petit verger dont je taillerais les arbres en février, une vigne que je taillerais à la fin de l'automne ne laissant sur chacun de ses pieds noueux que sept rameaux pour qu'ils prospèrent. Dans le verger il y aurait de la corbeille d'or, des ombellifères et de la bruyère à l'odeur de thym. A côté du silo à grain, j'aurais une petite porcherie parce que j'aime regarder les cochons manger, la façon dont leurs puissantes mâchoires décortiquent les glands de leur coque puis les écrasent et mastiquent dans des craquements mouillés. Ils se plantent dans la boue et, quand leur groin en est recouvert, ils soufflent de toutes leurs forces par les narines pour les déboucher. Ma femme pèserait soixante-dix avenants kilos et rirait tout le temps. Je serais paresseux et rirais bêtement jour et nuit, ramasserais juste assez de foin pour nourrir les chevaux, planterais quelques acres d'avoine et quelques acres de maïs pour les cochons, un petit potager dont ma femme s'occuperait – maïs doux, haricots verts, pois, tomates, radis, pommes de terre, concombres, laitues, choux et quelques navets. Je passerais le plus clair de mon temps à me promener à pied, humant le parfum des lilas, observant les hirondelles tourbillonner, dériver et flotter autour de la grange, ou je partirais à cheval faire le tour d'un lac, laissant la bête enfoncer ses pieds dans la boue fraîche de la rive. Je regarderais les oiseaux faire leurs nids et, lorsque je marcherais à travers bois sur les fougères et l'épais tapis de feuilles mortes, le cri d'un geai bleu me suivrait, et je m'enfoncerais jusqu'aux genoux dans les marécages, et je regarderais les serpents d'eau glisser et se tortiller par-dessus la peau verte des algues. En fait, nous n'aurions qu'une seule vache, pour le lait, et chaque automne nous tuerions le cochon dont la viande serait pour la plupart fumée au bois de noyer par un voisin. Et quinze gallons de vin de pommes : dans un tonneau de bois, ajouter au jus des pommes vingt-cinq livres de sucre et cinq de raisins secs. Attendre trois mois et boire en grandes quantités. Un beau rêve, mais si vieux maintenant. Qui parle de douceur n'est que rondeurs et ombres, tandis que je suffoque en pleine géométrie. Doux raisins mûrs, odeur sucrée de pin sous la pile de bois, doux ventre jaune de la couleuvre, flanc d'un cheval couvert de sueur et corseté de muscles, mousse verte frémissant dans le courant d'une rivière et bourdonnement de dix millions d'abeilles dans les lilas et dans les champs de sarrasin en fleur de l'autre côté de la barrière. Pourtant je sais que cette vie-là je la quitterai toujours et où vais-je chaque fois que je pars, encore et encore, pour un autre de ces petits voyages brutalement stupides?

Je discutais tous les jours avec mon proprio et il me rappelait que j'avais « le privilège de la cuisine », mais je n'avais ni de quoi manger ni de quoi me préparer à manger et, de toute façon, n'aurais pas su le faire. Il était italien mais n'avait pratiquement que des juifs pour locataires. Il m'avait dit de me méfier de ma voisine qui, bien qu'âgée de quinze ans seulement, lui avait montré ses seins alors qu'il repeignait sa chambre. Avec un petit rire bête, il m'avait demandé de ne le répéter à personne. Avec qui aurais-je partagé ce secret? Je lui avais raconté que j'avais trouvé sous ma porte un mot d'un autre locataire qui me reprochait de m'être servi de sa poêle et m'avertissait que, si je recommençais, je risquais de le regretter. J'avais ramassé une poignée de cafards morts que j'avais mis dans sa poêle. Les toilettes communes étaient toujours libres et je soupçonnais la plupart des locataires, tout au moins ceux que je voyais, d'être trop âgés pour les utiliser. J'avais l'impression qu'ils avaient cessé de fonctionner en tant qu'organismes biologiques complexes, qu'ils étaient de vieilles poupées. S'ils trébuchaient et tombaient sur le trottoir, ils se casseraient en morceaux, révélant leur rembourrage d'ouate ou de poussière de son. J'étais très affaibli moi aussi. Le zéro absolu où le corps risque de se cristalliser et se briser. Flocons d'intestins et échardes glacées de gorge. Je croyais ne pas pouvoir descendre plus bas et avais constamment en tête une image pélagienne de moi, me disant que bientôt je remonterais des abysses à une telle vitesse que j'éventrerais baleines, requins ou toute autre créature qui se trouverait sur mon passage et risquerait de bloquer mon inévitable ascension.

Au cours de la troisième semaine, ma chance avait commencé à tourner. Une femme qui habitait au bout du couloir m'avait demandé de garder sa fille certains soirs et d'aller la promener au parc le matin, ce qui lui permettrait à elle de dormir. Elle était blonde, plutôt souillon, et fumait cigarette sur cigarette. Elle m'appelait « mon petit », ce qui me vexait vaguement, mais ces heures de baby-sitting me permirent de mieux manger et d'aller me promener dans Manhattan pendant ces longues après-midi d'été. La petite fille avait trois ans, elle s'appelait Sharon et était une enfant très facile. Il m'avait fallu plusieurs jours pour comprendre que sa mère ne faisait pas l'hôtesse d'accueil dans un restaurant, mais des passes. Un soir, elle était rentrée très tard et très soûle et m'avait proposé un coup pour dix dollars. J'avais essayé de lui expliquer que je n'avais pas dix dollars, mais elle me répétait : « Qu'est-ce qui va pas, chez toi, t'es pédé ou quoi? » jusqu'à ce que je retourne dans ma chambre. Je m'étais mis au lit déprimé de m'être fait traiter de pédé mais regrettant de ne pas avoir de quoi retourner chez elle pour la bourrer. Je l'avais vue nue plusieurs fois avant de partir au parc avec Sharon. Elle sortait de la salle de bains et se mettait au lit tandis que je faisais manger ses céréales à l'enfant et l'habillais. Avant que nous soyons sortis, c'est-à-dire moins d'un quart d'heure plus tard, Clara ronflait. Un matin particulièrement chaud, j'avais étudié à une distance d'environ un mètre son derrière rose déjà ridé, pendant que Sharon prenait son petit déjeuner. Ses fesses faisaient trop de plis. Combien d'hommes s'étaient déjà plantés là et pour combien de dollars? J'avais porté Sharon sur mon dos jusqu'au jardin en pensant à ces plis. Nous avions trouvé un coin ombragé et désert, ce qui était si facile en semaine qu'on en aurait presque oublié qu'on était à New York. Il commençait à faire chaud et, après avoir vu les fesses de Clara, j'étais déjà plus chaud qu'un chaud lapin, comme disait mon père. Pendant que je somnolais sur la couverture, Sharon cueillait des pissenlits; elle en avait ramassé jusqu'à ce que la couverture en soit couverte et qu'elle ait les mains toutes jaunes. Frotte-toi le nez maintenant, et dis-moi si ça a le goût de beurre. En bas de la colline, sur un trottoir, une fille tirait un petit garçon dans une poussette rouge. Elle était passée sur l'herbe et essayait de monter mais ses chaussures de tennis la faisaient glisser en arrière. Comme Sharon était à côté d'eux, j'étais allé la chercher. La fille était jolie et déjà épuisée, jamais elle n'arriverait en haut. J'avais attrapé la poignée de la poussette et m'étais mis à tirer, presque en courant, vers le coin d'ombre où était restée la couverture couverte de pissenlits. Non, non, répétait la fille pendant que je courais. Je m'étais arrêté et m'étais retourné pour aider le petit garçon à descendre de sa poussette et ce n'était qu'alors que j'avais vu ses jambes atrophiées qui pendaient inertes de ses hanches. Il m'avait souri en haussant les épaules d'un air fataliste. Gêné, je m'étais tourné vers la fille pour m'excuser, mais elle m'avait aussi souri et nous nous étions assis pour bavarder et partager le Coca que j'avais apporté avec moi. Sharon remplissait la poussette des pissenlits qu'elle avait cueillis quelques minutes plus tôt et à chaque poignée de fleurs qu'elle jetait, le petit garçon lui disait merci.

Brouillard froid. J'étais réveillé, glacé, mouillé. Le feu, presque éteint, sifflait et couvait sous les cendres de la grosse bûche, depuis longtemps dévorée par les flammes. J'entendis un huard, un cri qui me parvint de l'autre bout du lac, étouffé par le brouillard. Recroquevillé sur moi-même, tremblant de tout mon corps, j'acceptai néanmoins le cri du huard comme un bon augure pour la journée. Une fois debout, j'aperçus trois cerfs au bord de l'eau à moins de cent mètres de moi. Ils me regardèrent un instant puis disparurent sans bruit dans les buissons. Je jetai quelques brindilles et rameaux sur ce qu'il restait du feu, puis me mis à sautiller tout autour pour me réchauffer. Plus haut les genoux, plus haut, criait l'entraîneur. Quand le sang eut tiédi dans mes veines, j'allai relever ma ligne. Rien. Pas de petit déjeuner pour le pauvre voyageur. Merde. L'Indien a besoin de se nourrir pour parcourir les quinze kilomètres, si ce n'est plus, qui le séparent de sa tente. La faim me faisait tourner la tête, je sentais une légère douleur juste au-dessus des yeux. Si seulement j'avais eu une cigarette. De retour au campement j'en fumerais dix d'affilée, jusqu'à ce que je m'écroule étouffé par la toux. Empoisonnement au tabac. Échangerais beaucoup de dollars, chaussures et chemise contre tabac. J'enlevai ma chemise et l'agitai au-dessus du feu pour la faire sécher, assez près des flammes pour presque roussir mon pantalon. Puis je jetai du sable sur le feu, m'assurai qu'il était bien éteint et me mis en route pour ma longue marche affamée. En arrivant je ferais chauffer des haricots auxquels je mélangerais une boîte de viande et un oignon haché et j'ingurgiterais le tout en deux minutes. Une fois au bord du marécage par lequel j'étais arrivé la veille, je regardai ma boussole. Pendant les premiers kilomètres, je courus au pas de gymnastique, le bas de mon pantalon mouillé par la rosée me battait les mollets et mes poumons se gonflaient d'air. J'avais bêtement oublié de remplir ma gourde en quittant le lac et mourais déjà de soif. Je demandai au ciel un ruisseau et un cerveau définitivement guéri.

La chance avait tourné, le chèque était arrivé, ainsi qu'un étrange colis envoyé par un ami de la Nouvelle-Orléans. Je n'y avais trouvé qu'un paquet de cigarettes Cajun, mais qui faisait de moi l'heureux propriétaire de vingt gros joints bien tassés. Assis dans ma chambre, j'en avais fumé un tranquillement en regardant le chèque : presque cent dollars. De quoi déménager. J'étais descendu en ville immédiatement, le cerveau extraordinairement oxygéné – mon premier trajet sur la ligne D complètement défoncé. J'avais trouvé la chambre de Grove Street sans aucune difficulté, après en avoir visité une plus grande sur Macdougal Street qui était trop chère mais où, bizarrement, j'allais me retrouver avec Barbara six mois plus tard. J'avais payé un mois d'avance, pour ne pas me laisser le temps de claquer mon argent, puis j'étais retourné à Valentine Avenue pour prendre mes affaires. Heure de pointe, serré comme une sardine contre un type très maigre, face à moi, qui regardait fixement au-dessus de mon épaule. Quelle horreur que de faire ce voyage tous les jours, comment ces gens peuvent-ils accepter une telle punition ? Je m'étais arrêté dans un restaurant de Grand Concourse et avais fait un repas énorme, le premier depuis des semaines. Un étrange bifteck juif dans le flanchet, de l'orge perlé à l'ail et au jus de viande, et des fraises à la crème aigre. Ces salauds savaient cuisiner. Chez moi, dans le Michigan, on avait le choix entre cheese-burger et poulet frit dans de la pâte rance. De retour dans ma chambre, j'avais emballé à la hâte tous mes biens, les entassant en vrac dans mon grand carton que j'avais ensuite entouré de fil à sécher le linge. L'espace d'un instant, je m'étais senti terriblement triste au souvenir de mon grand-père debout avec moi sur le quai de la gare routière et m'embrassant sur le front pour me dire au revoir. Une fois tout fini, je m'étais offert un autre joint. Je l'avais fumé jusqu'à ce qu'il n'en reste qu'un minuscule mégot que j'avais avalé avec un verre d'eau. Malgré le terrible tambourinement des tempes le lendemain, j'en reviens toujours au whisky. C'est plus fort que moi. Un moment de repos, je rêvais de ma nouvelle chambre et de l'Europe. Allongé sur le lit, l'idée des mille dollars partis en fumée dans mon opération me déchirait. Avec cet argent, j'aurais pris le bateau. Trop défoncé maintenant pour faire autre chose que de rester couché dans cette chaleur étouffante. Être le premier de ma famille à traverser les grandes eaux depuis que Grand-père est arrivé de Göteborg en 1892. En arrivant dans la cale du bateau fantôme, il traverse la cuisine où de grands Noirs maigres, coiffés de toques rouges, font bouillir des tripes pour les passagers de cinquième classe. La moitié des tripes tombe en glissant sur le sol cimenté couvert de sang et de pelures d'oignons. Le sol d'un bateau n'est généralement pas cimenté? Le steward s'arrête juste assez longtemps pour effleurer de sa liasse de papiers le cou du plus beau des cuisiniers. Ils échangent un regard intense et le cuisinier dit : « De often dat gar bis bis », avec un fort accent, le visage luisant de la vapeur qui monte des tripes. Je me demande ce qu'il a dit. Mais le steward est déjà loin devant, éclairant de sa lampe torche le couloir. Il me fait entrer dans une cabine très sombre et demande : « Ça vous va? » Je trouve une couchette et écoute le moteur ronfler et gronder au-dessus de moi, le régulier bang-bang-clac, bang-bang-clac-clac des pistons dans la nuit, ou le jour, comment savoir? Puis vient le matin, une faible lueur sous la porte, l'eau glissant le long du hublot fermé. Sous la ligne de flottaison. La cabine mesure un mètre sur deux et l'interrupteur est par terre, sous la couchette. Une autre couchette près de la mienne, avec une vieille femme endormie, ou peut-être morte, sous un drap gaiement imprimé de fleurs bleues. Je quitte ma couchette et ouvre le hublot dans l'espoir de voir au moins un poisson, mais l'eau s'engouffre trop vite. Alors je serre dans mes doigts la coque humide et froide du navire qui se tord au creux de ma main comme une boîte de bière.

Je m'étais levé et avais regardé une dernière fois par la fenêtre. Il devait être près de minuit. J'avais laissé un mot avec ma nouvelle adresse et la clé de la chambre sur le lit, pour le propriétaire, porté ma boîte en carton jusqu'au bout du couloir et frappé à la porte de Clara. Elle avait répondu tout de suite et j'avais vu le « gentleman » sur le lit derrière elle. Je lui avais dit au revoir, mais elle faisait la gueule, furieuse de perdre son baby-sitter. Après m'être assuré que la clé de ma nouvelle chambre était bien dans ma poche, j'étais allé prendre le métro à Grand Concourse.

J'arrivai au campement tard dans l'après-midi, trempé jusqu'à la moelle des os – dès le milieu de la matinée, une petite pluie fine mais incessante s'était mise à tomber. Mes pieds étaient dans un état épouvantable. Le frottement du cuir humide de mes bottes avait fait apparaître de grosses ampoules sur mes talons. J'enfilai des vêtements sales mais secs et mangeai les haricots à même la boîte, sans prendre le temps de les faire chauffer. Je n'avais plus de petit bois sec dans la tente. Il faut que je m'en aille d'ici. Je fumai trois cigarettes à la file et me sentis un peu mieux malgré la faim qui me faisait toujours tourner la tête car je n'avais pas encore transformé les haricots en énergie. Bruit des gouttes sur les feuilles des arbres et le toit de la tente. J'ouvris une boîte de viande et la vidai en quelques secondes, après l'avoir saupoudrée d'une véritable croûte de sel. En allant chercher de l'eau à la rivière, je remarquai des traces de cerf, ils étaient venus fouiner en mon absence. C'était probablement une biche. Le mâle envoie la femelle devant lui en éclaireur, ou plutôt en leurre, pour s'assurer que la voie est libre d'embûches. Malin. J'aurais pourtant préféré être un lion, sommeillant sous le chaud soleil kenyan en attendant qu'une de mes compagnes me rapporte une gazelle bien juteuse; je n'aurais pour toute fonction que de grogner afin d'écarter les intrus, baiser et manger. Peut-être aider de temps en temps en sautant sur un lourd buffle du Cap ou en chargeant du fin fond des fourrés un chasseur équipé Abercrombie Fitch et à qui j'arracherais la tête d'un négligent coup de patte. C'était Barbara qui m'avait fait connaître Abercrombie Fitch, une boutique dans laquelle j'étais retourné une dizaine de fois en dix ans, mais sans jamais assez d'argent pour m'acheter autre chose que quelques mouches à truite. Employés condescendants, certains en tout cas. A celui du rayon camping, j'avais dit : « Écoute, trou-duc, je me balade dans les bois depuis que j'ai cinq ans et je n'ai pas besoin de trousse de secours contre les morsures de serpent dans le Michigan. » Ça l'avait inquiété. En six jours, je n'avais pas vu la moindre trace de loup, seulement peut-être quelques ombres imaginaires traversant la route près de l'Huron. J'aurais dû rester là-bas toute la nuit et chercher des traces le lendemain matin ou remonter la route en voiture pour les regarder dans la lumière des phares, mais je n'y avais pas pensé. Ils avaient certainement le droit de ne pas me laisser les regarder. Mon odeur a mauvaise réputation, c'est celle de ceux qui tirent sur tout ce qui bouge. Une fois de plus je vérifiai dans Olaus Murie, le seul livre que j'avais emporté avec moi, à quoi ressemblaient des traces de loup.

Comme il commençait à faire sombre, j'essayai d'allumer un feu, qui prit, malgré l'humidité. Une légère brise tiède soufflait du Sud, mais pas assez fort pour écarter les moustiques. Je ramassai des fougères pour les enfumer. Assis auprès du feu, je me disais que je n'avais en fait connu que très peu de femmes dans ma vie. En restant au coin de Lexington Avenue et de la 57ᵉ Rue, on peut voir en une journée défiler une centaine de femmes que l'on aurait envie de connaître. Mais il se pourrait qu'elles soient pour la plupart d'insipides et tristes geignardes au cerveau plein de trous d'aération. Quel intérêt alors de les rencontrer? Certains de mes amis avaient une réputation de tombeurs, mais une forme d'ennui très précise semblait toujours accompagner leurs exploits. Peut-être étais-je monogame de nature, quoiqu'il me semblât assez effrayant de ne devoir appartenir qu'à une seule femme. Il ne me plaisait pas d'en avoir plusieurs à la fois, quel que soit le laps de temps pendant lequel cela pouvait durer. J'étais soit bouleversé par l'une d'elles, tremblant à sa seule pensée comme une levrette apeurée, soit presque totalement désintéressé par leur espèce. Je ne sais combien d'interminables lettres d'amour j'ai écrites, mais je pourrais énoncer la liste de celles à qui je les ai envoyées, et leur nombre est inférieur à dix. Quand je pense aux regards en coin, ricanements, coups de coude et rires gras qu'on échange dans les bars, salons de coiffure, vestiaires, clubs et dortoirs, je suis atterré d'y avoir si souvent pris part. Tout cela fait partie du refus de devenir adulte, en admettant qu'il y ait dans le fait d'être adulte quelque chose qui puisse nous donner envie de le devenir. Je n'ai jamais rien lu de très éclairant sur ce sujet. Essais un deux trois. Distances. Jouir ensemble, mais l'un toujours sur Saturne et l'autre sur Jupiter. Bramement de l'élan mâle. Nous pouvions l'entendre à des kilomètres à la ronde dans le bassin Tom Miner. Qui veut se mesurer à moi qui n'ai pas de harem? J'aurais dû être un de ces Indiens qui ont combiné magie, sorcellerie et bouffonnerie en faisant tout à l'envers.

J'allumai le seul cigare que j'avais apporté. Attention accoutumance. J'avais fumé à une époque vingt panatellas Dutch Master par jour. Je palpai mes muscles, il y en avait étonnamment plus que six jours plus tôt, je devais avoir perdu cinq kilos de lard à chercher une bête sauvage qui paraît-il existait. Même pas de fumées sur lesquelles me pencher. Mélancolie. Le derrière rond de Laurie, dents blanches, sénilité précoce après s'être fait prendre par la folie de New York. J'étais devenu maboul pendant des périodes entières de ma vie, ne parlant de moi qu'à la troisième personne, changeant de signature tous les jours. Où sont-ils maintenant tous les trois et cela a-t-il une importance? Pense à ce bosquet de saules près du ruisseau et aux tiges tubulaires de ce que nous appelions l'herbe serpent. Son odeur de violette humide et, dans la lumière de la chambre d'à côté qui passe entre ses cuisses, je vois le divan et un livre sur un oreiller. Je ne suis jamais assez cool, cheval entravé qui rue et se cabre. Cette fille du lycée m'a réduit en cendres mais elle s'est fait mettre un polichinelle dans le tiroir par un pompier et est probablement heureuse maintenant. Peut-être l'appelle-t-on Madame la Capitaine. Le flot bouillonnant qui coule de la gorge du cochon quand Walter l'entaille. Et encore : la gorge mouillée du veau mort-né dans un box de la grange, la mère beuglant horriblement. Vingt-cinq ans plus tard j'entends encore son beuglement. Le lendemain matin, pendant qu'il mangeait ses harengs, j'avais dit à Grand-père que j'étais désolé qu'il ait perdu son veau et j'étais allé porter le seau d'eaux grasses aux cochons. La nature ne guérit pas, elle distrait, et parce que nous sommes des animaux, nous aussi, tout ce silence est une petite harmonie. Si je restais ici je deviendrais fou et rétrécirais en un rameau noueux. Je pensais autrefois qu'il n'y avait que deux voies à prendre, sauveur ou poète. C'est-à-dire, au niveau le plus trivial, voter ou ne pas s'en donner la peine. Peu m'importent les problèmes des gens, seule compte l'occasionnelle luminescence que nous nous offrons les uns aux autres. Cinquante mille dollars de bibine réconfortent. Oui, bien sûr, mais une bien petite chose pour laquelle vendre sa vie ne vaut pas la peine. Existe-t-il différentes options, et, si oui, serais-je capable de les voir? Quand je prêche, je donne de mauvais conseils parce que donner des conseils m'ennuie. Je ne peux pas être une banque de sang ambulante. Je me laisse transfuser par l'hiver, deux mètres de neige et la traversée de relativement vastes étendues en hiver comme en été. Sauf amour, je boirais ma vie seul, en larges doses – fleuves, forêts, poissons, grouses, montagnes. Chiens.

Je crus entendre quelque chose et sentis la montée simultanée d'adrénaline. Ma main se tendit vers la carabine. Rien au-delà de la pâle lueur du feu. Il y a cent ans ou plus, j'aurais pu être de ceux qui détruisirent la vie des Indiens en ouvrant la voie sans le savoir aux vagues successives de pionniers. J'ai aussi toujours voulu être cow-boy, mais ceux que je connais ne font que briser les chevaux, relier des canaux d'irrigation, entasser du foin, boire et se battre. Dans une boucherie, je vois une demi-carcasse de bœuf premier choix sur un bloc de bois d'érable. Ramper vers elle et la déchiqueter à bonnes dents avec une caisse de vin et une boîte de sel, voir quelle quantité je pourrais en manger. Puis fumer un Havane à trois dollars, purgé des problèmes humains; ne plus avoir que des problèmes de bœuf, et ceux-ci brièvement résolus avec le goût de la viande, du vin, du sel et de la fine feuille de tabac dans ma bouche. Et l'odeur de la boîte en cèdre d'où provient le cigare. Puis une ravissante femme de ménage arrive son balai à la main et me voit là et je pousse à terre ce qu'il reste de la carcasse et elle s'avance et suce tout le poison que j'ai encore en moi. J'avais dit un jour à une fille : « Ça remonte dans la tête et ça donne des migraines, alors sois gentille, coopère. » Quand c'est fini je repousse la femme de ménage sur la carcasse. Pas vraiment du premier choix, l'employée de ménage. Il m'était arrivé de cueillir des cerises pendant toute une journée en pensant à Laurie dont quinze cents kilomètres me séparaient alors. Après-midi brûlant, mains et bras collants de jus rouge foncé, vêtements humides de sueur irritante. J'avais grimpé sur le réservoir d'eau d'arrosage et m'étais laissé glisser jusqu'au fond de l'eau en regardant le large cercle de lumière au-dessus de moi et en souhaitant être un poisson.

Je l'avais rencontrée dans Bryant Park, derrière la bibliothèque où j'étais venu manger un sandwich à l'heure du déjeuner. D'abord trois doubles scotchs au White Rose sur la Sixième, puis un sandwich dans le parc. Je lisais le livre d'Henry Miller sur Rimbaud et elle était avec un groupe de jeunes, de toute évidence de ceux que la presse locale aimait à qualifier de « beatniks ». Elle était venue vers moi et m'avait dit en me regardant droit dans les yeux : « Je l'ai lu. »

Stupéfait, je ne savais que répondre. Elle était très jolie, or, normalement, il faut toujours aller vers les jolies filles, elles ne viennent jamais à vous.

– Nous allons faire un tour dans le parc. Tu veux venir?

– Je dois retourner travailler...

J'avais laissé ma phrase en suspens et l'avais regardée attentivement pour voir si elle se foutait de moi. Les autres s'étaient approchés et avaient commencé à parler de Miller et Céline, puis de Kerouac dont le livre *Sur la route* était sorti cette année-là. Ils semblaient très amicaux et très exaltés, mais pas bêcheurs.

– Attendez-moi, je vais dire à mon patron que je suis malade.

J'avais traversé la 42e Rue en courant et expliqué au chef du personnel de Marboro, où je travaillais comme magasinier que je venais de vomir tripes et boyaux dans le parc et qu'il valait mieux que je rentre chez moi. Il m'avait laissé partir avec un geste négligent de la main, « OK ». J'avais rejoint les autres dans le parc et remonté avec eux la Cinquième Avenue.

A la suite de cette rencontre, nous ne nous étions

plus quittés. J'avais arrêté de voir la fille du Nebraska qui habitait Perry Street et ne faisait de toute façon que m'utiliser – son fiancé travaillait à l'extrémité de Long Island et, tous les vendredis après-midi, nous buvions ensemble un verre à Penn Station d'où elle partait le rejoindre pour le week-end. Et j'avais déjà rencontré Barbara mais n'avais passé que vingt-quatre heures avec elle et ne me doutais pas qu'elle réapparaîtrait. J'avais quitté ma chambre de Grove Street pour celle de Macdougal Street, un peu plus grande, mais où il m'avait fallu bloquer un trou de souris avec la grille du four.

Nous nous entendions grâce à un sens commun du désespoir, une insatisfaction générale. Elle était beaucoup plus intelligente que moi et plus cultivée, dans tous les domaines. Nous faisions d'interminables promenades partout où nous pouvions le faire sans dépenser trop d'argent, en particulier au Metropolitan Museum of Art. C'était la première fille juive que je rencontrais. Si elle n'était pas terriblement portée sur le sexe, je montrais une certaine obstination dans mes doutes névrotiques. Plusieurs homosexuels m'avaient fait des propositions et je craignais qu'il n'y eût dans mon attitude quelque chose leur permettant de voir le pédé potentiel qui existait en moi. J'étais donc obligé de me prouver à moi-même que je n'étais pas une tante en m'envoyant toutes les filles du Village que je pouvais sauter. J'allais lui demander sa main, quand, par un après-midi d'octobre, Barbara entra dans le magasin et me reprit en main.

Dès l'aube, je pliai bagages. Le temps avait changé au milieu de la nuit, le vent soufflait en fortes rafales et il faisait froid. Février et novembre ont toujours été mes mauvais mois dans le Michigan, à cause du vent. Le vent m'assourdit, me déprime et je ne peux généralement rien faire d'autre que boire et regarder par la fenêtre en attendant des jours plus cléments. Si demander de l'aide n'était pas à mes yeux un geste méprisable, j'aurais depuis longtemps demandé à un psychiatre si les changements de saisons affectent beaucoup de gens. Je savais qu'un nombre disproportionné de gens mouraient entre trois et cinq heures du matin. Stig Dagerman, dont l'œuvre m'était très familière, s'était suicidé en hiver, bien qu'Harriet Anderson fût alors son amante. J'étais aussi trop imprégné de Strindberg et il y avait de nombreux suicides dans l'histoire de ma famille, soit par le chemin détourné de l'alcool, soit par celui plus direct du canon de la carabine pointé contre la tempe. Bang, son cerveau l'entendait encore, ses synapses sonnaient tout en éclaboussant le mur. Je voudrais pouvoir lui demander ce qu'il fait maintenant. Absolument rien. Je parie pour le rien à sept contre un, encore et encore. Gardons les paris ouverts. Je mis toutes mes affaires en piles, roulai le sac de couchage et la tente – une saloperie bien trop lourde, une tente de surplus – en me demandant si des soldats y avaient passé leur dernière nuit avant de partir à l'aube dans l'intention d'occire des nazis ou des Japs. Ô Tôjô. Quelle peur je ressentais autrefois à ce nom! L'apocalyptique samouraï. Je piétinai les boîtes de conserve, puis creusai un trou avec ma hachette et mes mains nues, ce qui me coûta beaucoup d'efforts et plusieurs ongles. Je frappai le sol avec une violence meurtrière, jusqu'à ce que le trou fût assez profond pour y enterrer tous mes détritus sous trente centimètres de terre. A l'époque du lycée, quand je me sentais mal, j'allais au fond du jardin de mon père creuser un trou à ordures assez grand pour m'enterrer. Creuser des trous apaise, comme ramper. Une bonne recette, filez un renard : rampez sur une centaine de mètres à travers la bruyère, le sumac et la vesce, et, quand vous vous relèverez, vos pensées se seront apaisées. Si seulement je pouvais larguer cette foutue tente. Mon paquetage pesait en tout trente kilos, poids qui aurait été réduit de moitié sans la tente. Et ce foutu vent qui souffle à trente nœuds du sud-ouest – regarde les cimes de ces arbres qui se plient sous les rafales et écoute-le gronder. Même avec deux paires de chaussettes sèches, mes ampoules me faisaient toujours mal. Au milieu de la matinée j'étais prêt, et rien ne trahissait qu'un homme avait campé là, ce qui était exactement mon but. Pas de cicatrices. Mon cerveau, lui, est strié de tissu cicatriciel couleur de la marne qu'on drague au fond des lacs. Je balayai le sol avec une poignée de branchages.

Mon paquetage avait une structure en aluminium adaptée à la forme du dos, mais, au bout de cinq kilomètres, je respirais difficilement, bruyamment et douloureusement. Je m'assis contre un bouleau et fumai une cigarette, puis dus me battre comme une tortue renversée sur le dos pour me relever. J'avais l'impression que mes pieds étaient trempés et mes ampoules devaient être suffisamment à vif pour commencer à saigner. Je me dirigeai plus directement vers l'ouest, espérant trouver la route plus vite, ensuite je n'aurais qu'à la suivre jusqu'à la voiture. Je me disais aussi que j'avais une vague chance d'y voir des traces d'animaux qui l'auraient traversée. Mon Dieu, je vous en prie, envoyez-moi un hélicoptère et je partirai catéchiser les païens n'importe où où vous le déciderez. Acceptez ce modeste présent, vous ne le regretterez pas. Seul le silence me répond, et le vent qui gémit. Je regardai les sombres cumulus galoper à travers le ciel : « Et ne laissez pas la pluie commencer à tomber avant que j'arrive à la voiture, c'est un ordre, débrouillez-vous et je vous salue bien. » Je sais que je blasphème, comment ne le saurais-je pas après tout ce temps passé à étudier la Bible – j'avais l'intention à quinze ans de devenir prêcheur de l'Église baptiste. J'arrivai à la route plus vite que je ne m'y attendais et regardai ce que m'indiquait la boussole. Ce n'était peut-être pas la bonne route. Mais elle allait nord-sud, et, au pire, me conduirait à celle que je cherchais. Quelques centaines de mètres plus loin, je trouvai un de ces bulldozers que les bûcherons utilisent pour avancer dans la forêt. Un diesel LeTourneau. Peut-être pourrais-je le faire démarrer. Je me débarrassai de mon paquetage et grimpai sur le siège. Broummmm broummm, criai-je en me débattant avec la manette des gaz, les deux poignées de direction et la commande hydraulique. Je me rappelai alors que les bulldozers de cette taille avaient toujours un petit moteur annexe permettant de faire démarrer leur énorme diesel. Je descendis et trouvai le Briggs-Stratton, mais son réservoir était vide. Furieux, j'y jetai une poignée de sable et allai même en mettre dans le réservoir du diesel. Je l'imaginais s'étouffant et s'immobilisant après quelques centaines de mètres. Ha ha ha. Ne coupez pas mes arbres, même s'ils ne sont que d'inutiles peupliers. J'eus envie de jeter une allumette dans le réservoir du diesel mais m'arrêtai, je ne voulais pas provoquer un incendie de forêt. Confortablement assis sur le bull, je fumai une cigarette en faisant des bruits de moteur, puis redescendis, détachai ma tente du paquetage et la jetai sur le siège. Un cadeau pour les bûcherons, de quoi garder leur siège au sec. L'allègement de mon paquetage me mit de bonne humeur et malgré mon mal aux pieds j'allongeai le pas. Tout en marchant, je chantais. D'abord l'hymne national, dont je dus réinventer les dernières paroles car je les avais oubliées. Puis *It's Crying Time Again* de Buck Owens, *Blue Ridge Mountain Boy* de Dolly Parton et finalement « L'hymne à la joie » de Schiller tiré de la *Neuvième symphonie* de Beethoven. Je chantonnai ensuite des airs de Schütz et de Buxtehude. Au moment où j'allais entamer le dernier couplet de *The Old Rugged Cross,* après un rapide détour par *White Rabbit* du Jefferson Airplane, je vis la voiture. J'étais un géant. Je me déshabillai, courus au bord du ruisseau et sautai sous la cascade. L'eau me parut plus froide que trois jours plus tôt. Je me frottai les mains et le corps de sable mouillé puis allai m'asseoir sur le chaud capot de la voiture où, parcouru de frissons, je laissai le vent me sécher. Où est ma danseuse, ma partenaire, maintenant que je me sens envahi de désir – dans la chaleur de la voiture, sur la banquette arrière, pour une séance de jambes en l'air avec variations, délicieuses fioritures que Dieu a mises dans notre tête pour notre plus grande joie. Mes actions de petit actionnaire du plaisir devraient monter de trente-trois points au tableau d'affichage de la bourse, me dis-je. Pour avoir enchanté la nature en la laissant de nouveau à elle-même. Prends cette eau qui se déverse comme un euphorisant. Je suis premier danseur du « Je ne suis pas sûr et peut-être ne le serai-je jamais. » La lumière fuse d'elle-même avec une seule allumette. Romance. Pensées exsangues car trop de sang a coulé. Juste quelques barrages, ponts, signes, machines.

Quand je quittai New York après un premier séjour de neuf mois, je n'avais que deux personnes à qui dire au revoir, tribut à ma grotesque hostilité et à la carapace de glace qui recouvre presque tout le monde là-bas. Arctique, voilà le mot. Et parler est le seul mouvement possible, et dans le métro s'entassent des oies. Je les avais regardées patiner au Rockefeller

Center et je les avais regardées dans le sordide et terrifiant zoo d'enfants de Central Park. Portraits d'enfants avec cerveau sous verre. Cité de grinçantes plaques d'égouts. Nous avions porté à l'intérieur du magasin un vieil homme qu'un taxi venait de renverser. Le chauffeur avait évidemment dit que ce « couillon » avait traversé au vert, ce à quoi j'avais rétorqué qu'il n'y avait pas de feu à cet endroit. Pendant ce temps, du sang et du vomi se déversaient de la bouche de l'homme et coulaient autour d'un présentoir de livres. Puis du sang était aussi sorti de ses oreilles et de son nez. Mort dans une librairie et, derrière la vitrine, la foule qui regarde. J'avais ouvert sa veste et vu que sa chemise était trempée; il avait dû se retourner et prendre une tonne et demie en pleine poitrine. Quand l'ambulance de police secours était arrivée, il n'y avait pas de témoins pour raconter ce qui s'était passé, et, de toute façon, quelle importance? J'étais allé dans un bar près de la 42e Rue et de la Huitième Avenue pour m'endormir la tête.

Nous avions rompu. Barbara était partie à East Hampton avec un jeune type, genre futur grand financier, qui venait du Mississippi. Quinze jours plus tard, elle m'avait appelé à la librairie en me demandant si elle pouvait revenir et je lui avais dit non très gentiment, en ajoutant que je l'appellerais si jamais je revenais dans cette ville. J'avais téléphoné trois fois à Laurie avant qu'elle ne consente à me dire au revoir. Nous avions pris un café dans un White Tower près d'Hudson Street puis nous étions allés au White Horse où elle avait bu un Coca et moi une demi-douzaine de margaritas. Le dîner avait coûté très cher, elle n'arrêtait de pleurnicher et touchait à peine ce qu'on lui avait servi. Mes bagages étaient faits et j'étais en train de dépenser l'argent du car. Je vais être obligé de rentrer en stop et cette idiote ne mange même pas. En fait, je pris le train jusqu'à Philadelphie puis remontai Broad Street jusqu'au Roosevelt Boulevard où j'attendis deux heures qu'une voiture m'emmène jusqu'à l'autoroute. En la quittant, je lui avais dit que je reviendrais dans quelques mois et qu'alors je l'épouserais. J'aime les histoires qui finissent bien, surtout quand je bois.

5

LE RETOUR

Certains souvenirs ont la qualité d'une transe d'albâtre – vous flottez en ces lieux du cerveau où ils résident, temples ou pavillons blancs au milieu d'un bosquet. Après avoir fait démarrer la voiture, encore frissonnant de mon bain dans la cascade, je sentis toute panique me quitter et compris que j'avais eu sans m'en rendre compte très peur que le moteur refuse de se mettre en marche. La menace que cela représentait, une marche de soixante-quinze kilomètres, était trop terrifiante pour même y penser. Je roulai doucement et m'arrêtai là où l'ombre avait traversé la route trois nuits plus tôt ; pas la moindre trace, mais, avec le vent qui avait soufflé, puis la pluie qui était tombée, cela ne prouvait rien. Je me souvenais ainsi de Barbara qui faisait des cauchemars et restait ensuite debout toute la nuit, pensant que, si elle dormait dans la journée, les cauchemars ne reviendraient pas. Un jour, sa voix m'avait réveillé et j'avais cru un instant que nous avions de la visite, mais, quand j'avais ouvert les yeux, le jour se levait à peine et elle était assise sur une chaise devant la fenêtre, le store vénitien projetant de fines raies de lumière rose sur son corps : une raie dans ses cheveux, une autre sur son cou, sur sa poitrine, son ventre et ses genoux. Je lui avais dit de venir se coucher et elle s'était endormie immédiatement. En regardant son visage contre l'oreiller, je m'étais senti plein de compassion pour toutes les créatures qui ont peur du noir ou de ce qu'il peut y avoir dans le noir. Dans un autre de ces souvenirs, allongé sur l'herbe des Cloisters, la tête sur la cuisse de Laurie, j'écoutais un chant grégorien en regardant un bourgeon d'érable tomber d'un arbre au-dessus de nous. Il tombait avec une infinie douceur, se dirigeait vers ma tête et la rata de quelques dizaines de centimètres, mais, dans un quart de seconde de silence au milieu de la musique, je l'entendis atterrir sur l'herbe, exactement comme j'avais entendu un jour dans un bois une hirondelle se poser sur une branche. Dans un troisième de ces temples de ma mémoire, se trouvait une forme de peur que je ne pouvais supporter, le mélange de deux images mentales, pourtant distantes de plusieurs années mais qui s'étaient mariées dans ma tête. Dans la première, j'étais en train de me laver le visage dans une rigole d'irrigation, quand je vis soudain tout près de moi un serpent à sonnette et me relevai d'un bond, comme propulsé par une énorme explosion. Ce souvenir allait toujours de pair avec celui du jour où, à quatorze ans, je m'étais perdu au cours d'une chasse au cerf. Il faisait sombre et froid, les arbres se dressaient devant moi comme de noires colonnes et, quand je tirai les trois coups rapides convenus, une flamme bleue sortit de mon canon et m'aveugla, puis le bruit m'assourdit. Alors, avant que l'écho se taise, j'entendis la carabine de mon père me répondre et je me dirigeai rapidement vers la source de ce son, avant que les échos ne me trompent.

Tandis que je sortais des bois, je me sentis envahi par un calme nouveau et étrange, dont je doutais qu'il durât : après avoir changé si souvent de vie, j'avais finalement décidé qu'il n'y aurait jamais rien à changer – je pouvais bouger dans tous les sens à la surface, comme dans un jeu de mah-jong, mais ces mouvements se déroulaient sur une fine pellicule empêchant quoi que ce soit de remuer en dessous. Je vivais en somme dans un certain fatalisme sarcastique, tout au moins en ce qui concernait les problèmes géométriques – le travail, l'alcool, le mariage et leurs concomitants naturels : le chômage, la soûlographie et l'infidélité. Peut-être tous les vrais enfants du protestantisme sont-ils victimes de l'adage « aide-toi et le ciel t'aidera », de la notion d'une loi de la vie semée de marches à gravir, de sentiers à parcourir, de signes à suivre, d'échelons. Saint Paul au milieu des sauvages roches rouges essayant de ne pas penser aux femmes. Exactement comme je pensais maintenant au whisky. Une fois sur la route nationale, je m'arrêterai à une station d'essence et réserverai une chambre dans un hôtel d'Ishpeming et, en arrivant là-bas, je prendrai une douche puis descendrai au bar et boirai jusqu'au coma, ce que je mérite bien. Rester conscient est simplement un effort que je ne peux produire de façon continue – une maladie qui me fait tourner la tête, m'enfièvre, me rend malheureux. Peut-être David but-il énormément sous sa tente, la nuit qui précéda le combat.

Il y avait sur la route des fondrières qui n'y étaient pas sept jours plus tôt. J'arrivai trop vite sur les deux premières et touchai. Je descendis de voiture pour vérifier l'étendue des dégâts, mais le réservoir était simplement éraflé. Soulagement. Je repartis plus lentement jusqu'en haut d'une colline où la route passait au-dessus d'un barrage de castor, entre un marécage et un étang. L'étang avait débordé et creusé une ornière si profonde qu'il allait me falloir y travailler au moins une heure avant de pouvoir passer. Je maudis les bûcherons de ne pas entretenir cette route que je ne voulais pas qu'ils utilisent, puis descendis jusqu'en bas de la pente pieds nus – je voulais faire sécher mes talons sanguinolents – et regardai la gorge miniature et l'eau si claire qui s'écoulait vers le marécage. J'entendis un splash dans l'étang et vis un rond se former à sa surface, puis un autre, plus loin. Des truites. Et pas de canne. Je me sentais assez furieux pour leur tirer dessus à la carabine. Cette foutue claustrophobie de dernière minute qui me fait toujours tout laisser derrière moi en espérant découvrir autre chose. Au diable tous les gourous de la terre, tous les conseils, toutes les conclusions définitives. J'enfilai mes bottes au prix d'une douleur considérable et commençai à réunir tous les bouts de bois que je trouvais, nettoyant les branches de leurs rameaux à la hachette. J'étais dans une telle colère que ma vision me semblait encadrée de rouge, et je dus enlever ma chemise trempée de sueur. Il me fallut environ une heure pour combler le trou. Je fis emballer le moteur comme si j'avais été sur une piste de sable, et faillis perdre le contrôle de la voiture en écrasant les branchages entassés dans le trou. Tandis que je continuais ma route, un horrible cliquetis se fit entendre, probablement un moyeu de roue, ou le joint de cardan. J'avais toujours haï les voitures. Avec un ami, nous avions des années plus tôt mis en pièces une Plymouth 47 à cent à l'heure. Soûls. Nous étions alors charpentiers et avions, à coups de marteau, fait voler en éclats vitres et pare-brise. Une fois chez lui, nous avions tiré au pistolet dans les pneus. Je regardai le compteur, il devait me rester encore cinquante kilomètres à parcourir jusqu'à la route nationale et on n'était qu'au milieu de l'après-midi. J'atteindrais Ishpeming à temps pour m'acheter une chemise et un pantalon propres. L'hôtel recevait surtout des ingénieurs des mines et des gens qui étaient en affaires avec Cleveland Cliffs. Il n'y avait plus de minerai de bonne qualité, mais quelqu'un avait découvert la Taconite et la ville prospérait de nouveau. C'est fou comme Ishpeming et Houghton peuvent ressembler à des villes minières anglaises : les gens y ont ce même air dévasté, ces mêmes yeux pâles de ceux qui passent le tiers de leur vie sous terre. Une des raisons de toutes ces grèves qui s'y déroulent est que les mineurs en arrivent parfois à un stade où il ne leur est plus possible de vivre comme des taupes. Calumet-Hecla avait fermé une mine après une grève de deux ans. La mine s'était remplie d'eau, et des milliers de gens devinrent des morts vivants.

En ralentissant de nouveau pour traverser une ornière, j'aperçus des traces sur le sable roux. Je sortis le Murie de mon sac et y lus qu'elles appartenaient à un coyote. J'étais encore en colère et me rendis compte en arrivant sur la route nationale que je n'étais en proie à aucune de mes peurs habituelles. Que le noir, les voitures, l'électricité, le feu, la police, Chicago, Agnew, les universités, la douleur, la mort et l'esprit marine aillent se faire foutre. La terre elle-même est une tomate pourrissante, mort par implosion, lente décomposition de l'intérieur. J'allumai la radio et entendis la fin d'un hit de Creedence Clearwater Revival. Quelle lourdeur. Qui peut danser avec les bottes de son grand-père? Ou est-ce là encore l'imbécillité cow-boy qui nous conduit là où nous en sommes? Je m'arrêtai à une station-service pour prendre de l'essence et téléphoner à l'hôtel. « Le plein, et vérifiez l'huile », tels furent les premiers mots que j'adressai à un autre être humain après une semaine de solitude.

– Pourquoi est-ce qu'on ne se marierait pas?

– Parce que tu es une pute.

– J'arrêterai.

– Tu ne peux pas.

– Je trouverai du boulot ou de l'argent et nous irons au Mexique.

– Je ne veux pas aller au Mexique et de toute façon nous n'avons pas de voiture.

Je ne voulais de rien d'autre que d'une Triumph 500cc. Or je n'avais que trois dollars et elles en coûtaient huit cents. Je m'étais retourné dans le lit, avais regardé ses yeux qui, comme chaque fois que nous discutions ainsi, n'étaient plus que deux identiques mares de larmes noisette. Rares, les yeux noisette.

– Je ne veux pas travailler, jamais.

– Je ne crois pas que tu m'aimes.

– T'as raison.

Je m'étais levé, avais bu une tasse de café tiédasse. C'était le bordel absolu, les restes d'une fête et, sur notre peau, l'odeur du tabac froid. J'étais sorti dans l'air ozoné et avais marché jusqu'à la Cinquième Avenue. Des bonnes entraient dans les immeubles pour une nouvelle journée de travail. J'avais regardé de l'autre côté de la rue le Metropolitan et la troisième marche du perron où je m'étais si souvent assis avec Laurie, puis le parc, au-delà. Pas un centimètre carré sans un mégot de cigarette. Nous avions fait l'amour contre l'aiguille de Cléopâtre, et contre des bancs et des barrières, et sur l'herbe, derrière des rochers, contre des arbres. Une fois, nous avions failli buter sur des pédés en train de se branler les uns les autres à l'autre bout de Central Park West. Oh pardon. J'étais descendu jusqu'à l'East Side Terminal et avais pris un bus pour La Guardia. Quarante-huit heures pour comprendre que j'étais encore une fois là où il ne fallait pas, au moment où il ne fallait pas, pour les raisons qu'il ne fallait pas. J'étais assommé d'ennui et j'avais dormi pratiquement tout le temps jusqu'à Detroit, la plus dévastée de nos villes. Un autre avion m'avait emmené à Lansig en compagnie de législateurs qui semblaient s'ennuyer encore plus que moi. C'était le mois de mars, celui où tout le monde s'ennuie et veut sortir de son trou froid et boueux et changer de peau. Mon dernier voyage d'exploration. Au téléphone, la mère de Laurie n'avait pas voulu me donner son adresse : « Tu crois que tu ne lui as pas fait assez de mal comme ça ? », m'avait-elle demandé avec son accent nasillard du Bronx. Non, bien sûr que non. Je reviendrai général cinq étoiles du Women's Army Corps et alors tu regretteras, madame Ménopause. Mères protégeant leur fille de vingt ans avec des tests quotidiens au papier de tournesol pour voir ce qu'elles ont fricoté. J'étais monté dans ma voiture, rentré chez moi prendre mes affaires sans un mot et avais continué vers le nord. Puis j'avais fait demi-tour vers le sud, il y avait trop de neige. Et j'avais dormi pendant trois mois avant de me remettre en mouvement.

Debout devant la glace en pied de la salle de bains, avec un nouveau pantalon de toile et une chemise hawaiienne à manches courtes qui était soldée au prix exceptionnel de trois dollars. Dans la glace, je vis le même moi, un peu plus bronzé, plus tanné et avec peut-être cinq kilos de moins ; un menton mou sans caractère, un œil gauche qui partait tout seul pour ses aventures aveugles. Une transplantation de la cornée coûtait au moins cinq mille dollars. Je voulais être à San Francisco, un collier autour du cou, en train de baiser une starlette tandis que la pipe à hash finirait de brûler dans le cendrier. Dingue de drogues douces. Il faut sélectionner les modes de défonce, Brad. Choisir ton poison. Dans la salle à manger de l'hôtel, on me donna une table en coin, de celles qu'on réserve généralement aux types douteux ou aux pêcheurs peu élégants. En fait, exactement la même que deux ans auparavant. Je levai le doigt et une serveuse vint vers moi.

– Corégone grillé et T-bone bleu.

– Les deux?

– Oui.

– En même temps?

– Et un triple bourbon à l'eau sans glace.

– Un hors-d'œuvre?

– Non.

Je bus le bourbon en trois longues gorgées. Oh, cette chaleur incroyable, si bénéfique. Vive le whisky. Quelques instants plus tard, j'eus ce que mes amis junkies appelaient un « rush ». Léger vertige, vide dans la boîte crânienne. Pieds engourdis. Je mangeai d'abord le poisson, l'avalant à grosses bouchées goulues, puis je m'attardai sur le T-bone, pour une fois vraiment bleu, et presque froid au milieu. Je le pris à pleines mains et finis par ronger l'os, au grand dégoût de M. et Mme Amérique Profonde de la table d'à côté. Je parierais qu'ils fêtent l'anniversaire de m'man ou de leur mariage, ou quelque chose dans le genre. Sortons-la de son étouffante cuisine pour une soirée, qu'elle mette sa robe et son chapeau des grands jours. Je me levai et laissai échapper un rot incontrôlable et retentissant qui résonna derrière moi jusqu'au fin fond de la salle. Tous les regards se tournèrent vers moi et je fis un petit salut gêné. Désolé, les amis. Et maintenant je vais me balader dans les rues, acheter tous les journaux en vente dans cette petite ville industrielle et faire la tournée des bars.

Life, Time, Newsweek, Sports Illustrated, Playboy, Cavalier, Adam. Je laissai de côté *Outdoor Life, Sports Afield* et *Fortune.* J'aurais bien aimé trouver des magazines pornos, j'avais oublié à quoi ça ressemblait. Trois bars si tristes et sordides qu'il était difficile d'y finir un verre, et l'accent chantant des Finnois flottant dans l'air. Je retournai au bar de l'hôtel, plus gai avec ses murs décorés de photos de pêche à la truite et d'engins utilisés dans les mines, et le jeune barman m'y accueillit d'un aimable : « Salut, le sportif. »

– Double Beam à l'eau sans glace.

– Beaucoup de prises?

– Du menu fretin, c'est tout.

Il m'entraîna dans une conversation très sérieuse sur les rivières de la Haute Péninsule, et quelques autres clients se joignirent à nous. Tous ces noms si beaux, qui roulent sous la langue : Black, Firesteel, Salmon, Huron, Yellow Dog, Sturgeon, Baltimore, Ontonagon, Two Hearted, Escanaba, Big Cedar, Fox, Whitefish, Driggs, Manisitique, Tahquamenon. Je racontai juste ce qu'il fallait de mensonges, et ils me servirent des histoires de pêche tout aussi douteuses. Très amical, je payai des tournées jusqu'à ce que je sente mon cerveau suffisamment engourdi pour dormir. Dans la chambre, j'étalai les journaux sur le lit et bus une dernière gorgée à la bouteille que j'avais achetée pour la route du lendemain. Je feuilletai les magazines, photos, sports, infos, nichons et mauvais humour. Bus une autre gorgée. Je ne voulais pas être là. Où est ma tente moisie? Sur le siège du bulldozer. Et où est ma tête et pourquoi est-ce que je ne meurs pas maintenant? Fantasmes de Colombie britannique où je partirais pour trois mois avec un Colt Magnum 44 pour me protéger des agressifs grizzlys. Oh, prendre le bateau jusqu'à Bella Coola et partir vers l'Est, sans guide, avec mes cannes à pêche et de la nourriture séchée. Vivre en ermite. Deux kilos de tabac Bugler, du papier à rouler Zig-Zag, mais ni herbe ni whisky. Rencontrer fille indienne et niquiniquer. Zizi mort. Ou retourner avec épouse et oublier dix ans de vie, les effacer, comme on dit, nous avons tous nos mauvaises périodes. Je veux retourner vingt ans en arrière et traire les vaches le soir avant dîner, lancer le fourrage à toute volée avant de passer les licols. De l'avoine avec le foin pour les chevaux. La luzerne est trop épaisse pour passer à travers champs maintenant. Depuis combien de temps ne suis-je pas rentré chez moi où plus personne ne vit de toute façon?

Un petit déjeuner de gueule de bois classique, arrosé de trop de verres d'eau glacée. Je demandai des œufs au jambon avec des pommes de terre et un double bloody mary.

– Le bar est fermé.

– Appelez-moi le directeur.

– Il n'est pas là.

– Le sous-directeur, alors.

J'eus droit au réceptionniste qui descendit préparer mon verre. Je lui donnai un dollar de pourboire et me renfonçai dans ma chaise. A l'autre bout de la salle à manger, deux hommes lisaient chacun de son côté le *Wall Street Journal*, si loin de New York. A mon arrivée, ils me jetèrent un coup d'œil de toute évidence dégoûté et je pointai mon majeur droit vers le ciel à leur intention, mais ils se replongèrent dans leur journal sans avoir le temps de le voir.

J'arrivai au Mackinaw Bridge en un temps record, après avoir conduit ma vieille guimbarde à cent vingt et vidé ma bouteille en une heure. Je planais agréablement maintenant. Bonjour forêt et eau, bonjour pont. Je le traversai les yeux aux aguets – j'ai terriblement peur des ponts, surtout du Verrazano Narrows et du Mackinaw. Trop longs. Je ne sais pas pourquoi, mais le Bay Bridge et le Golden Gate semblent plus costauds. Je pourrais peut-être aller vivre à Frisco et y prendre de la dope, mais j'ai besoin de saisons et le cycle pluie et brouillard, brouillard et pluie me déprime. J'arrivai à Grayling à l'heure du dîner et fis un détour pour éviter la maison où j'étais né, mais fus dégoûté par la façon dont les commerçants avaient essayé de transformer la ville en « village alpin », ornant le devant de leurs boutiques de faux toits de chalets suisses. Cette sainte merde dans ma ville natale, et moi qui ne ressens rien et continue ma route vers le Sud après avoir acheté une autre bouteille.

Mon père avait choisi pour moi un endroit près d'un trou noir à un coude de la rivière et m'avait dit de ne pas en bouger. Il faisait à peine jour et j'étais resté là jusque tard dans l'après-midi, quand il était revenu avec son panier de pêche plein à ras bord. J'avais attrapé une demi-douzaine de truites et quelques rémoras qu'il avait jetés sur la rive pour les étourneaux. Nous étions revenus au chalet du lac par la route de Luther, Bristol, Tustin et Leroy, et avions mangé les poissons au dîner. Deux parents et cinq enfants dans un petit chalet au toit couvert d'amiante. Après avoir dormi quelques heures, j'avais dû me relever pour l'ouverture de la pêche à la perche qui commençait à minuit. Je ramais autour du lac et il lançait inlassablement son appât favori, un vairon coupé en morceaux. Il avait attrapé cinq perches, moi une. Nous les avions mangées au petit déjeuner, accompagnées d'œufs et de pommes de terre. Je dormais avec mon frère sous les poutres nues du grenier où montaient la chaleur, l'odeur de la fumée du feu de bois et les moustiques. Souvent la pluie battait furieusement les lattes du toit à quelques dizaines de centimètres au-dessus de ma tête, et, quand elle s'arrêtait, les rafales de vent y projetaient encore l'eau accumulée sur les branches des arbres. A l'époque, je ne pensais jamais à ces gens auxquels j'étais lié, ni à mon frère couché là, ni au reste de la famille à l'étage d'en dessous. Encore moins aux incessantes et bavardes réunions qui regroupaient parents proches et éloignés de mon père ou de ma mère, et même pas à la grande fête annuelle des Mennonites auxquels nous étions rattachés du côté paternel. Reliés à des centaines de gens, avec une vieille photo de Lincoln et, à l'arrière-plan, un ancêtre qui sourit à travers une barbe savamment taillée. Après la mort de mon père, je n'eus plus jamais le moindre rapport avec tous ces gens, excepté à l'occasion d'un ou deux enterrements. Je ne pouvais supporter que sa mère, ma grand-mère, ait accroché au mur un agrandissement d'une photo de lui en l'entourant de vieilles photos de classe, de bouquets de fleurs séchées et d'articles de journaux. Une sorte de reliquaire qu'elle contempla jusqu'à ce qu'elle meure à son tour. Je crois que les familles fondées sur les liens du sang sont en voie de disparition – une lente disparition, je ne le nie pas, mais une disparition quand même.

Cadillac, après Mancelona et Kalkaska, puis Leroy et Ashton où je tournai à gauche sur une route gravelée pour un rapide détour au bord du lac. Mais au bout de quelques kilomètres, je m'arrêtai. Il y avait plus de dix ans que je n'étais pas venu ici, et je décidai que c'était très bien comme ça. Autrefois, trois hérons bleus se tenaient toujours dans un certain sapin géant de l'autre côté du lac. Il y avait aussi deux huards qu'on pouvait reconnaître facilement, un mâle et une femelle, et quelques grandes tortues alligators qui nous étaient devenues si familières que nous aurions pu leur donner un nom à chacune. Et pendant les premières années de l'après-guerre, une famille de lynx dans les bois, avec une musique à eux, si particulière, un feulement aigu et déchirant. Peut-être cela voulait-il dire « je t'aime » en langage lynx. En faisant demi-tour, je faillis m'embourber sur le bas-côté. La seconde bouteille commençait à faire son effet, un effet merveilleux. Mais je retrouvai mon bon sens l'espace d'un instant, et la jetai par la fenêtre encore à moitié pleine. Le soir tombait, j'avais sommeil. Je me garai sur un chemin de ferme et me recroquevillai sur la banquette arrière dans mon sac de couchage. Si je ne veux rien être, cela ne regarde que moi. Un absolument rien auquel j'ajouterai peut-être quelque chose plus tard, mais pour l'instant rien. J'ai envie de jarret de porc bouilli avec du pain, du beurre et de la moutarde chaude. Essai : peut-être ai-je eu assez à boire, comme s'il existait un nombre limité de verres à ingurgiter, comparable au nombre officiel mais mythique des orgasmes chinois. Avec mon père, nous avions surélevé le toit de la maison, construit un garage et une chambre supplémentaire avec véranda et patio. Cela nous avait pris un mois. Et un jour, debout sur notre nouveau toit, j'avais décidé d'aller à New York. Plus tard, nous nous sommes assis ensemble à la table jaune de la cuisine jaune.

– Pourquoi veux-tu aller à New York?

– Je n'ai pas envie de rester ici.

– Tu y es déjà allé une fois.

– Je veux essayer encore.

– Où vas-tu travailler?

– Je ne sais pas. J'ai quatre-vingt-dix dollars.

Puis j'étais monté, et j'avais mis mes affaires dans la boîte en carton. Quelques vêtements qui m'allaient mal. La machine à écrire qu'il m'avait achetée pour vingt dollars deux ans plus tôt. Et cinq ou six livres – ma Bible, Rimbaud, *Les Possédés* de Dostoïevski, le Faulkner de poche, *Mort à Venise* de Thomas Mann et *Ulysse*. Ceux-là, exactement. J'allai chercher de la corde à linge à la cave et en entourai le carton. Mon père était assis à la table de la cuisine.

– Prends ma valise.

– Je ne peux pas y mettre la machine à écrire. Et en plus, tu t'en sers.

– J'aimerais pouvoir te donner un peu d'argent.

– Je n'en ai pas besoin.

Je m'étais assis avec lui et avais bu une canette de bière. Nous avions parlé de ce que nous avions construit pendant ses vacances, puis il était allé prendre une bouteille de whisky dans le placard à balais, et nous en avions bu chacun quelques petits verres. Puis il m'avait donné deux de ses cravates qu'il avait nouées pour moi. Je les avais glissées sous le couvercle du carton.

Le lendemain matin, ma mère, mes frères et sœurs avaient pleuré parce que je partais, sauf bien sûr mon frère aîné qui était dans la marine en poste à Guantanamo Bay. Puis mon père m'avait accompagné à la gare routière.

– Tu seras toujours le bienvenu à la maison.

Je me réveillai au milieu de la nuit sur la banquette arrière, la bouche très sèche et assez dégoûté de moi-même. Je démarrai, allumai la radio pour savoir l'heure. Onze heures seulement. Les Everly Brothers chantaient *Love Is Strange*. Oui, l'amour est étrange, encore faut-il arriver à le vivre. Je rentrai par Reed City où je bus un café dans un café où vingt-cinq ans plus tôt j'avais mangé des céréales alors qu'il faisait encore nuit avant d'aller à la pêche à la truite. Tous les garçons de ma classe m'enviaient de traîner derrière mon père comme un toutou quand il pêchait la truite. Buckhorn Creek et seulement quelques petites prises. Je passai rapidement devant la vieille maison et la clairière violette près de la rangée de saules immenses. Rien n'est hanté et le sentiment est un couvercle dont je n'ai pas besoin pour supporter le présent. Linoléum repeint et une remise. Petit hôpital derrière lequel, au milieu de jeunes arbres replantés et près d'un tas de cendres, une bouteille cassée m'avait déchiré l'œil. Cela ne semblait pas me faire mal, mais, quand j'étais arrivé à la maison, il y avait eu des cris. Quand j'avais été « sauvé » à l'Église baptiste, j'étais resté sauvé pendant deux ans et avais lu la Bible une douzaine de fois, étais allé deux fois le dimanche à l'église, ainsi que le mercredi pour la réunion de prière où les gens apportaient des témoignages de la grâce sans pareil de Jésus dans leur vie quotidienne. J'avais pris la parole en m'appuyant sur le passage de l'épître aux Éphésiens où Paul leur conseille de se revêtir de toutes les armes de Dieu. La religion stimule le sexe – quand il est interdit, un rapide coup d'œil vers ce qui se dessine sous une robe suffit à vous faire bander. Puisses-tu être froid ou bouillant! Ainsi, parce que tu es tiède, je te vomirai de ma bouche. Tiédeur. Enfants déshérités. Ô combien vrai. Traînant à travers tout le pays, les pèlerins de l'époque, ceux qui ne veulent pas assurer leur retraite. Il suffit de dire non, a dit quelqu'un, et tout ce foutu bordel passe à côté de vous. Ne pas se laisser attraper dans son sillage. Dans un bar de nuit à Lansig, le Nègre m'a dit : « Ne passe pas cette ligne », en dessinant un trait invisible avec son pied. Et je ne l'ai pas passée, mais nous nous sommes soûlés et nous avons oublié, puis mangé ce qu'on appelle là-bas du gros buffle, c'est-à-dire de la carpe. Mais je ne suis pas aussi sûr de moi que les jeunes. Pré-spoutnik. Et je n'arrive pas à rester marié. Il y a une femme là-bas dans l'ombre qui s'efface, je le sais mais je doute. Après avoir lu Isaïe et Jérémie, il n'a de toute façon jamais été question de coopérer. J'ai entendu dire qu'il y avait actuellement des fanas du Christ, je suis définitivement contre, alors passez votre chemin. Un vrai chrétien déchu au souffle de premier clairon. Horrifié par Caïn et la mère d'Ismaël. Comment Abraham pouvait-il accepter de tuer son fils? J'étais ensuite allé dans le Colorado et j'avais perdu ma religion quand elle avait enlevé son jean dans une tour de surveillance des incendies abandonnée. Au moins dix secondes de plaisir, puis encore et encore. Nouvelles découvertes.

A Paris, Michigan, ville d'environ deux cents habitants, je me garai dans le parking d'une taverne. La soif fondait de nouveau sur moi.

En passant près des viviers, je ralentis. Bien qu'il fît nuit, j'aurais dû les forcer à m'ouvrir sous la menace de ma carabine et aller voir les deux esturgeons et toutes les grosses truites brunes et de rivière dont ils se servent pour la reproduction. Qui a dit que le prédateur veille sa proie? Pas nous, car ce n'était pas vrai. J'avais abandonné l'histoire de l'art parce que j'étais dégoûté d'apprendre qu'à leur époque les temples n'étaient pas blancs, mais peints de couleurs criardes. Diane en paillettes rouges, accompagnée de lévriers bleus. Des années plus tard, au contraire, j'avais aimé les imaginer ainsi. Dans une ruelle à New York, la seule fois où j'avais sniffé de la cocaïne, j'étais entré par la porte métallique d'une issue de secours dans une pièce à l'autre bout de laquelle se tenait un homme avec dans les bras un bébé qu'il avait lâché en me voyant. Le bébé était jaune et probablement faux, car sa tête creuse s'était cassée quand il était tombé sur le sol. Lorsque j'avais relevé les yeux, l'homme était parti. J'avais alors de nouveau regardé par terre, le bébé avait disparu. J'étais sûr de n'avoir rien vu, mais quand je m'étais retourné, il n'y avait plus de porte, puis la pièce elle-même s'était évanouie. J'avais serré le poing mais je n'avais plus de main, et mes dents ne voulaient plus non plus claquer les unes contre les autres. Je n'existais plus. Une saloperie, la cocaïne, et ce nouveau genre en Amérique du « je veux tout essayer au moins une fois ». Le type qui vivait derrière chez nous était devenu sourd après avoir été gazé en 1918, mais il avait le plus grand carré de framboisiers de la ville. De l'autre côté de sa maison, dans une prairie, il y avait une installation de forage et une machine à vapeur dans laquelle on pouvait grimper puis s'appuyer contre les trous de la chaudière. Tiré un jour une flèche en l'air. En retombant, elle s'était plantée dans la tête de ma sœur, tête qui devait être réduite en bouillie quinze ans plus tard. Mon oncle s'était fait attraper aux viviers alors qu'il essayait de prendre une truite en plein jour avec une ligne qu'il avait passée dans sa jambe de pantalon. Mais la bête était trop grosse, bondissait sauvagement et trempait ses revers tandis qu'il courait devant le gardien en la traînant sur ses talons. Éternel braconnier. Tendait des pièges aux cerfs. Il était entré dans une épicerie avec un camion d'essence. Et mon père avait renversé un camion de bière à l'intersection principale de la ville, puis passé toute une journée à nettoyer. Il m'avait aussi raconté qu'un jour où il s'était soûlé il avait rampé sous un autre camion de bière et s'était endormi. Pendant son sommeil, le chauffeur avait décidé de repartir. Les roues n'étaient passées qu'à quelques centimètres de sa tête. Comme dit la chanson : « Tout le monde veut aller au Ciel, mais personne ne veut mourir. » Oh! A l'exception d'une table d'hommes qui jouaient aux cartes à l'autre bout du bar, la taverne était vide. Je pris un double bourbon et demandai un paquet de cigarettes au barman que je connaissais d'il y avait longtemps. Peut-être un cousin au troisième degré. Après avoir bavardé un moment, il me proposa de jouer au billard et gagna deux parties sur trois. La « queue » de la maison connaissait la moindre imperfection du feutre, quelles bandes étaient mortes et où une boule irait rouler du fait de la légère pente de la table. Je partis à l'heure de la fermeture avec la sensation de ne pas avoir touché une goutte d'alcool. Comme je ne semblais pas pouvoir faire passer le whisky au-delà de ma pomme d'Adam, j'avais bu plusieurs ginger ales.

Deux ans après avoir vu Barbara pour la dernière fois, j'avais reçu un mot : « Juste pour te dire que je suis mariée et que nous avons un fils. » Un mari appelé Paul, et toujours le même appartement. Puis j'avais appris par un ami que Laurie s'était mariée. Ainsi que ma copine de Worcester. Et ma petite amie du lycée, avec son cœur en sucre et ses cris d'encouragement quand on jouait au foot. Pas en dessous de la ceinture, monsieur. Il y a quelque chose dans cette institution qui fait que parler de ses problèmes paraît toujours une descente ridicule du sublime au terre à terre. Le processus d'accouplement et ses peines, toujours les mêmes. Une fumée qui aveugle. Et tout le cinéma du « nous nous nous », comme s'il s'agissait de la fin d'une évolution organique. Maison avec pelouse pleines de trèfles et cônes mauves d'une glycine. J'ai assisté à plusieurs divorces, on a toujours l'impression d'être en face d'un maître de chenil ou d'un vétérinaire en train d'examiner le vomi ou la merde du chien pour voir ce qui l'a rendu malade.

Un ver de onze mètres de long aux yeux bleu nuit, évidemment. Tous ces gens qui se rencontrent et restent ensemble pour des raisons jamais avouées. Les gens de la norme P.N.B. Je suis seul et, au-delà des simplifications habituelles de l'amour, la monogamie signifie généralement retraite et lâcheté. Retraite et lâcheté nécessaires. Besoin de sécurité. Sirènes et des lotus éparpillés. Un mécanisme en spirale qui n'a pris place, nous dit-on, qu'au cours du dernier millième de la vie humaine sur terre. Il faudrait dater au carbone 14 le mariage, la pluie, le mal du pays, le foyer. Mieux vaut tourner trois fois autour de la tente et commencer dans le noir sans lampadaires pour éclairer rues, usines et bungalows. Un chevalier espagnol. Curieux qu'on ne puisse rien dire à la plupart des gens sans qu'ils croient qu'on énonce ce que l'on considère comme une loi. C'est ainsi que, alors que je venais de prononcer une phrase de sept mots concernant la Déclaration des droits de l'homme, un type se retourna vers moi sur son tabouret de bar et me dit : « Les cocos à la Abbie Hoffman dans ton genre feraient mieux d'aller en Russie. » Je lui demandai de façon obscène s'il voulait que je lui donne un coup de pied dans son gros et gras visage. Je parle de ma forme de liberté particulière, inoffensive. Je ne tiens pas à ce que quiconque adopte ma façon de vivre, de penser. Si j'avais ce genre d'instinct, je me présenterais aux élections. Mes intérêts sont anachroniques. Par ordre de préférence : pêche, forêts, alcool, nourriture, art. Kropotkine est bien, mais Netchaïev programme trop. Je ne crois pas être fait pour faire partie de quoi que ce soit ni pour lever la main et poser une question.

Je roulai en marche arrière sur le chemin jusqu'après la maison. Personne n'y avait vécu depuis

1938, mais elle était toujours là avec sa cour pleine de mauvaises herbes, de morceaux de verre provenant des fenêtres brisées et de bouts de gouttière cassée. Un voisin était censé cultiver les terres, pourtant elles étaient presque toutes envahies par la fougère, le phalaris et le sumac. J'éteignis mes phares et restai là dans le noir à écouter les cliquetis du moteur en train de refroidir et le chant des grillons. Il y avait dans l'air quelque chose d'humide et doux, trèfle sauvage et roseaux du marécage de l'autre côté de la route. Quelqu'un avait rentré du foin. Mon père était né dans cette maison. J'aurais voulu que ce que cela impliquait sombre en moi mais il ne se passa rien; plus avant dans le temps, son arrière-grand-père s'était fixé ici après la guerre de Sécession, mais cela ne signifiait rien pour moi, je ne savais même pas comment il s'appelait. Je ne connaissais pas mieux mes ancêtres maternels; peut-être aurais-je pu apprendre quelque chose d'eux en allant à Urnshaldsvik, sur la côte nord de la Suède. Mais ce n'est pas le genre de voyage qui me tente. Un type aux cheveux filasse, fuyant la conscription, arrive dans le coin trente ans après qu'un autre type aux cheveux filasse a marché jusque-là épuisé par la guerre. Ils vivent à une cinquantaine de kilomètres l'un de l'autre, sans se connaître et, des années plus tard, je suis conçu dans une accidentelle conjonction. Un fils de bûcheron épouse une fille de fermier qu'il a rencontrée au bal, dans une auberge au bord de la Muskegon River. Tout cela me laisse froid. Ce qui m'intéresserait, ce serait de lire leur journal de voyage, de suivre sur une carte l'itinéraire du clipper, de voir une photo d'un homme en train de marcher. Où s'arrêtait-il chaque jour tandis qu'il traversait le Kentucky et l'Ohio? Que buvait-il, que mangeait-il, quelles étaient ses pensées? Et l'autre, eut-il à subir des tempêtes dans l'Atlantique nord, et quelles furent ses plus grandes peurs? Un grand-père et un arrière-grand-père. Il n'y avait rien eu à attendre d'eux, rien de spécial n'avait jamais été accompli. Nous avions hérité d'eux d'être paresseux, pas bêtes et pauvres. Pas mal, non? Une forme de liberté, comme à la mort du père, cette impression qu'il n'y a plus personne pour vous juger alors qu'il ne vous a jamais jugé. Son implicite « fais ce que tu veux ». Générosité, arrogance et force. Dans cette maison de fermiers, l'enfant mongolien était assis le front appuyé contre la fonte fraîche du four ventru. Nous avions tiré de l'eau froide et parlé, assis autour de la table que recouvrait une toile cirée. Un ruban adhésif où venaient se coller les mouches pendait au plafond. L'enfant avait rampé vers nous, posé sa tête orientale sur les genoux de son père et il m'avait regardé fixement. La maison sentait la bouse de vache, le lait et le kérosène, il y avait une écrémeuse dans la cuisine. Comme celle que je faisais marcher chez mon grand-père, avant de porter aux veaux et aux cochons les seaux de lait écrémé.

A peine un quart de lune. Je pense à ces années écoulées entre 1957 et 1960 et les trouve insupportablement agitées, mais celles qui ont suivi me semblent étrangement vides, il en est même certaines dont on ne peut isoler le moindre incident. Ces années où les livres constituaient de véritables événements dans lesquels s'immerger pendant des semaines; ils se glissaient dans votre respiration et vous adoptiez leur style de dialogue et leurs pensées. Ferrotypie du prince Mychkine. Le rire, ce long rire hystérique quand le directeur des pompes funèbres avait déclaré que tous les efforts « cosmétiques » avaient échoué et que les deux cercueils devaient être fermés. Pourquoi pas? Une carcasse est une carcasse, connard. Rêve de voyage dans le temps et l'espace, me retrouver à

Anvers en 1643. Comme notre prêcheur avait dit que le Golgotha était en réalité la décharge des poubelles de Jérusalem, je ne suis jamais passé depuis devant une décharge sans penser à ce sermon, même lorsqu'il devint un souvenir ancien et hermétique. Avortements spontanés, os verdâtres des agneaux, entrailles de chèvres et peut-être des lépreux qui errent dans les environs, annoncés par le tintement de leurs clochettes, et le monticule, le petit tas de terre avec les croix. Qui peut vraiment imaginer les croix? Telle est, depuis, la base de notre histoire. Quelqu'un a dit la science de ce qui n'est arrivé qu'une fois. Vous n'étiez venus jusqu'ici dans la cale d'un navire qu'une seule fois et vous n'étiez mort dans la cale du navire qu'une seule fois. Le matelot était soûl et vous avait donné par erreur de l'eau salée. La squaw avait tranché la gorge de son enfant puis la sienne pour échapper à l'indignité de la capture. Deux fois en rêve, les morts étaient devenus oiseaux, l'un une tourterelle triste, l'autre une corneille, tous deux dotés de visages humains, et qui s'étaient envolés quand j'avais tenté de leur parler.

Je démarrai et rallumai la radio. Trois heures. Il commencerait à faire jour dans une demi-heure; j'éclairai un instant la maison de mes phares. La porte d'entrée était ouverte et, si j'avais eu du cran, j'aurais traversé ce trou noir, mais le plancher n'était peut-être plus très solide et je risquais de passer à travers et de me retrouver dans la cave dont le sol poussiéreux s'ouvrirait alors sur un deuxième sous-sol... Une lampe à kérosène sur la table avec sa mèche qui flambe, lumineuse. J'avais quinze ans et ils m'avaient pris tout mon argent au poker et au tripoli. Mon père et deux de ses frères. Ils s'étaient disputés à propos de qui était « entré dans » une fille le premier vingt ans plus tôt. Bière A & P bon marché et whisky. Ils avaient l'habitude de jouer et m'avaient pris mon argent après que j'avais bu trop de bière. Une simple rasade de whisky m'avait achevé et j'étais allé vomir dans la neige, ce qu'ils avaient trouvé très drôle. J'étais monté au grenier et avais essayé le lendemain d'échapper à la chasse en disant que j'étais malade. Ils avaient encore ri : « Lève-toi, ce n'est que la gueule de bois. » Dieu, qu'il fait froid. Et j'avais été le seul à ne pas rapporter de cerf. J'en avais raté trois en pleine course.

Un engoulevent maintenant. Je les ai toujours trouvés fantomatiques. Mais seule la neige hante ce coin. En hiver, quand il fait moins de zéro, elle se soulève et glisse, courant blanc bleuté à travers la cour, et s'engouffre dans la porte ouverte et les carreaux cassés. De vieux journaux dans une des chambres d'en haut révéleront que rien n'a changé, si ce n'est le monde entier, et à la vitesse de la lumière. J'étais dans l'autre maison le lendemain du jour où la grange s'était renversée, et déjà mon grand-père récupérait du bois pour construire un garage. Il chevauchait la poutre centrale et nous lui criions tous : « S'il te plaît, descends du toit », parce qu'il était âgé de quatre-vingt-cinq ans et atteint de sénilité. Il avait refusé et nous avions été obligés de le laisser là pour aller déjeuner. Pendant qu'il arrachait les planches du toit, nous mangions la gorge serrée. Une de mes tantes suivait par la fenêtre chacun de ses mouvements et nous en faisait le compte rendu la bouche pleine. Il avait ensuite construit à l'arrière de la maison un garage complètement de traviole, follement de guingois, et dans lequel il pleuvait à seaux. Puis il avait un jour voulu s'y garer trop vite et y avait embouti tout le côté de la voiture. Il était mort deux ans plus tard, après avoir fait au milieu de la nuit vingt kilomètres à pied vêtu de sa chemise d'hôpital.

Nous l'avions enterré dans un petit cimetière de campagne à côté de sa fille Charlotte qui avait succombé à une grippe pendant la Première Guerre mondiale. Bien d'autres tombes s'étaient depuis ajoutées aux leurs. Je pensais bêtement que, quand tous ceux que je connaissais seraient morts, je n'aurais plus l'occasion de pleurer. Pendant la Dépression, des réunions du parti communiste se déroulaient dans les locaux de l'école, de l'autre côté de la route.

Une légère lueur apparaissait à l'Est, je descendis de voiture et m'étirai en regrettant d'avoir jeté la bouteille de whisky. Comme j'avais regretté les cigarettes que j'avais enterrées l'autre jour. Je voudrais muer, me débarrasser de cette vieille peau et la remplacer par une autre toute neuve en quelques heures. Épuisé de volatilité. J'aimerais quelque chose de plus définitif, mais doute de trouver autre chose de ce genre que la mort. J'étais allé du chalet jusqu'à une ferme pour chercher un sac de courses que la femme du fermier avait faites pour nous à Ashton et j'avais pris pour rentrer un raccourci à travers bois. Il faisait chaud, en arrivant dans une de mes clairières préférées, j'avais cueilli une gousse de laiteron et m'étais assis pour l'ouvrir. Lait glauque et gluant, léger duvet à l'intérieur et nid de graines marron foncé. Puis la brise avait tourné, apportant vers moi une horrible puanteur et je m'étais dirigé vers un monticule de fourrure : un cerf dont les yeux avaient déjà disparu, ses orbites étaient pleines d'insectes, son museau ridé par l'âge et son ventre grand ouvert, probablement par un renard, et à l'intérieur une incroyablement large colonne de vers était en train de dévorer sa chair. Me rappelant qu'il y avait dans le sac de courses de l'essence à briquet pour mon père, je m'étais agenouillé, j'avais arraché l'herbe sèche tout autour du cerf, puis avais sorti le bidon d'entre les hamburgers et le lait, vidé son contenu sur les vers et les mouches qui les engendraient, jeté une allumette enflammée sur cette horreur et reculé d'un bond. Une ignoble odeur de brûlé avait plané dans l'air pendant quelques instants, mais, quand j'étais revenu près du cadavre, les survivants se frayaient déjà un chemin à travers la couche de morts qui les ensevelissaient. Plus tard, j'avais dit à ma mère que la femme du fermier avait dû oublier l'essence à briquet. C'est étrange de se rappeler quelque chose pour la première fois. Je n'avais pas une haine particulière envers les vers, j'étais simplement curieux de voir comment ils brûleraient.

J'allumai une cigarette et fus pris d'une toux qui me laissa la gorge sèche et douloureuse. L'air devenait plus lumineux, une lumière trouble, crémeuse. Un chat traversa la route derrière moi. Une nappe de brouillard qui s'était levée sur le marécage flotta le long du chemin, autour de ma taille, puis de l'autre côté de la voiture et contourna la maison à travers les hautes herbes, tandis qu'un mince filet blanc passait par la porte à l'intérieur. J'allumai une autre cigarette et me demandai ce que je faisais là debout devant une maison vide, à l'aube, comme si j'avais attendu que mon père surgisse sur le pas de la porte, vêtu de la culotte de cheval qu'il portait à l'université, et m'invite à prendre un café avec lui. Il ne reconnaît pas en moi son fils, car il n'est pas encore marié et a dix ans de moins que moi maintenant. Son père est déjà debout, en train de se préparer pour sa tournée de facteur, travail qu'il a pris quand le bois ne s'était plus vendu. Il dit à mon père d'enlever cette foutue culotte de cheval et d'aller s'occuper du champ de maïs. Je suis mon père jusqu'à la grange où il passe une demi-heure à harnarcher les chevaux. Puis il s'appuie contre la barrière et me dit qu'il serait content de reprendre ses cours à la fac car le travail de la ferme est vraiment trop ennuyeux. J'acquiesce – c'est un dur travail, et qui ne rapporte plus grand-chose. Puis il attelle le binot, il s'éloigne avec les chevaux et je dis : « Content de t'avoir vu », en me dirigeant vers ma voiture.

Quelqu'un passa sur la route et klaxonna. J'agitai la main. Un autre lève-tôt. Je remontai en voiture et repartis vers Reed City.

Si j'étais retourné à New York au printemps 1960, c'était parce que je n'avais nulle part où aller – j'étais devenu pratiquement fou furieux trois ans de suite en février et m'attendais à ce que ça recommence. J'avais trouvé chez moi deux filles à aimer, et, quand je pensais à elles, j'avais l'impression que chacune d'entre elles constituait une force opposée et égale à la présence de l'autre sur terre. Un parfait équilibre. Et la duplicité s'était immiscée comme un poison sirupeux dans mon cerveau, aussi avais-je choisi de les quitter toutes deux. En sortant de Penn Station, j'avais descendu la 11e Rue Est et j'avais passé la nuit chez un vieil ami, un brillant homosexuel qui enseignait le dessin à l'école d'architecture Cooper Union. Nous avions eu de nombreuses discussions et disputes à propos de ses goûts sexuels – il était terriblement beau et je pensais qu'à sa place je n'aurais voulu avoir que les femmes les plus belles. Même sur le plan strictement physique, les hommes offraient moins de possibilités, un orifice en moins. Mais il prétendait avoir su qu'il était homosexuel à treize ans et qu'il avait commencé à avoir des « aventures » à cet âge tendre où les autres garçons, pour la plupart, en sont encore à se branler devant Miss Avril.

Quand j'étais arrivé, il se préparait à aller dîner avec un de ses amants et une jeune Française qui vivait avec eux. Ils avaient tiré un matelas du placard, m'avaient fait un lit dans la cuisine et étaient partis sans m'inviter à les accompagner. Il y avait de l'orgie dans l'air. Un verre de vermouth à la main, j'avais commencé à fouiner. Rien d'autre que du vermouth et du gin dans le placard. En regardant les livres, j'avais trouvé une enveloppe en papier manille qui contenait des photos Polaroid d'hommes nus. Il devait y en avoir une centaine, et le décor était sans aucun doute celui de l'appartement où je me trouvais. Immédiatement j'enviai cette sexualité goulue. Une série uniforme de sourires bêtes, certains en érection, d'autres au repos. Mon Dieu. Si je m'y mettais maintenant et y consacrais tout mon temps, il me faudrait malgré tout des années pour accumuler autant de conquêtes. J'avais vidé la bouteille de vermouth et étais allé dans la salle de bains me regarder dans la glace. Je ne suis pas beau – peut-être qu'avec quelques milliers de dollars de chirurgie plastique... non, non, non. Puis je m'étais replongé dans la contemplation des photos en m'interrogeant sur tous les mythes de la bite qui existent encore aujourd'hui. Aucun d'entre eux n'en avait une spécialement grosse au garde-à-vous. J'avais regardé par la fenêtre en me sentant modérément soûl et propriétaire d'une bite qui était, côté taille, plutôt dans la bonne moyenne. Savoir s'en servir, et non en avoir une grosse, voilà l'important. Depuis des années et des années, maintenant, à travers le monde entier, des gens le faisaient les uns avec les autres, glande dans glande. Au fond des grottes et dans des chalets suisses tout en haut des montagnes. Un quart d'heure avant de mourir d'un infarctus, M. Businessman Cochon bourrait encore en ahanant. Offre mon amour à une parfaite rose.

J'avais surmonté mon aversion pour le gin en le mélangeant à du punch aux fruits et du bitter. Après avoir torché à son tour la demi-bouteille de gin, je m'étais préparé à rejoindre mon humble couche sur le sol de la cuisine. Un dernier regard aux photos et j'avais éclaté d'un fou rire incontrôlable. Il doit y avoir autre chose à faire sur terre qu'agiter vos minables outils sous le nez d'autres filles ou garçons. Je pensais à toutes ces occasions où, profondément amoureux, j'avais contemplé une fille, enflammé de désir lubrique, le cerveau complètement brouillé. Si bel amour sous caoutchouc. Lâché la purée en grognant ouga-ouga et peut-être en pensant à une star de cinéma. Était-ce vraiment bon? De l'amidon à l'eau pour tes pensées.

Je les avais entendus rentrer quelques heures plus tard mais j'avais fait semblant de dormir. Ils avaient parlé de s'en envoyer un petit dernier, et j'avais épié l'amant chiquement vêtu qui mettait un disque. *Le Mandarin merveilleux* de Bartók. Puis mon ami dit : « Cette salope a tout vidé. » J'avais serré très fort mes paupières en sentant la pointe d'une chaussure juste à côté de moi. Malheureux voyageur violé après avoir bu un coup. Et eu pour seul dîner le fromage et le céleri qui restaient dans le réfrigérateur. Un céleri entier, j'avais faim. Ils avaient bavardé pendant le disque entier, face A et B, et j'avais attendu, afin d'entendre le mal qu'ils allaient dire de moi. Alors je bondirais et je leur dirais d'aller se faire foutre. Mais ils n'avaient parlé que de ces gens chez qui ils étaient allés dîner. Quel rôle joue la Française dans leurs sombres desseins, est-ce que je peux regarder, s'il vous plaît? Garçon de ferme molesté par partie à trois dont un morceau de choix. Impossible de savoir ce que ces sales sauvages mijotent derrière mon dos – peut-être va-t-elle regarder les photos et s'en prendre à mon corps endormi. Aucune chance. Je m'étais rendormi avant que le mandarin rentre chez lui.

Murmures, bruit du café qui passe et de dents qu'on brosse. J'avais ouvert les yeux et contemplé au-dessus de moi le cul nu de la Française, alors penchée au-dessus de l'évier. Mais juste à ce moment mon ami était entré dans la cuisine et dit à la fille qu'un cochon plein de gin était en train de mater son cul. Elle était ressortie d'un pas léger, je m'étais levé en bâillant et avais demandé à mon ami pourquoi il se sentait obligé de gâcher mes petits plaisirs. Il s'était contenté de rire. Pendant que nous prenions le café, je lui avais promis de remplacer la bouteille de gin. Il se demandait combien de temps je resterais, et je lui avais dit que je rentrais chez moi l'après-midi. A quoi il avait répondu que je ne deviendrais jamais un artiste si je vivais dans la grossièreté du Middle West. Nous avions pris tous ensemble un petit déjeuner délicieux – l'amant était allé acheter des croissants frais à la boulangerie. J'avais déclaré à la fille qu'elle avait un cul magnifique, mais ils avaient tous les trois haussé les épaules en levant les yeux au ciel. Une conspiration contre moi. Sûr que j'rentre pas dans leur combine, comme disaient les fermiers. J'avais alors dit que, curieusement, son cul ressemblait à ceux des Américaines et qu'on ne pouvait deviner en le voyant qu'elle avait grandi grâce aux escargots et au plan Marshall. Cette déclaration avait pratiqué un « ô Seigneur » et un « chut » de la part de son ami. La fille était gênée et j'avais eu l'impression que je venais de perdre pour toujours ma place dans le monde des arts.

Je m'arrêtai de nouveau devant le vivier, mais cette fois descendis de voiture et allai faire le tour des bassins murés de ciment pour regarder les énormes truites glisser à fleur d'eau, se faufilant sans effort à légers coups de queue. Quelqu'un me cria : « Hé là! » Je me retournai – un homme en costume vert me dit d'un ton péremptoire qu'il était six heures et que le vivier n'ouvrait qu'à huit heures. Je me présentai et son visage s'éclaira. Il me raconta qu'il avait été au lycée avec mon père puis m'emmena dans les locaux du vivier pour me montrer les réservoirs de vairons, presque tous arc-en-ciel. D'agréables poissons à pêcher, mais leur intelligence n'arrive pas à la cheville de celle de la truite de rivière. Dans la pièce d'à côté, une cafetière pleine attendait sur une plaque chauffante, à côté d'une table roulante où était posée une gamelle. Il m'invita à m'asseoir puis me parla de l'accident, du choc que tout le monde avait ressenti à cette nouvelle. Saloperies de voitures. Le monde n'était pas fait pour qu'on y vive. Saloperies de guerres et salauds de politiciens. Oui. Qu'est-ce que tu fais? Pas grand-chose. Oh. Bon, il faut que je retourne à mon poste, tu sais ce que c'est...

Je partis en direction du sud vers les Grands Rapides puis pris à l'est vers l'autre ferme. Une impulsion. Je pouvais bien aller dire bonjour à ma grand-mère qui vivait maintenant toute seule, malgré ses quatre-vingt-trois ans. Une vieille route goudronnée pleine de nids-de-poule, quelques fermes d'apparence misérable à chaque croisement. Je passai en face d'un chemin qui partait dans les bois où mon grand-oncle avait vécu en ermite pendant cinquante ans. Il buvait beaucoup. Mangeait la viande des animaux qui venaient de se faire écraser sur la route ou qu'il attrapait dans ses pièges, cultivait un grand potager et faisait ses propres conserves. Il était toujours très gai lors des réunions de famille et aimait se faire charrier à propos du mariage et des responsabilités auxquelles il avait échappé de peu en 1922. Il mangeait et buvait jusqu'à sombrer dans une somnolence rigolarde, tant qu'il y avait de la nourriture sur la table, puis accusait les autres de tricher pendant les parties de belote qui suivaient immanquablement le repas. Nelse, Olaf, Gustav, Victor, John, tous arrivés ici en 1910 pour échapper à la conscription. Les temps avaient changé. Ils ne chiquaient plus et l'esprit populiste disparaissait petit à petit. Cette folle gaieté de la vie. Plus de fête pour danser la polka trois jours d'affilée autour de bassines de harengs et de tonneaux de bière. Je tournai dans l'allée, le cœur soudain déchiré par le mal du pays. Une petite ferme délabrée au toit couvert de bardeaux bruns, et les crânes des vaches sont-ils toujours là-bas au bord de la mare? J'espérais qu'elle était debout, elle s'était levée à l'aube toute sa vie. La grange avait disparu, mais le silo, l'enclos à cochons et le poulailler étaient encore là, bien que presque en ruine. Elle me regardait arriver par la fenêtre de la cuisine. Quand j'entrai, elle me prépara un petit déjeuner et nous parlâmes lentement des vivants et des morts. Ses antiques yeux bleu délavé et son accent scandinave. La maison n'avait pas changé, si ce n'était qu'en 1956 mon père y avait installé l'eau courante et qu'il n'y avait plus de four à bois dans la cuisine. Ils avaient refusé la télé qu'on voulait leur offrir. Il était trop tard pour introduire dans leur vie une telle nouveauté. Dans la famille, certains les avaient trouvés ingrats. Je montai et regardai les livres de Seton et James Oliver Curwood puis les romans de Zane Grey qui occupaient à eux seuls une étagère entière. J'ouvris une Bible suédoise en regrettant de ne pas parler cette langue. Jésus dans la langue d'Odin. Du grenier, je contemplai le silo, puis vis à mes pieds le lourd crachoir de cuivre dont se servait mon grand-père et, dans un coin, deux malles qui avaient transporté tous leurs biens jusqu'en Amérique, soixante-dix ans plus tôt. Jamais eu plus de mille dollars par an. Je redescendis et traversai la cour jusqu'au silo. Dans le coin, sur une pile de vieux épis de maïs décortiqués, était posé le harnais des deux chevaux de trait de mon grand-père, qui n'avait jamais réussi à réunir de quoi acheter un tracteur. Je traînai le harnais derrière moi jusqu'à la voiture, peut-être arriverais-je à le ramener à une vie inutile avec du savon de selle. Je dis au revoir à ma grand-mère. Nous ne nous embrassions jamais. Peut-être m'avait-elle embrassé quand j'étais enfant.

TABLE DES MATIÈRES

ACHEVÉ D'IMPRIMER SUR LES PRESSES
DE COX & WYMAN LTD. (ANGLETERRE)

Dépôt légal : décembre 1992
N° d'éditeur : 2232
Imprimé en Angleterre